U0821237

高职高专教育"十二五"规划建设教材

求职与社会交往

王润珍　主编

中国农业大学出版社
·北京·

内容简介

本书分为上中下三篇，共包括九章内容，其中上篇是社会交往篇，包括社会交往中的日常礼仪、社交中的幽默和社交中的应变策略等社会交往中需要了解的基本内容；中篇是职场起步篇，介绍了毕业生求职材料的准备、大学生如何推荐自己和求职礼仪等求职需要了解的知识内容；下篇是涉世之初篇，包括大学毕业生如何闯过试用关、走好踏入社会的第一步和学会选择、懂得放弃等内容。本书的特点是浅显易懂、简洁明快、叙述清楚，是一本优秀的社交知识学习和就业指导用书！

图书在版编目(CIP)数据

求职与社会交往/王润珍主编. —北京：中国农业大学出版社，2011.7
ISBN 978-7-5655-0332-0

Ⅰ.①求…　Ⅱ.①王…　Ⅲ.①心理交往-基本知识 ②职业选择-基本知识
Ⅳ.①C912.3 ②C913.2

中国版本图书馆 CIP 数据核字(2011)第 119328 号

书　　名　求职与社会交往
作　　者　王润珍　主编

策划编辑　姚慧敏　伍　斌　　**责任编辑**　张　玉
封面设计　郑　川　　**责任校对**　陈　莹　王晓凤
出版发行　中国农业大学出版社
社　　址　北京市海淀区圆明园西路 2 号　　**邮政编码**　100193
电　　话　发行部 010-62731190，2620　　读者服务部 010-62732336
　　　　　编辑部 010-62732617，2618　　出　版　部 010-62733440
网　　址　http://www.cau.edu.cn/caup　　**e-mail** cbsszs@cau.edu.cn
经　　销　新华书店
印　　刷　北京时代华都印刷有限公司
版　　次　2011 年 7 月第 1 版　2015 年 1 月第 3 次印刷
规　　格　787×980　16 开本　16 印张　290 千字
定　　价　25.00 元

编审人员

主　　编　王润珍　辽宁农业职业技术学院

副 主 编　王志利　辽宁农业职业技术学院
孙志鹏　北京奔驰汽车有限公司
丁立群　辽宁农业职业技术学院
宋连喜　辽宁农业职业技术学院
谢险峰　营口开发区职教中心
于占中　辽宁鞍山台安职教中心
张殿波　辽宁鞍山台安职教中心

参编人员　冯　杨　黑龙江农业职业技术学院
赵　慧　黑龙江生物科技职业学院
刘景芳　辽宁农业职业技术学院
白忠义　辽宁农业职业技术学院
费云丽　大连市农委
孟　岩　辽宁鞍山台安职教中心
黎　婧　锦州商务职业学院

主　　审　魏益春　辽宁鞍山台安职教中心
朱桂清　沈阳农业大学

前　言

生活在现代社会，拥有良好的礼仪，无疑会为您增加处世资本，提高做人身价和交际效果。当代的大学生，为了能提高以后的就业竞争力，必须努力掌握好基础知识和专业技能，培养良好的工作态度，了解基本的社交礼仪，形成正确的就业观念，全面提升自己的个人素质，为毕业后的就业打下坚实的基础！

作为当代大学生，掌握一定的社会知识是很必要的，社会知识主要是人际交往的知识，是建立健康人际关系的基础。大学毕业生如何将所学专业知识服务于社会，获得成功的人生，丰富的社会知识是关键。

受我国传统文化的影响，高等教育往往重视对学生专业技能和人文知识的培养，社会知识的教育相对薄弱，在相当程度上影响了大学毕业生的求职和事业发展。

为此，我们在多年高校学生工作实践的基础上，编写了适合大学生使用的《求职与社会交往》。

本书依据人际交往互动的心理原则，强调自己情感、交流、尊重、归属感的需求必须以他人或团队的相关需要为基础，在尊重对方的前提下，主动交往，建立良好的人际关系；笃行好学，掌握过硬的专业技能；磨砺意志，拥有吃苦耐劳的品质；理性思考，学会选择、懂得放弃，为顺利就业乃至在工作岗位上建功立业奠定坚实的基础。

本书按照求职与社会交往的内在关系，分为社会交往、职场起步、涉世之初三篇。每篇分为三章，社会交往篇由社会交往中的日常礼仪、社会交往中的幽默、社会交往中的应变策略三章组成；职场起步篇由毕业生求职材料的准备、大学生如何推荐自己、求职礼仪三章组成；涉世之初篇由大学毕业生如何闯过试用关，走好踏入社会的第一步，学会选择、懂得放弃三章组成。

本书注重针对性、实用性，没有过多的理论论述，而是运用案例，从企业的角度、从岗位的角度讲述什么样的大学生是企业欢迎的；从人际关系的角度介绍怎样能很快地融入社会。对大学生的学习、求职、工作具有一定的指导意义。

本教材由辽宁鞍山台安职教中心魏益春校长和沈阳农业大学朱桂清主任担任主审。

本教材由王润珍教授担任主编，王志利、孙志鹏、丁立群、宋连喜、谢险峰、于占中、张殿波老师担任副主编。

本教材编写分工如下：第一篇第一章由王润珍、王志利编写，第二章由王润珍、孙志鹏、谢险峰编写，第三章由王润珍、宋连喜、谢险峰编写；第二篇第四章由王志利、丁立群、于占中编写，第五章由丁立群、张殿波、孟岩编写，第六章由丁立群、冯杨、赵慧编写；第三篇第七章由王润珍、丁立群、白忠义编写，第八章由丁立群、费云丽、刘景芳编写，第九章由丁立群、王润珍、黎婧编写。

本教材在编写过程中，得到了参编院校的领导、同行的大力支持和帮助，得到了中国人民公安大学谢兰玉、辽宁师范大学石啸音、张禹三位学生的帮助，借鉴和参考了一些同类著作、资料，在此一并表示诚挚的谢意。由于作者自身的水平和时间的限制，书中难免存在不足与错漏，欢迎广大读者和同行批评指正。

编　者

2011 年 5 月

目　　录

上篇　社会交往篇

上篇　社会交往篇

我国素有“礼仪之邦”的美誉，礼仪文化源远流长，并且有着完备的礼仪体系。这是我们中华民族的骄傲，而且在社会交往中，礼仪起着非常重要的作用，所以应把我们的礼仪文化发扬光大。

当前，随着我国社会主义物质文明建设的迅速发展，社会主义精神文明建设也有了长足的进步。两个文明建设并重，必将极大地推进我国的社会主义现代化事业。与此同时，社会主义市场经济的建设，极大地促进了人际交往。人与人之间的应酬，不仅是一种出自本能的需要，也是适应社会发展、家庭生活幸福、个人进步、事业有成的一种必不可少的途径。因为从某种意义上来说，交际实质上就是一种信息交流，而信息乃是现代社会中最为宝贵的资源。由此可见，具有较强的交际能力，是现代人立足于社会并求得事业发展的重要条件。其重要意义，绝对不在掌握外语、电脑、驾驶等热门的专业技术之下。在此背景之下，作为交际艺术的礼仪自然迅速升温，备受人们的青睐。所以，学习社会交往与求职艺术，已经成为大势所趋，人心所向。

第一章　社会交往中的日常礼仪

学习目标

能够掌握社会交往的基础知识和特点，了解社会交往和毕业求职的关系，培养同学的交往意识和能力。

社会交往也叫应酬。应就是接应，是接受旁人施加于你的；酬就是酬答，是你接受了以后回答人家的。古人道“来而无往非礼也”，就是有应有酬。善于应酬是对社交活动的基本要求，也是人们日常交往中所必须遵循的行为规范。应酬是为了工作，为了事业，为了友谊，为了进步，所以，应酬应该文明，应该高雅，应该讲道德、讲风格、讲礼仪。

第一节　语言交往

语言是交际的工具、信息的载体，在人与人之间的交流中语言起着至关重要的作用。语言的恰当使用能形成良好的人际关系，我们在日常生活中离不开问候别人、称呼别人、自我介绍、与人寒暄、与人交谈、安慰别人和向别人致意等，这些都有礼可循。

一、致谢和致歉

(一)致谢

人们替你办事，不管事情结果如何都应该热情有礼地说声“谢谢”。“谢谢”不仅是礼貌用语，也是与人交往的桥梁。

当我们说“谢谢”时，必须诚心诚意，直截了当，并且在称谢的同时要称呼被称谢人的名字，使你的道谢更加亲切、诚挚。不仅如此，还要轻点头部、目光注视被感谢人并面带微笑；若是再加上致谢的理由，就更显得认真、庄重和真挚，比如说：“你这次帮助我，真是非常感谢。”，这样对方心理反应十分明显。

表示感谢时，所谢的若是一个人，自然要突出这个人，若所谢的是多人，可统而言之“谢谢大家”，也可一一具体到个人，逐一言谢。

感谢要及时主动。尽管许多人帮助他人并不指望得到回报，但对于受帮助的人来说，一定要及时而主动地表示真诚的谢意。及时，是从时间上说的，待被帮助的事情有了结局后，要马上表示感谢，不能一拖再拖；主动，是从态度上说的，要找上门去，到对方单位或家里去，不要在对方上你家或在路上偶然遇到，才忽然想起要感谢一下，才临时抱佛脚地准备。及时主动，说明你对人家的帮助是非常重视的，说明你十分尊重他人的帮助，也说明你是一个性格爽直、懂得人情、懂得感恩的人，这有助于进一步加深彼此的感情。

（二）致歉

致歉分礼仪致歉和衷心致歉。我们对他人的受损表示歉意，目的是为了获得对方的谅解，致歉则是出于礼貌表示歉意的应酬语言，衷心的道歉是有诚意的表现，它不仅使我们弥补感情上的裂缝，而且还可以化解干戈增进感情，或者有助于解决问题。

致歉一定要诚恳，狡顽的态度只会激起对方更大的反感。我们可以在道歉的词语前面加上“非常”、“很”等词语，表明自己后悔、难过的心理；在不过分强调理由的前提下也可以进行适当的解释。

致歉话要说得正直，要勇于承担责任、纠正错误。致歉还要抓住时机，错过时机将无法证明你的诚意。致歉是促进人际交往的“改正液”。走路踩了别人的脚、撞了别人的肩要致歉；电视机音量过大打扰了别人要致歉；说错了话要致歉；打扰了别人休息要致歉；约会迟到了要致歉；交谈中不慎揭露别人隐私要致歉；无意中伤害了对方要致歉；与同事一起共事过程中不慎造成失误或纰漏更要致歉，同时要检讨自己的过失。

致歉的语言看上去似乎平实，但很重要，它能修补双方感情，使双方心理得到平衡。

二、问候

人与人相见，问候或打招呼是不可缺少的一个重要环节。我们在写信、打电话时，首先要向他人问好，熟人相遇相互打个招呼，这些都是我们所说的问候。

在涉外场合，人们经常用"你好！"、"见到你很高兴！"等普遍适用的问候语。问候时注意表情应当和蔼可亲，面带微笑。否则，人家会对你的诚意感到怀疑或不自然。

打招呼时有一个最基本的问题，就是不要为了表示亲切而牵涉到个人私生活，把个人禁忌方面的话语拿出来，这样打了招呼反倒引起他人不快。

招呼就是招呼，不要太过繁杂，其实一句普通的面带微笑的"您好"，就已经很能够拉近两人的距离了，再添加内容反成了画蛇添足，或者给对方以拖沓、不利索的感觉，以至于下次不想看到你。

很多人都有这样的感觉，就是在路上遇到不很熟悉的异性很觉尴尬，不打招呼显得不礼貌，打招呼又不太好意思，或怕对方误会。正确的做法应该是：一位女士偶然在路上遇见不很熟悉的男士，理应点头招呼，但不要显得太热情，亦不要用冷冰冰的面孔来点头；一位男士偶然在路上遇见不太相熟的女士，应首先打招呼，但表情不可过分殷勤。

他乡遇故知或相遇久别的老朋友，不要大声惊呼，也不要隔着几条马路或隔着人群就大声呼唤，如果边喊边穿马路，那就可能会有危险了。寒暄之后，如果还想多谈一会儿，应该靠边一些，避开拥挤的行人，不要站在来往人流中攀谈。

两人以上同时遇到熟人时，应主动介绍一下这些人与你的关系，如"这是我的同事"，但没必要一一介绍，然后应向同伴们介绍一下你的这位熟人，也只要说一下他（她）与你的关系即可，如"这是我的邻居"，被介绍者应相互点头致意。

如果男女两人同时上街，遇到女士的熟人，女士可以不把男伴介绍给对方，男士在她俩寒暄时，要自觉地隔开一定距离等候，待女伴说完话后继续一同前往；女士对男伴的等候应表示感谢，且与人交谈的时间不可过长，不应该让同伴等候太久。如果遇到男士的老朋友，男士则应该把女伴介绍给对方，这时女士应向对方点头致意。如果是两对夫妇或两对情侣路遇，相互致意的顺序应是：女士们首先互相致意，然后男士们分别向对方的妻子或女友致意，最后才是男士们互相致意。致意时应注意面部表情要亲切和蔼，且致意有一定规则。男士应先向女士致意，年轻者应先向年老者致意，学生应先向老师致意，下级应先向上级致意。对年轻的女士遇见比自己年岁大得多的男士的时候，应当首先向他表示致意，而不要等着对方来向你致意，这样做才是有礼貌的表现。

致意的方式有多种。微笑即面带笑容，不出声、不显著的笑，可用于在同一场合反复见面的朋友致意，也可以在社交场合中与不相识者见面之时向朋友点头致意，头应向下微微一动，幅度不可过大，也不必点头不止，它适用于不宜交谈的场合。向距离较远的熟人打招呼，一般以举手表示向对方致意，不必出声。只要将右臂伸直，掌心朝着对方稍稍挥一下手就行了，不需要反复摇晃。欠身作为一种致意方式，表示的是对他人的一种恭敬，适用的范围较为广泛。戴着礼帽或是其他种类的有檐帽，向朋友脱帽致意最为礼貌。若路遇朋友并迎面而过，可回身问一声好，并以一只手轻轻掀一下帽子，这时可不必脱下。

对于女士致意的方法比较简单，只需点头或微笑即可，既不考虑在什么场合，也不考虑她是否戴着帽子。

在社交场合遇见身份较高的熟人，立即上前去打招呼，是不礼貌的，应等到他的应酬告一段落之后，再前去致意。朋友在向你致意时，不管你的心情如何，应马上用他所采用的致意方式向他致意。

中国人习惯用的问候语是“吃了吗，您?”、“您刚回来?”人们在书信或是打电话时，最爱用像“您身体好吗?”、“您在忙些什么?”这一类问候语。这类问候语用以表达对对方的关怀之意，使人感到亲切自然。像“你上哪去?”、“吃了吗?”这一类中国惯用的问候语，在涉外中是不宜采用的。有一位热心的老人，不管遇见熟人还是生人总爱打一个招呼。一次老人在公共汽车站候车，这时一位外国旅游者向他微微一笑，老人便热情地问候对方：“您去哪儿?”当那位外国旅游者听懂之后，便勃然变色。人家或许认为去哪非得让你知道不可，有这个必要吗？外国人强调个人自由不容干涉，个人隐私不容窥视。像这样的问候是不能被他们理解和接受的。他们认为，如此问候他人，不是多管闲事，就是蓄意窥探他人隐私，干涉他人的行动自由。老人不了解外国人的这一习惯，认为中国式的问候语到哪都行得通，对外宾照用不误，结果必然会使他人不快，甚至发生误解。

在涉外场合同外宾互致问候时，双方可使用相同的问候语，例如，问是“您好!”，答也是“您好!”。国式一问一答的问候语，此时不宜采用。还有一种问候方式，那就是“致意”。由于致意大都是不出声的问候(微笑、点头、举手、欠身和脱帽)，因此致意时离对方的距离不要过远也不要站在侧面或背后，而要让对方看到。否则，因看不清而无反应，那是令人难堪的。

资料卡

人际交往原则——忠诚

第一次世界大战后，德国工程师斯特斯曼流亡到了美国，生活无着落。有一家小企业看中并雇用了他。他勤奋工作，逐渐显露出技术才能。福特汽车公司的一台大型电机坏了，公司的技术人员无力排除，只好请斯特斯曼来帮忙。他在电机旁搭了一个帐篷，听电机的声音，两天后，只用粉笔在电机上画了一条白线。他对福特公司的经理说："把电机打开，在画线的地方把线圈去掉16圈，电机就能正常工作了。"为此福特公司给他1万美元的报酬。按照公司规定，给报酬要说明报酬的用处，斯特斯曼就写了一张纸条："用粉笔画一条线是1美元，知道在哪里画是9 999美元。"事后，通用电气公司知道他是个人才，就要高薪聘用他。斯特斯曼拒绝了，他说："在我最需要帮助的时候，这家小企业看中了我，我现在不能忘恩负义。"通用电气公司为他忠诚可靠的精神所感动，便把斯特斯曼和那家小企业一起买了过来。

三、称呼

我们见朋友、拜访长辈、或写信、或致辞，首先遇到的问题就是开头怎么称呼对方。这是社会交往的第一个问题。称呼应尊重对方，切合身份，有情有实，彬彬有礼。过于抬高的称呼近乎谄媚，过于平淡或叫唤式的称呼没有礼貌，这都会令人不舒服。由于各国、各民族语言不同，风俗习惯各异，社会制度不一，因而在称呼上差别很大，如果称呼错了，不但会使对方不悦，引起反感、闹出笑话，甚至还会影响到彼此的关系乃至交际的成功。

如著名传记作家叶永烈在着手写陈伯达传记时，必须采访陈伯达，采访时究竟怎样称呼陈伯达，叶永烈颇费了一番心思。采访的前一天晚上，叶永烈辗转反侧，明天见到陈伯达到底该怎么称呼他呢？称他陈伯达同志，不合适，因为陈伯达是在监狱服刑的犯人；叫他老陈，也不行，因为陈伯达当时已经是84岁的老人了，而自己才48岁。究竟应怎样称呼他呢？突然叶永烈灵机一动，称呼他陈老，这是再恰当不过的称呼了。果然，第二天采访时，叶永烈一声"陈老"的亲切得体的称呼，令陈伯达听了感动万分，眼里充满了泪花。由此可见，一个得体的称呼真可谓交际的"敲门砖"啊！

生活中，每个人都有被他人尊重的欲望，称呼是否得体，直接关系到人际交往的效果。

怎样称呼别人并不是件容易的事。首先要注意，如果是初次见面的人，一定要留心记住他的名字；下次见面如果叫不出对方的名字，可以再礼貌地询问他的名字，同时表示歉意。另外，我们还要根据对方的年龄、身份、职业，以及与本人的亲疏关系、交际场合来选择称呼。

在现代交往中，一般对男子称先生，对女子称夫人、女士、小姐。已婚女子称夫人，未婚女子统称小姐。不了解婚姻状况的女子可称小姐，对戴结婚戒指的年纪稍大的可称夫人，这些称呼可冠以姓名、职称、衔称等。如“布莱克先生”、“议员先生”、“市长先生”、“上校先生”、“玛丽小姐”、“秘书小姐”、“护士小姐”、“怀特夫人”等。

年轻人之间，为了表示亲热友好，常以“哥们儿”、“姐妹儿”相称，但这种称呼很粗俗。

华侨称呼自己的伴侣与我们有所不同。我们称呼自己的伴侣为“爱人”，而在海外，丈夫被妻子称为“先生”或“外子”，妻子被丈夫称为“太太”或“内人”。在涉外交往中，应当遵循国际上的关于称呼的习惯，丝毫马虎不得。

交际中正确使用称呼非常重要，应该使用敬称的时候，切不可掉以轻心，因为这是表示对他人的尊敬，同时也是礼仪的要求。否则，容易伤害对方感情·或者被对方认为缺乏修养、没有礼貌。

热忱、充满敬意的称呼是与人交际的必备工具。友好的称呼不仅能够有助于人们向他人表达友好和欢迎之意，而且还能够消除人际交往中的障碍和隔膜，打开陌生之门。

现在国内对女子称呼多为“女士”、“小姐”等，但由于国内某些地方一些丑陋现象的出现，“小姐”已成为一种轻视的称呼，如果你对年轻女性称呼“小姐”，很容易让人产生曲解。为避免这种尴尬，国内目前合乎礼仪的称呼方法较多，归纳起来大致有以下几种。

一是改称呼为“姓＋职称”，如李编辑、陈记者、王大夫、刘护士等。二是对不知姓的年轻女性，在“小姐”前加其职业：服务员小姐、售票员小姐等。也可以不加“小姐”，但语气稍有不当，就可能让人感觉不礼貌。三是省去称呼，改用问候或其他谦词代替，如“您好，我买一张票”，“劳驾、打扰、请……”等。四是沿用我国传统称呼，如“姑娘”，但前提是称呼人的年纪明显比被称呼人要大。另一种最保险的称呼是：“同志”，并且在“同志”前加上职业名称，如“警察同志”、“乘务员同志”等。

名人名言

礼仪是人们在社会交往过程中形成并得到共同认可的各种行为规范，它体现了一个国家、一个民族、一个地区的道德风尚和人们的精神面貌。在现代社会，礼仪是人们进行社会交往的手段，无论做什么都离不开礼仪，一个人事业的成功，15%靠自身的努力，而85%取决于良好的人际关系。

——戴尔·卡耐基

在国际交往中，称呼也很重要，其大致规则是：对地位高的官方人士，一般为部长以上的高级官员，按国家情况称"阁下"、"职衔＋先生"。如"部长阁下"、"总统阁下"、"主席先生"、"总理阁下"、"大使先生"等。但美国、德国、墨西哥等国没有称"阁下"的习惯，因此在这些国家可称"先生"。对有地位的女士可称夫人，对有高级官衔的妇女也可称"阁下"。

在英、德等国，人们对自己头衔非常看重，假如对方有博士学位，在称呼中就一定不能省略。美国人对称呼较为随便，即使晚辈对长辈也可以直呼其名，但如果与称呼的对方不熟悉最好还是称"××先生"、"××夫人"。

君主制国家，按习惯称国王、皇后为"陛下"，称王子、公主、亲王等为"殿下"。对有公、侯、伯、子、男等爵位的人士既可称爵位，也可称"阁下"，一般也称先生。

对医生、教授、法官、律师等有博士学位的人士，均可按职业称"医生"、"教授"、"法官"、"律师"、"博士"等。同时可以加上姓氏，也可加先生。如"卡特教授"、"法官先生"、"律师先生"、"博士先生"、"马丁博士先生"等。

对军人一般称军衔，或军衔加先生，知道姓名的可冠以姓与名。如"上校先生"、"莫利少校"、"查尔斯中尉先生"等。有的国家对将军、元帅等高级军官称"阁下"。

对神职人员一般可称教会的职称，或姓名加职称，或职称加先生。如"福特神父"、"传教士先生"、"牧师先生"等。对佛教等人员应称"大师"。

凡是有同志相称的国家，对各种人员均可称"同志"，有职衔的可加职衔，如"主席同志"、"议长同志"、"大使同志"、"司机同志"、"服务员同志"等，或姓名加同志。有的国家还有习惯称呼，如"公民"等。在日本对妇女一般称女士、小姐，对身份高的女士也称先生，如"中岛京子先生"。

四、介绍

在日常生活与工作中，人们需要与其他人进行必要的沟通，以寻求理解、帮助和支持。介绍，就是人际交往中与他人进行沟通、增进了解、建立联系的一种最基本的方式。它是经过自己主动沟通或者通过第三者从中沟通，从而使交往双方相互认识、建立联系的一种常规的交际方法。换言之，介绍是人与人之间进行相互沟通的出发点。

在社交场合，如能进行正确的介绍，不仅可以扩大自己的交际圈，广交朋友，而且还有助于进行必要的自我展示、自我宣传，甚至会替自己在人际交往中消除误会、减少麻烦。根据介绍者的不同，介绍可以分为介绍自我、介绍他人、介绍集体等三大基本类型。

(一)介绍自我

介绍自我也称“自我介绍”，指的是在必要的场合，由自己担任介绍的主角，将自己介绍给其他人，以达到使对方认识自己的目的。自我介绍实际上就是自我推荐。人与人之间的相识相交，都是从自我介绍开始的。在求职应聘中，自我介绍是一个重要环节。因此，自我介绍是进入社会交往的一把钥匙，不仅能让人了解你，与你交友，还能让你有用武之地。良好的开端是成功的一半，如果自我介绍成功的话，可使你在社交活动中一路顺风，相反可能带来交际上的困难。因此学会自我介绍，是走向社会、成就事业的必修课。

1. 自我介绍的时机

何时进行自我介绍为佳？这一问题比较复杂。它涉及时间、地点、当事人、旁观者、现场气氛等多种因素。一般认为，在下述时机有必要进行适当的自我介绍。

①与不相识者相处时。

②与身边的陌生人共处时。

③不相识者请求自己作介绍时。

④打算介入陌生人所组成的交际圈。

⑤当不相识者表现出有结识自己的兴趣时。

⑥有求于人，而对方对自己不甚了解或一无所知时。

⑦交往对象因健忘而记不清自己，或担心此种情况有可能出现时。

⑧在出差、旅行途中，与他人不期而遇，并有必要与之临时接触时。

⑨初次前往他人居所、办公室，进行登门访问时。

⑩访问熟人遇到不相识者挡驾或是对方不在，而需要请不相识者代为转告时。

⑪初次利用大众传媒，如报纸、杂志、广播、电视、网络等，向社会公众进行自我推介、自我宣传时。

⑫利用社交媒介，如信函、电话、电报、传真、电子信函，与其他不相识者进行联络时。

⑬前往陌生单位接洽业务时。

⑭因业务需要，在公共场合进行业务推广时。

⑮应聘求职或求学面试时。

2. 自我介绍的内容

鉴于自我介绍的时机不同，进行自我介绍时的内容也有所不同。确定自我介绍的具体内容，应兼顾实际需要、所处场景，并应具有鲜明的针对性。

依照自我介绍时所表述的内容的不同，可将其区分为下述5种具体形式。

(1)应酬式。应酬式自我介绍主要适用于某些公共场合和一般性的社交场合，如旅行途中、宴会厅里、舞场之上、通电话时。它的对象主要是进行一般性接触的交往对象。对介绍者而言，对方属于泛泛之交，或者早已熟悉，进行此种自我介绍只不过是为了确认自己的身份而已，故此种介绍内容宜少而精。

应酬式自我介绍的内容很简洁，它往往只介绍姓名即可。如：您好，我的名字叫张云。

(2)公务式。公务式自我介绍主要适用于日常工作中，它是以工作为自我介绍的中心，因工作而交际，因工作而交友。

公务式自我介绍的内容，应包括本人姓名、供职单位及部门、担负的职务或从事的具体工作等三项。它们被称为公务式自我介绍的三要素，缺一不可。其中，第一项姓名应一口报出，不可有姓无名或有名无姓；第二项供职单位及其部门，最好全部报出，具体工作部门有时可暂不报出；第三项担负的职务或从事的具体工作，有职务者最好报出职务，职务较低者或无职务者，则可报出目前所从事的具体工作。如：刘经理，你好！我是园林系的党总支书记张华，负责全系学生的就业推荐和毕业生跟踪调查工作。又如因工作需要，一位老师代替就业指导中心的主任去参加省毕业生办公室主持召开的关于大学生的就业和创业指导工作会议，可以这样介绍：我叫刘珍，在学院就业指导中心具体从事就业和创业指导工作。

(3)交流式。交流式自我介绍主要适用于社交活动中。它是一种刻意寻求与交往对象深层次交流与沟通，希望对方认识自己、了解自己、与自己建立联系的自我介绍。有时，它也是社交式自我介绍或沟通式自我介绍。

交流式自我介绍的内容，大体上应包括介绍者的姓名、工作、籍贯、学历、兴趣以及与交往对象的某些熟人间的关系等。它们不一定要面面俱到，但应依照具体情况而定。如：我叫方舟，现在是世纪方圆有限公司任技术总监，我和您妹妹是大学同学。

(4)礼仪式。礼仪式自我介绍适用于讲座、报告、演出、庆典、仪式等一些正规而隆重的场合。它是一种意在表示对交往对象友好、敬意的自我介绍。

礼仪式自我介绍的内容，也包含姓名、单位、职务等项，但还应酌情加入一些适宜的谦词、敬语，以示自己礼待交往对象。如：各位来宾好！我叫王小筝，是博大农资有限公司的总经理。现在，由我代表本公司热烈欢迎大家光临我们公司的科技研讨会暨世界500强新产品推介会，谢谢大家的支持。

(5)问答式。问答式自我介绍，一般适用于应试、应聘和公务交往。在普通交际应酬场合也常见。问答式自我介绍的内容，讲究问什么答什么，有问必答。如：

甲："这位小姐，您好！不知该怎么称呼您？"

乙："不必客气，我叫温红梅。"

3. 自我介绍的分寸

自我介绍时，必须对下述几方面的问题予以正视，方能使自我介绍进行得恰到好处。

(1)时间。在进行自我介绍时，一定要关注时间，它在此具有双重含义。

一是进行自我介绍时一定要力求简洁，并尽可能地节省时间。虽说各种形式的自我介绍所用的时间长度不可笼统地等量齐观，但总的原则还是所用时间愈短愈好，并以半分钟左右为佳。如无特殊情况，最好不要长于1分钟。

为了节省时间，在作自我介绍前，还可以递上本人的名片或介绍信加以辅助。若使用了名片或介绍信，则上列各项内容应尽量不予重复。

二是自我介绍应在适当的时间进行。进行自我介绍的适当时间为对方有兴趣时；对方有空闲时；对方情绪好时；对方干扰少时；对方有此要求时。

进行自我介绍的不适当时间，则是指对方无兴趣、无要求、工作忙、干扰大、心情坏、休息用餐或正忙于其他私人交往时。

(2)态度。进行自我介绍时，态度要自然、友善、随和。同时，应显得落落大方，面带笑容。既不要小里小气、畏首畏尾、瞻前顾后，也不要虚张声势、轻浮夸张、矫揉造作。

在作自我介绍时，要充满信心和勇气。千万不要妄自菲薄，心怀怯意，导致临场发挥失常。进行自我介绍时，一定要敢于正视对方的双眼，显得自己胸有成竹、不慌不忙。特别是在求职应聘时，这样做将有助于自我放松，并使对方对自己产生好感。

在作自我介绍的过程之中，语气要自然，语速要正常，语音要清晰，这些具体做法对自我介绍的成功将大有好处。一定要力戒生硬冷漠、语速过快或过慢、声音小或语音含糊不清、口头禅(其实、就是、但是等)太多等，这些其实都是缺少经验、缺乏自信的表现。

(3)真实。进行自我介绍时，所表述的各项内容一定要实事求是、真实可信。

没有必要过分谦虚，一味贬低自己去讨好别人，但也不可自吹自擂、吹嘘弄假、夸大其词，否则得不偿失。

资料卡

交际中的谦词

与好久不见的人见面说“久违”；相识的人初次见面说“久仰”；有了过失求人原谅说“请包涵”；请人帮忙说“劳驾”；有事找别人商量说“打扰”；请人勿远送说“请留步”；指点行为说“有不对的地方请指教”；不能陪客人说“失陪”；送还物品时说“奉还”；陪同朋友叫“奉陪”；影响人工作和休息说“打搅了”；当别人表示诚意时用“别客气”。

（二）介绍他人

介绍他人，又称第三者介绍，是第三者为彼此不相识的双方进行引见的一种介绍方式。

在介绍他人时，为他人作介绍的第三者系介绍者，而被第三者所介绍的双方则是被介绍者。

介绍他人，通常都是双向的，即将被介绍者双方均作一番介绍。有时，也可进行单向的他人介绍，即只将被介绍者中的某一方介绍给另一方。其前提是前者了解后者，而后者不了解前者。

1. 介绍者

在介绍他人中，介绍者的身份确定是有规律的。通常，具有下列身份者，理应在他人介绍中充当介绍者。

①社交活动中的东道主。

②交际场合的长者。

③家庭性聚会中的女主人。

④熟悉被介绍者双方的人。

⑤应被介绍者一方或双方的要求。

⑥在交际应酬中，被指定的介绍者。

⑦正式活动中地位、身份较高者或主要负责人员。

名人名言

知识使人变得文雅，而交际能使人变得完美。

——托马斯·富勒

⑧公务交往中的专职人员，如公关人员、礼宾人员、文秘人员、办公室工作人员、接待人员等。

决定为他人作介绍时，要审时度势，熟悉双方情况。如有可能，在作介绍之前，最好首先征求一下双方的意见，以免为原本相识者或关系恶劣者进行盲目或错误的介绍。

2. 介绍的时机

遇到下述情况，通常必须要为他人介绍。

①在家中，接待彼此不相识的客人。

②在办公地点，接待彼此不相识的来访者。

③与家人外出，路遇家人不相识的同事或朋友。

④陪同亲友前去拜会亲友所不相识的人。

⑤本人的接待对象遇见了其不相识的人士，而对方又跟自己打了招呼。

⑥陪同上司、长者、来宾时，遇见了其不相识者，而对方又跟自己打了招呼。

⑦打算推介某人加入某一交际圈。

⑧接受为他人作介绍的邀请。

3. 介绍的顺序

在为他人作介绍时，先介绍谁后介绍谁，向来都是一个十分敏感的礼仪问题。根据社交礼仪的规范，处理这一问题时必须遵守“尊者优先了解情况的法则”。其含义是：在为他人作介绍前，首先要确定双方地位的尊卑，然后先介绍位卑者，后介绍位尊者。这样做，可以使位尊者优先了解位卑者的情况，以便见机行事，在交际应酬中掌握主动权。应确保位尊之人拥有“优先知情权”。这一法则，有时又称“后者居上法则”。它所指的是后被介绍者应较之先被介绍者地位为上。二者从不同角度阐明了同一问题。

根据以上法则，为他人作介绍时的顺序大致有如下几种。

①介绍年长者与年幼者认识时，应先介绍年幼者，后介绍年长者。

②介绍长辈与晚辈认识时，应先介绍晚辈，后介绍长辈。

③介绍老师与学生认识时，应先介绍学生，后介绍老师。

④介绍女士与男士认识时，应先介绍男士，后介绍女士。

⑤介绍已婚者与未婚者认识时，应先介绍未婚者，后介绍已婚者。

⑥介绍同事、朋友与家人认识时，应先介绍家人，后介绍同事、朋友。

⑦介绍来宾与主人认识时，应先介绍主人，后介绍来宾。

⑧介绍社交场合的先至者与后来者认识时，应先介绍后来者，后介绍先至者。

⑨介绍上级与下级认识时，先介绍下级，后介绍上级。

⑩介绍职位、身份高者与职位、身份低者认识时，应先介绍职位、身份低者，后

介绍职位、身份高者。

4. 介绍的内容

在为他人介绍时，介绍者对介绍的内容应字斟句酌，慎之又慎。倘若对此掉以轻心，词不达意，敷衍了事，很容易给被介绍者留下不良的印象。

根据实际需要的不同，为他人作介绍时的具体内容也有所不同。常可借鉴下列形式。

(1)标准式。它适用于正式场合，内容以双方的姓名、单位、职务等为主。如："我来为两位介绍一下。这位是正大传媒的公关主任罗鸽小姐，这位是四海集团经理张丽小姐。"

(2)简介式。它适用于一般的社交场合，其内容往往仅有双方姓名一项，甚至可以只提到双方姓氏为止。接下来，则要由被介绍者彼此见机行事。如："我来介绍一下，这位是小杨，这位是小周，你们彼此认识一下吧。"

(3)强调式。它适用于各种交际场合，其内容除被介绍者的姓名外，往往还会刻意强调一下自己与其中某位被介绍者之间的特殊关系，以便引起另一位被介绍者的重视。如："这位是奥瑞金种业东北地区的总经理党军先生，这位是栾小菊，是东亚种业的一位区域经理，也是我的学生，请党总多多关照。"

(4)引见式。它适用于普通的社交场合。作此种介绍时，介绍者所要做的，就是将被介绍者双方引导到一起，而不需要表达任何具有实质性的内容。如："两位认识一下如何？大家其实是上下届校友，只不过在校时不认识，现在请你们自己介绍吧。"

(5)推荐式。它适用于比较正规的场合，多是介绍者有备而来，有意要将某人举荐给另一人。因此，在内容方面，介绍者通常会对前者的优点加以重点介绍。例如："这位是何文远先生，这位是我们公司的刘总。何先生不仅是一位管理方面的专业人士，而且还是一位经济学博士。刘总，我相信您一定会很高兴认识他吧？"

(6)礼仪式。它适用于正式场合，是一种最为正规的他人介绍。其内容略同于标准式，但语气、表达、称呼上都更为礼貌、谦恭。如："朱先生，你好！请允许我把辽宁科工贸总部的公关部总经理王芬芳小姐介绍给你。王小姐，这位是大连外运外理公司的外联部经理朱日明先生。"

5. 介绍的应对

在进行他人介绍时，介绍者与被介绍者都要注意自己的表达、态度与反应，即他人介绍的应对问题。

介绍者为被介绍者作介绍之前，不仅要尽量征求一下被介绍者双方的意见，而且在开始介绍时还应再打一下招呼，切勿上去开口即讲，显得突如其来，让被介绍者措手不及。

被介绍者在介绍者询问是否有意认识某人时，一般不应加以拒绝或扭扭捏捏，而应欣然表示接受。实在不愿意时，则应说明缘由。

当介绍者走上前来，开始为被介绍者进行介绍时，被介绍者双方均应起身站立，面含微笑，大方地目视介绍者或对方，神态庄重、专注。

当介绍者介绍完毕后，被介绍者双方应依照合乎礼仪的顺序进行握手，并且彼此问候对方。此时的常用语有“相见恨晚”、“你好”、“很高兴认识你”、“久仰大名”、“认识你非常荣幸”、“幸会幸会”等。必要时，还可作进一步的自我介绍。

不要在此时有意拿腔拿调，或是心不在焉。更不要奴颜婢膝、低三下四、阿谀奉承、成心讨好对方。

（三）介绍集体

介绍集体，系他人介绍的一种特殊形式，它是指介绍者在为他人介绍时，被介绍者其中一方或双方不止一人，甚至是许多人。由此可见，集体介绍大体可分成两种：其一，为一人和多人作介绍；其二，为多人和多人作介绍。

介绍集体时，应主要关注时机、顺序与内容等三方面的具体问题。

1. 介绍的时机

遇到如下几种具体情况，应进行集体介绍。

①大型的公务活动：其参加者不止一方，而且各方不止一人。

②涉外交往活动：参加活动的宾主双方皆不止一人。

③规模较大的社交集会：它由多方参加，各方均可能不止一人。

④家庭性私人交往：主人的家人与来访者双方均可能不止一人。

⑤正式的大型宴会：主方人员与来宾均不止一人。

⑥婚礼、生日晚会：当事人与来宾双方均不止一人。

⑦举行会议：应邀前来的与会者往往不止一人。

⑧演讲、报告、比赛：参加者不止一人。

⑨会见、会谈：各方参加者不止一人。

⑩接待参观、访问者：来宾不止一人。

资料卡

人际交往原则——信用

一次，一位叫基苔丝的美国记者在日本东京的一家百货公司买一台“索尼”唱机，售货员彬彬有礼，特地为她挑了一台未启封包装的机子。回到住所，她才发现该机没有装内件，无法使用。第二天一早，她正准备去交涉，忽然收到百货公司打来的道歉电话。50分钟后，一辆汽车赶到她的住处。公司副经理和一位职员一进客厅便俯首鞠躬，表示特来请罪，除送一台合格的唱机外，又加送蛋糕1盒、毛巾1套和著名唱片1张。原来，当天下午清点商品时，售货员发现错将一个空心货样卖给了顾客，立即报告公司警卫，迅速追赶顾客，但为时已晚。经理知道后，派人全力查找。他们根据顾客的名字和留下的一张“美国快递公司”的名片，打了32次紧急电话，向东京各大宾馆查询，向“美国快递公司”总部查询，得到顾客在美国的父母的电话号码，又打电话去美国，得知顾客在东京的婆家的电话，终于弄清这位顾客在东京的住址和电话，这期间紧急电话合计35次！百货公司没有强烈的信用、信誉意识是不会有如此举动的，这是坚持信用原则的集中体现。

2.介绍的顺序

若有可能，进行集体介绍的顺序，应比照他人介绍的顺序进行。若实难参照，则可酌情参考下述顺序。应当强调的一点中，越是正式、大型的交际活动，对集体介绍的顺序就越是要重视规范化。

(1)少数服从多数。它的含义是：当被介绍者双方地位、身份大致相似，或者难以确定时，应使人数较少的一方礼让人数较多的一方，一个人礼让多数人。首先介绍人数较少的一方或个人，然后再介绍人数较多的一方或多数人。

(2)强调地位、身份。若被介绍者双方地位、身份之间存在明显差异，特别是当这些差异表现为年龄、性别、婚否、师生及职务有别时，则地位、身份为尊者的一方即使人数较少，甚至仅为一人，仍然应被置于尊贵的位置，最后加以介绍，而须先介绍另一方人员。

(3)单向介绍。在演讲、报告、比赛、会议、会见时，往往只需要将主角介绍给广大参加者，而没有必要一一介绍广大参加者，因为此种可能性实际上并不存在。

(4)人数较多一方的介绍。若需要介绍的一方人数不止一人，可采取笼统的方法进行介绍。例如，可以说：“这是我的家人”、“他们都是我的同事”等。但最好还是要对其一一进行介绍。进行此种介绍时，可比照他人介绍时位次尊卑的顺序，由尊而卑，如先长后幼，先女后男等。只是这一顺序的标尺一定要正规、单一，并为众人所认可。

(5)人数较多双方的介绍。若被介绍双方皆不止一人，则可依照礼规，先介绍位卑的一方，后介绍位尊的一方。在介绍某一方的人员时，则须由尊而卑地依次进行。

(6)人数较多各方的介绍。有时，被介绍的往往不止两方，此时则需要对被介绍的各方进行位次排列。排列的具体方法：一是以其负责人身份为准；二是以其单位规模为准；三是以单位名称的英文字母或汉语拼音字母顺序为准；四是以抵达时间的先后顺序为准；五是以座次顺序为准；六是以距离介绍者的远近为准。进行多方介绍，应由尊而卑地进行。如时间允许，应在介绍各方时按由尊而卑的顺序介绍其各个成员。若时间不允许，则不必介绍其具体成员。

3. 介绍的内容

集体介绍的内容，与介绍他人的内容基本上无异，但它要求更认真、更准确、更清晰。以下两点应尤为注意。

(1)不使用易生歧义的简称。进行集体介绍时，应慎用简称。如不要讲"人大"、"消协"，而应使用其全称"中国人民大学"、"消费者协会"，或"上海市人大常委会"、"保护消费者协会"。至少，要在首次介绍时使用准确的全称，然后再采用简称。

(2)不借机开玩笑、捉弄人。进行介绍时，要庄重、亲切，切勿随意拿被介绍者开玩笑，或是成心出对方的洋相，否则是很不文明的。

五、与人寒暄

寒暄是社交中大家见面时的应酬语言。在交际刚开始时，一般都要先寒暄一番。

寒暄有以下两种情况：一种是如约见面了或客人来后，在正题交谈之前的问候。例如："您早"等。另一种是在公共场所里遇到熟人，顺便打一个招呼。

寒暄的内容十分广泛，如天气、身体、爱好、工作等，但是，寒暄内容要有所选择，话题必须自然。如果你同一个陌生人寒暄，可以先谈对方的口音、籍贯等。寒暄的目的是创造和谐气氛加深了解，所以寒暄时不但语言要诚恳、亲切，而且要善于用自己的姿态、表情、感叹词或插话等来回应对方，以表示自己对谈话内容很有兴趣。这样就可以创造出一种融洽的气氛，促进关系的发展。

另外寒暄时要注意建立认同心理，多寻找共同语言，以求心理上的共鸣。尽量沟通彼此之间的感情，缩短心理距离。一般来说，寒暄有以下几种方式：真诚、鼓励、幽默、赞美。但是在寒暄中，应注意对象。寒暄要因人而异，不要对谁都是一个说法；要注意环境，在不同的环境，要有不同的寒暄语言；要注意适度，适可而止，过多的赞美之词只会给人以虚伪客套的感觉。寒暄，不仅能给不快的人以安慰，给忧愁的人以关怀，还能给邻里以欢乐，给亲人以问候，从而使你的社交活动达到水乳交融的境地。

六、言谈

言谈作为一门艺术,也是个人礼仪的一个重要组成部分。

1. 礼貌

态度要诚恳、亲切;声音大小要适宜,语调要平和沉稳;尊重他人。

2. 用语

敬语,表示尊敬和礼貌的词语。如日常使用的“请”、“谢谢”、“对不起”,第二人称中的“您”字等。初次见面为“久仰”;很久不见为“久违”;请人批评为“指教”;麻烦别人称“打扰”;求给方便为“借光”;托人办事为“拜托”等。要努力养成使用敬语的习惯。现在,我国提倡的礼貌用语是10个字:“您好”、“请”、“谢谢”、“对不起”、“再见”。这10个字体现了说话文明的基本的语言形式。

3. 仪态举止

(1)谈话姿势。谈话的姿势往往反映出一个人的性格、修养和文明素质。所以,交谈时,首先双方要互相正视、互相倾听、不能东张西望、看书看报、面带倦容、哈欠连天。否则,会给人心不在焉、傲慢无理等不礼貌的印象。

(2)站姿。站立是人最基本的姿势,是一种静态的美。站立时,身体应与地面垂直,重心放在两个前脚掌上,挺胸、收腹、收颚、抬头、双肩放松。双臂自然下垂或在体前交叉,眼睛平视,面带笑容。站立时不要歪脖、斜腰、曲腿等,在一些正式场合不宜将手插在裤袋里或交叉在胸前,更不要下意识地做些小动作,那样不但显得拘谨,给人缺乏自信之感,而且也有失仪态的庄重。

(3)坐姿。坐,也是一种静态造型。端庄优美的坐,会给人以文雅、稳重、自然大方的美感。正确的坐姿应该:腰背挺直,肩放松。女性应两膝并拢;男性膝部可分开一些,但不要过大,一般不超过肩宽。双手自然放在膝盖上或椅子扶手上。在正式场合,入座时要轻柔和缓,起座要端庄稳重,不可猛起猛坐,弄得桌椅乱响,造成尴尬气氛。不论何种坐姿,上身都要保持端正,如古人所言的“坐如钟”。若坚持这一点,那么不管怎样变换身体的姿态,都会优美、自然。

(4)起姿。行走是人生活中的主要动作,走姿是一种动态的美。“行如风”就是用风行水上来形容轻快自然的步态。正确的走姿是:轻而稳,胸要挺,头要抬,肩放松,两眼平视,面带微笑,自然摆臂。

七、注意说话的场合和对象

(一)探视病人

亲友患病住院治疗,人们免不了要上医院去探视。然而人们探视病人时的言语是否得当，将对患者的心理和情绪产生极大的影响。尤其是一些患者因为病魔缠身而产生抑郁、焦虑、怀疑、恐惧、被动、依赖及自怜等一系列消极情绪和心理波动时，倘若探视者的语言运用得好，将会使病人精神振作，进而积极配合治疗，有利于恢复健康。因此，它是抚慰患者心灵的一剂“良药”；若是探视者言语失当，将会对患者构成颇大的心理压力，影响治疗效果。那么，人们在探视患病的亲友时，该如何说呢？

探视者对患病亲友的安慰，是很能给人以信心的。这时候，安慰性的语言比任何时候都能显得生动、有力，它易于勾起患者与自己情感的共鸣，进而稳定患者的思想情绪，有利于患者疾病的治疗。人们对患者适时的鼓励，是对其心理上的支持，对调动患者战胜病魔的意志和勇气有着举足轻重的作用。尤其是某些患者对自己疾病的治疗丧失信心时，你若适时地给予真诚和符合客观事实的鼓励，也许就能在患者身上产生“起死回生”的作用。有一个年轻的建筑工人在高空作业时不慎摔伤，处于昏迷状态。患者在医院里苏醒后，觉得下肢不听使唤，遂怀疑自己将终身残废，萌生了轻生念头。患者的一个友人发现这一思想苗头后及时鼓励说：“你年轻力壮，生理机能强，新陈代谢旺盛，只要你积极配合治疗，日后加强锻炼，肯定不会残废，这是医生说的，请你相信我！”短短几句鼓励话，就使患者抛弃了轻生念头，增强了治疗的信心。

资料卡

人际交往原则——平等

英国著名戏剧家、诺贝尔文学奖获得者萧伯纳对“平等”二字有很深的体验。一次他访问前苏联，漫步在莫斯科街头，遇到一位聪明伶俐的小姑娘，便与她玩了很长时间。分手时，萧伯纳对小姑娘说：“回去告诉你妈妈，今天同你玩的是世界有名的萧伯纳。”小姑娘望了萧伯纳一眼，学着大人的口气说：“回去告诉你妈妈，今天同你玩的是苏联小姑娘安妮娜。”这使萧伯纳大吃一惊，立刻意识到自己太傲慢了。后来，他常回忆起这件事，并感慨万分地说：“一个人不论有多大的成就，对任何人都应该平等相待。要永远谦虚，这就是苏联小姑娘给我的教训，我一辈子也忘不了她！”由此可见，在交际中坚持平等原则是多么重要啊！

(二)与残疾人交往

残疾人是一个特殊的群体，与正常人相比，残疾人在学习、求职、工作等问题上会遇到更多、更大的困难,甚至由于生理上的缺陷,限制了他们活动的天地、职业的选择、工作的开展和学习的进行。因此,他们比正常人更需要别人关心、鼓励、支持和帮助。只有经常得到别人的关心、鼓励、支持和帮助,他们才能看到人生的价值,感到社会的温暖。在公共场所要处处礼让残疾人,尽可能为他们提供方便和帮助,但提供帮助应先征得他们的同意,等他愿意接受你的帮助并告诉你怎么做时再做。

在社交场合,当被介绍给残疾人时应主动上前致意,做好握手的准备。对双目失明的人,可以先问一下:“我们握握手好吗?”然后把手伸给他(她)。相互交流时,应直接与残疾者交谈,眼光正对着他们,不要面对别人用第三人称称呼他们。如果对方坐在轮椅上,应尽量保持视线与他(她)等高,并用正常的声调说话,不要拍他(她)的头或肩膀,更不要靠在他的轮椅上,因为椅子已被视为他身体的一部分。绝不要对残疾人使用侮辱性的称呼,更不应该将残疾人作为逗乐、欺侮的对象。嘲笑别人的生理缺陷,是一种不文明的可耻行为。安慰他们时也不能带着怜悯,要维护他们的自尊,最好能讲些鼓励的话。

(三)和异性沟通

当今社会是一个倡导男女平等的社会,在沟通中不能带有“性别歧视”,但是我们必须承认“男女有别”,男性和女性的心理特征和处事方式毕竟有很大差别。充分地了解这一点,对于增加我们沟通的成功率有至关重要的作用。

其实,与异性沟通的关键原则只有两条:一是采取肯定和亲切的态度,不要轻易向异性说“不”,因为这样较容易伤害对方的自尊心;二是要显得自信,不要一接触异性就显得紧张,不能坦然相处。当然,与异性沟通时的相互尊重是必不可少的,否则将会带来不必要的误解。比如:待人热情大方、诚实质朴,本是一种美德,但如果不分场合,不看对象,对任何人都表现出亲热,心直口快,喜欢攀谈,就很可能引起对方的误会,甚至产生某种错误的联想;而男人在单身宿舍里的宣言及女性深闺里的私语,在这种沟通场合都不应轻易“示人”,这不仅是尊重对方,更是自尊的表现。

(四)传达不幸消息

俗话说“天有不测风云,人有旦夕祸福”。灾难、不幸,有时会无情地降临到人们的头上。这种不幸带给亲人们的打击像晴天霹雳、天塌地陷一般,令人惊惧、痛苦,难以承受。特别是年迈的老人,身患疾病的亲人,在这突如其来的致命打击面前,很可能发生意外,出现“祸不单行”的情形。正因为如此,我们在把不幸消息通知别人时,就应格外讲究方式、方法,尽可能地减轻或缓解对他们的刺激,避免发生不必要的麻烦。

对于那些性格刚强的人,如果他的亲属遇到不幸需要通知时,就可以直接说明,或用委婉语言说明,一般情况下,他们是能顶得住的。这种直言方式适宜于有一定精神准备的情形,比如,对于亲友久病不愈之后的去世噩耗,对于战场上的牺牲等。但更多的情况下不宜采用这种方式。若是飞来横祸,而被通知者又心胸狭窄,或神经脆弱、年迈多病,如果直言相告,就可能出问题,这时最好使用委婉方式传达不幸消息。要注意避免使用刺激性强的词,可以用同义替代词汇,比如"他走了"等,把不幸消息传递过去,让对方意会。

当估计到不幸消息可能会对被通知者造成致命打击时,就不宜一次通知对方,可以采取渐次渗透的方法,一次比一次多地把坏消息透露过去,在这样一个过程中使之逐渐增强承受力,当最后把实情说出时,对方就不会感到突然了。传达不幸消息时尽量避开进餐和就寝前,以免影响对方的食欲和休息。通知他人坏消息是一件难办的事,一定要认真去做,要根据不同对象的具体情况,采取适当的方式和语言,才能收到较为理想的效果。

第二节 行为交往

与陌生人的初次见面或与朋友的久别重逢,总免不了要握手和递接名片等,这些过程中表现得举止得体可以树立良好的社会形象,创造和谐的人际关系。

一、握手

相传在刀耕火种的时代,人们经常持有石头或棍棒等武器,陌生者相遇,双方为了表示没有敌意,便放下手中的武器,并伸出手掌,让对方抚摩掌心。久而久之,这种习惯便逐渐演变为今日的握手礼节。当今,握手已成为世界上最为普遍的一种礼节,其应用的范围远远超过了鞠躬、拥抱、接吻等。在日常交际中,我们必须注意握手的基本礼节。

(一)握手的礼仪要求

握手的标准方式,是行礼时,行至距握手对象约 1 米处,双腿立正,上身略向前倾,伸出右手,四指并拢,拇指张开与对方相握。握手时应用力适度,上下稍许晃动三四次,随后松开手来,恢复原状。具体应注意以下几点。

1. 次序

根据礼仪规范，握手时双方伸手的先后次序，一般应当遵守“尊者先伸手”的原则，应由位尊者先伸出手来，位卑者只能在此后予以响应，而绝不可贸然抢先伸手，不然就是违反礼仪的举动。男女之间握手，男士要等女士先伸出手后才握手。宾客之间握手，主人有向客人先伸出手的义务。长幼之间握手，年幼的一般要等年长的先伸手。上下级之间握手，下级要等上级先伸出手。但涉及主宾关系时，可不考虑上下级关系，做主人的应先伸手。若是一个人需要与多人握手，则握手也应讲究先后次序，由尊而卑，即先年长者后年幼者、先长辈后晚辈、先老师后学生、先女士后男士、先已婚者后未婚者、先上级后下级、先职位身份高者，后职位身份低者。值得注意的是，在公务场合，握手时伸手的先后次序主要取决于职位、身份；而在社交、休闲场合，则主要取决于年纪、性别、婚否。

2. 神态

与人握手时神态应专注、热情、友好、自然。在通常情况下，与人握手时，应面带微笑，目视对方双眼，并且口道问候。在握手时切勿显得自己三心二意，敷衍了事，漫不经心，傲慢冷淡。如果在此时迟迟不握他人早已伸出的手，或是一边握手，一边东张西望，目中无人，甚至忙于跟其他人打招呼，都是极不应该的。

3. 力度

名人名言

敬而无失，与人恭而有礼，四海之内，皆兄弟也。

——孔子

握手时用力应适度，不轻不重，恰到好处。如果手指轻轻一碰，刚刚触及就离开，或是懒懒地、慢慢地相握，缺少应有的力度，会给人勉强应付、不得已而为之之感。一般来说，手握得紧表示热情，男人之间可以握得较紧，甚至另一只手也加上，包括握对方的手大幅度摆，或者在手相握时，左手又握住对方胳膊肘、小臂甚至肩膀，以表示热烈。但是，注意既不能握得太使劲，使人感到疼痛，也不能显得过于柔弱，不像个男子汉。对女性或陌生人，轻握是很不礼貌的，尤其是男性与女性握手应热情、大方、用力适度。

4. 时间

通常是握紧后打过招呼即松开。但如亲密朋友意外相遇、敬慕已久而初次见面、至爱亲朋依依惜别、衷心感谢难以表达等场合，握手时间就长一点，甚至紧握不放，话语不休。在公共场合，如列队迎接外宾，握手的时间一般较短。握手的时间应根据与对方的亲密程度而定。

5.禁忌

在人际交往中，握手虽然司空见惯，看似寻常，但是，由于它可被用来传递多种信息，因此在行握手礼时应努力做到合乎规范，并且避免违反下述失礼的禁忌：不要用左手与他人握手，尤其是在与阿拉伯人、印度人打交道时要牢记这一点儿，因为在他们看来左手是不洁的；不要在握手时争先恐后，而应当遵守秩序，依次而行。特别要记住，与基督教信徒交往时，要避免两人握手时与另外两人相握的手形成交叉状，这种形状类似十字架，在基督教信徒眼中是很不吉利的；不要戴着手套握手，在社交场合女士的晚礼服手套除外；不要在握手时戴着墨镜，只有患有眼疾或眼部有缺陷者才例外；不要在握手时将另外一只手插在衣袋里；不要在握手时另外一只手依旧拿着香烟、报刊、公文包、行李等东西而不肯放下；不要在握手时面无表情，不置一词，好似根本无视对方的存在，而纯粹是为了应付；不要在握手时长篇大论、点头哈腰、滥用热情、显得过分客套，让对方不自在、不舒服；不要在握手时把对方的手拉过来、推过去，或者上下左右抖个没完；不要在与人握手之后，立即擦拭自己的手掌，好像与对方握一下手就会使自己受到感染似的。

(二)握手的技巧

在公共场合，握手应注意掌握如下技巧。

1.主动与每个人握手

在公共场合，如谈判开始之前，双方都要互相介绍认识一下。这时候你最好表现得积极一些，主动一些，表示你很高兴与他们认识。为了表达你这种善意，你可以主动地与他们每个人握手，因为你主动就说明你对对方尊重，只有你尊重别人，才会受到别人的尊重。

2.有话想让对方出来讲，握手时不要松开

有时你找对方谈一些事，不巧的是，办公室里边还有其他人在，你想与对方单独谈，耐心等了很久仍没有机会，那你只好想办法让对方出来说了。但你不能明白告诉对方“我有点事，咱们到外边说”，这显然是很不礼貌的。你得想办法让对方起身相送。在你起身告辞时，对方站起来，你就边与对方交谈，边往外走。如果对方无意起身，你就走近他，很礼貌地与他握手，出于礼貌，对方会站起来走出自己的座位，然后你就边说边往外走，千万不能断了话。因为当你还有话要说时，对方是很不好意思不送你的。说话时眼睛也要看着对方，不要只顾走。走到门口对方要与你告辞，你主动伸出手与他相握，握手之后不要马上松开，要多握一会儿，并告诉对方：“你看我还有件事……”你说得缓慢些，对方也就意识到了，你也就主动走出来了。

3. 握手时赞扬对方

握手时的寒暄话是非常重要的，在你与对方握手的时候，可以对对方表示一下关心和问候，或赞扬对方两句。握手时双方的距离很近，对方的衣着服饰可以尽收眼底，如果你用心观察，肯定会有某一方面值得赞扬。而每个人又都有自己特别注重修饰的地方，有人特别爱惜自己的发式，每天修理头发，使自己神采奕奕；有人特别注重领带，不惜高价买一条，或用一枚精致的领带夹点缀一下，使自己容光焕发；有的穿了一件新西装，质地优良，做工讲究；有的穿一件衬衫，色彩和谐、明快，使人显得年轻漂亮。见面握手时，不能对这些熟视无睹，要加以赞美。对方会因此而显得亲近，你则显得格外大方、热情、细心，因而会给人留下一个好印象。

二、交换名片

社交中互换名片是人们交往中常用的一种介绍方式，可以促进人们在社交场合中的相互了解，互通友好。两人初次见面，先互通姓名，再奉上名片，单位、姓名、职务、电话等历历在目，既回答了一些对方心中想问而有时又不便贸然出口的问题，又使相互之间的距离一下子拉近了许多，在交往中，熟悉和掌握名片的有关礼仪是十分重要的。

（一）名片的内容

名片是宣传的一个极好的媒介，若名片设计得风格独特，个性鲜明，会给人一种统一的视觉感受，而这种个性很大程度表现在名片的内容设计上。

例如，以下几位艺术家和社会名流的名片就颇具个性，独领风骚，使人睹名片如见其人，接名片如沐春风。

棋圣聂卫平的名片"棋"高一着，上部是自己的漫画像，中部用钢笔签名，下部是一幅围棋谱局。图文并茂，一目了然。

青年舞蹈家杨丽萍的名片印着"孔雀头"手形剪影的特有标志，将其优美的孔雀舞姿再现于名片之上，形态栩栩如生，惟妙惟肖，而艺术化的"YLP"三个英文字母即姓名缩写。设计新颖别致，浑然一体，令人叫绝。

著名作家沙叶新的名片也设计得别具一格，其名片左下方是其右手挟书、左手拿笔的漫画像，右上方是个大括号，内书：

我，沙叶新，

上海人民艺术剧院院长——暂时的

剧作家——永久的

某某委员、某某理事、某某教授、某某顾问——这些都是挂名的。

一般名片上应印上工作单位、姓名、身份、地址、邮政编码等。工作单位一般印在名片的上方，社会兼职紧接工作单位排列下来，名印在名片中央，右侧印有职务、职称，片的下方为地址、邮政编码、电话号码、E-mail等。

名片的背面，一般都印有相应的英文，作为对外交往时用。但也有些名片在背面印上企业、公司的简介、经营范围、产品及服务范围以方便公众和作为宣传。例如，大连市某县有一名副县长的名片，就是除了姓名、职务等内容之外，还有一幅本县的风光图片。照他的说法，这样做有利于增强人们的环保意识。原来该县是个海岛县，风光秀丽，近年来发展了旅游业，成为该县经济的支柱产业之一。在开发旅游资源的时候，他们首先想到的是保护自然环境，为子孙后代留下一片蓝天碧水。它集宣传本地与普及环保意识于一体，收到了良好的经济效益和社会效益。

很多企业有标准的员工名片格式，有的要加印公司的标识甚至企业经营理念，并且规定名片统一规格、格式等。

(二)名片的交换

要使名片在人际交往中正常地发挥作用，还须在交换名片时做的得体。遇到以下几种情况时需与对方交换名片：希望认识对方时；被介绍给对方时；对方提议交换名片时；对方向自己索要名片时；初次登门拜访对方时；通知对方自己的变更情况时；打算获得对方的名片时。

1.递交名片

名片的持有者在递交名片时动作要洒脱、大方，态度要从容、自然，表情要亲切、谦恭。应当事先将名片放在身上易于掏出的位置，取出名片时先郑重地握在手里，然后再在适当的时机得体地交给对方。

递交名片的姿势是：要双手递过去，以示尊重对方。将名片放在掌中，用拇指夹住名片，其余四指托住名片反面，名片的文字要正向对方，以便对方观看。若对方是外宾，则最好将名片上印有对方认得的文字的那一面面对对方，同时讲些“请多联系”、“请多关照”、“我们认识一下吧”、“有事可以找我”之类友好客气的话。

递交名片的时间，应当根据具体情况而定。如果名片持有者与人事先有约，一般可在告辞时再递上名片。如果双方只是偶然相遇，则可在相互问候，得知对方有与你交往的意向时，再递交名片。

与多人交换名片时，要注意讲究先后次序，由近而远，由尊而卑。一定要依次进行，切勿采取“跳跃式”，当然也没有必要像散发传单似的，站在人流拥挤处随意滥发名片。

资料卡

人际交往原则——尊重

在某大酒店，一位外宾吃完最后一道菜后，顺手把精美的景泰蓝食筷悄悄地“插入”自己的内衣口袋里，服务员小姐不露声色地迈步上前，双手擎着一只装有一双景泰蓝食筷的绸面小匣说：“我发现先生在用餐时，对我国的景泰蓝颇有爱不释手之意。非常感谢您对这种精美工艺品的赏识，为表达我们的感激之情，经餐厅主管批准，我代表大酒店将这双图案最为精美的并且经过严格消毒处理的景泰蓝食筷送给您，并按照大酒店的优惠价格记在您的账上，您看好吗？”曲径通幽，那位外宾很明白了这弦外之音，表示谢意后，说自己多喝了两杯，头发晕，顺手将食筷插入内衣袋里，并聪明地下台阶，说：“既然它不消毒不能使用，我就以旧换新吧！”说着取出袋里的食筷恭恭敬敬地放回桌上，接过了服务员小姐给他的小匣。这位服务员小姐是很善于运用尊重原则的。

2. 接受名片

接受他人名片时，要恭恭敬敬，双手捧接，并道感谢。接受名片者应当首先认真地看看名片上所显示的内容，必要时可以从上到下，从正面到反面重复看一遍，可把名片上的姓名、职务（较重要的职务）读出声来，如“您就是张总啊。”以表示对赠送名片者的尊重，同时也加深了对名片的印象。然后把名片细心地放进名片夹或笔记本、工作证里夹好。

在别人给了名片后，如有不认识或读不准的字要虚心请教。请教他人的姓名，丝毫不会降低你的身份，反而会使人觉得你是一个对待事情很认真的人，增加对你的信任。

接受名片时，应避免：马马虎虎地用眼睛瞄一下，然后顺手不经意地塞进衣袋；随意往裤子口袋里一塞、往桌上一扔；名片上压东西、滴上了菜汤油渍；离开时把名片忘到桌子上。名片是一个人人格的象征，这些行为是对其人格的不尊重，这样都会使人感到不快。

当然，在收了别人的名片后，也要记住给别人自己的名片，因为只收别人的名片，而不拿出自己的名片，是无礼拒绝的意思。

3. 索要名片

如果没有必要最好不要强索他人名片。若索要他人名片，则不宜直言相告，而应委婉表达此层意。可向对方提议交换名片，主动递上本人的名片；询问对方：“今后如何向您请教？”（向尊长者索要名片时多用此法。）

反过来，当他人向自己索取名片时，自己不想给对方时，不宜直截了当，也应以委婉方式表达此意。可以说“对不起，我忘带名片了”，或“抱歉，我的名片用完了”。

三、做客与待客

生活中做客是人际交往不可缺少的应酬，但是怎样做客却大有学问。打算拜访某人时，应事先打电话约定。时间也要事先约定，并如期而至。到人家门口时，在进门之前应敲门或按门铃，敲门声不宜过大，按门铃的时间也不宜太长，目的是要让主人知道，绝不能推门而入。

不管到谁家做客，仪表必须整洁大方。入室之前鞋子要放到外面弄干净，不要穿不整洁或带有破洞的袜子。到日本、朝鲜等国的家庭去做客，进门要脱鞋或换拖鞋。做客尽量不带小孩，在主人家见到长辈要有礼貌地与之问候，见到孩子也要谈上几句。遇到主人的其他客人，应寒暄几句。其他客人走时也要起立相送，不要见到别的客人一到，自己马上就走，这样会显得失礼。

在普通朋友的家里，客人不要乱脱、扔衣服。不要自以为是地批评主人家中的陈设或在他家里乱走乱窜，更不要随意谈论主人的失误和缺点。做客时，如无要事相商，时间大体上以半小时为宜，见到主人显到疲倦或是还有其他的客人时，应适时地告辞。临行时，要向其他人告辞，并感谢主人的接待。走时态度应坚决，不要嘴上说走，却迟迟不动身。出门后应请主人就此留步不要让人家和你一直走下去，更不要说什么“我还有一件事情”之类的话。

不仅做客，待客也是一门艺术，它不但要讲究礼节而且要考虑周全。如待客不恭，多年已建立起来的友谊就可能付诸东流。知道客人即将来访，要事先有所准备，不要等客人来了以后再忙这忙那。在待客时，你要特别注意自己的仪表，服饰不可随便。对于主人仪表整洁与否要同尊重客人与否联系起来。所以对仪表的整洁应特别注意，尤其身为女主人，则更应精心打扮。

如果客人不期而至，无论多累多忙，应立即停下手中的活，热情地接待客人。家中若来了不是自己的客人，应有礼貌见过面后告退。

与客人谈话时，态度要恳切，不要露出漫不经心的表情。更不要频频地看表。真有急事要办，应向客人说明并道歉，并让家人暂时招待一下。长辈、上级对待来访的晚辈、下级不要摆架子，打官腔。客人如需在家中留宿，事先要做好充分的准备。若对方停留时间较长，主人应主动陪同客人在当地名胜游玩。

客人告辞时，应起立送行。通常应将客人送至门外，切忌当客人一出门，马上就把门关上，这是很不礼貌的。

对初来乍到的客人，应介绍或安排好对方回去的路途和交通工具。对远道而来的客人，应去车站、码头或机场送行。当客人远去时，可挥手致意，待客人走远直至看不见时，才算是给待客这一社交活动画上一个圆满的句号。

第三节 电话交往

电话已经成为现代人重要的交际工具之一，但如何正确地利用电话，并不是每个会打电话的人都能做到的。要正确地利用电话，不只是要熟练地掌握使用电话的技巧，更重要的是要自觉维护自己的“电话形象”。

所谓“电话形象”是指人们在使用电话时的种种表现，会使通话的对象“如见其人”，能够给对方以及其他在场之人留下完整的、深刻的印象。一般认为，一个人的“电话形象”，主要由他使用电话时的语言、内容、态度、表情、举止以及时间感等几个方面构成的。它被视为个人形象的重要组成部分之一。据此，大体上可对通话人的文明礼貌修养和为人处世风格有所了解。

资料卡

人际交往原则——宽容

有家企业的公关人员小刘，说话办事都有板有眼，但就是有一个缺点，凡是他看不惯的人，他就不想与其多说，结果得罪了不少客户。公关部经理对他说：“我们两人岁数相差二十好几，性格差异更大。你好动，我好静，但并不影响我们的合作，你想想这是为什么？”脑子灵活的小刘一听，便知道经理是在批评自己。他悟出一个道理：脾气性情不同的人同样可以做朋友。从那以后，他开始接纳个性特别的客户，并能取其优点，友好往来，很快赢得了客户的好感。所以考虑公众的个性，理解公众的思想，不强求公众与社会组织或个人与自己高度一致，多站在公众的角度考虑问题，是宽容原则的极好体现。正如美国汽车大王亨利·福特所说：“若成功有什么秘诀的话，那就是站在对方的立场上考虑问题。”

一、拨打电话

使用电话时，总有一方是发起者。在通话双方之中，发起者被称为“发话人”,其通话过程称作“打电话”。被动接听电话的一方,则被称为“受话人”,他的通话过程则称作“接听电话”。在整个通话过程中,发话人通常始终居于主动、支配的地位。作为“先发制人”的一方,若要使自己所打的电话既能正确无误地传递信息、联络感情,又能为自己塑造完美的电话形象,就必须时间适宜、言简意赅、用语文明。在以上 3 个方面稍有“闪失”,都会使自己塑造良好的电话形象大打折扣。

(一)时间适宜

若要打好一次电话,首先就应当明确:通话唯有在适宜之时进行,才会事半功倍。打电话若不考虑时间问题,往往就会无事生非。

考虑通话的具体时间问题,实际上需要注意两个要害之点。其一,何时通话为佳?其二,通话多久为好?

1. 通话时间

按照惯例,通话的最佳时间有二:一是双方预先约定的时间;二是对方方便的时间。

除有要事必须立即通话外,不要在他人休息时间内打电话。例如,每日上午 7 点之前、晚上 10 点之后以及午休时间、节假日等。在用餐之时打电话,也不合适。

给海外人士打电话,首先要了解一下时差,不要不分昼夜地骚扰他人。

打公务电话,尽量要公事公办,不要在他人的私人时间,尤其是休假期间去麻烦对方。此外,若有意识地避开对方的通话高峰时间、业务繁忙时间、生理厌倦时间,则打电话的效果必定更佳。

2. 通话时间长短

在一般情况下,每一次通话的具体长度都应有所控制。其基本要求是:以短为好,宁短勿长。

有一条“通话 3 分钟法则”,它的含义是:通话时,发话人应当自觉地、有意识地将每次通话的长度限定在 3 分钟之内,尽量不要超过这一限定。

在日常进行的社交活动中,但凡使用电话,就务必要想方设法,把该法则付诸实践。身为发话人,要特别牢记这一点。

3. 体谅对方

发话人在打电话时,应善解人意、将心比心,对受话人多多体谅。不论双方关系如何,对此点都不要疏忽大意。在把握通话时间时,对此必须关注。

在通话开始后,除了要自觉控制通话长度外,必要时还应兼顾受话人的反应。比如,可以在开始通话时,先询问一下对方,现在通话是否方便。倘若对方不方便,可约一个另外的时间,届时再把电话打过去。

倘若通话时间过长，亦应先征求一下对方的意见，并在结束时略表歉意。

在对方节假日、用餐、睡觉时，万不得已打电话影响了别人，不仅要讲清楚原因，而且千万不要忘记说一声“对不起”。

在他人上班时间内，原则上不要为了私人事宜去打电话妨碍对方。

（二）内容简练

在通话时，要求发话人内容简练，要做到这一点，就必须注意以下几点。

1.事先准备

每次通话之前，发话人理应做好充分准备。最佳的办法是：把受话人的姓名、电话号码、通话要点等通话必不可少的内容列出一张“清单”。这样一来，通话时便可照此办理，就不会再有现说现想、缺少条理、丢三落四的情况了。

此种方法简单易行，只要养成了习惯，就会变成自己的自觉行动。它不仅利己利人，而且容易使通话对象感到自己办事情有板有眼、训练有素。

2.简明扼要

在通话时，发话人讲话要务实、不务虚。问候完毕，即应开宗明义、直言主题，少讲空话、废话、避免口头禅、绝不没话找话。

在通话时，最忌讳发话人讲话吞吞吐吐、含糊不清、东拉西扯。至于一厢情愿地逼着通话对象和自己共煲“电话粥”，或者故弄玄虚，在电话上玩“捉迷藏”，则更令人生厌。

3.适可而止

作为发话人，应自觉控制通话的长度。要讲的话说完了，即应当机立断地采取行动去终止通话。由通话双方之中地位较高的一方终止通话，是打电话的惯例之一。故此发话人在通话双方中居于地位较高的位置时，务必要注意长话短说，适可而止。

因此，发话人切勿“当断不断，自受其乱”，不要反复陈述，再三絮叨。那样的话，浪费时间的责任可就在自己而不在他人了。

使用公用电话且身后有人排队时，一定要自觉主动地尽快终止通话。切勿“表演欲”顿生，当众发嗲撒娇，或是有意拖延时间，与排队者作对。

（三）表现文明

发话人在通话的过程中，自始至终都要待人以礼，表现得文明大度，尊重自己的通话对象。具体来说，必须注意以下几个重要环节。

1.语言文明

在通话时，发话人不仅不能使用“脏、乱、差”的语言，而且还须切记有三句话非

讲不可。它们被称为“电话基本文明用语”,具体所指的是:

(1)问候语。在通话之初,要向受话人首先恭恭敬敬地问一声“您好!”,然后方可再言其他。切勿一上来就“喂”对方,或是开口便说自己的事情。

(2)介绍语。在问候对方后,接下来须自报家门,以便对方明确“来者何人”。在电话里自报家门,通话人有四种模式可以借鉴:其一,报出本人的全名;其二,报出本人所在的单位;其三,报出本人所在的单位和全名;其四,报出本人所在单位、全名和职务。其中第一种模式主要适用于私人交往中,而后三种模式则通常适用于公务交往中,并以最后一种模式最为正规。

名人名言

礼仪的目的和作用本在使得本来的顽梗变柔顺,使人们的气质变温和,使他敬重别人,和别人合得来。

——约翰·洛克

(3)道别语。终止通话前,在预备放下话筒时,应先说一声“再见”。若缺少了这句礼貌用语,就会使终止通话显得有些突如其来,并使自己的待人以礼有始无终。

2. 态度文明

发话人在通话时,除语言要“达标”外,态度上也要加以注意,语气温和,态度谦和。

对受话人,即便是批评下属也不要厉声呵斥或态度粗暴无礼。但低三下四、阿谀奉承也不足取。

电话若需要总机接转,勿忘对总机的话务员问好,并应加上一声“谢谢”。此外,“请”、“麻烦”、“劳驾”、“拜托”之类的词,该用时也要用。

若要找的人不在,需要接听电话之人代找或代为转告、留言时,态度也要文明而有礼。

通话时电话忽然中断,依礼需由发话人立即再拨,并说明通话中断系线路故障所致,不要不了了之,或等候受话人一方打来电话。

若拨错了号码,应对接听者表示歉意,不要一言不发地挂断了事。

3. 举止文明

发话人在通话时,在举止方面应对自己有所要求。当众拨打电话时,更不能掉以轻心。

在打电话时,最好双手握持话筒,并起身站立。无论如何,都不要在通话时把话筒夹在脖子下，不要抱着电话机随意走动，不要趴着、仰着、坐在桌角上或高架双腿与人通话。拨号时，不要以笔代手。边吃边打更是失态的。

在通话时，不宜发声过高，免得令受话人承受不起。标准的做法是：声音宁小勿大，并应使话筒与口部保持 3 厘米的距离。

终止通话，放下话筒时，应双手轻放，不要用力一摔，令对方震耳欲聋。

通话“半途而废”，或拨号时对方一再占线的话，要表现出应有的耐心，不要骂骂咧咧，或是采取粗暴的举动拿话机撒气。

资料卡

不喜欢的电话如何处理

若想缩短不喜欢的电话和交谈，有一些较温和的方式可供参考。

1. 表示有一部紧急电话进来。

2. 表示有事要处理或突然想起有个会议，可告诉对方：“陈先生，真抱歉，我必须到会议室，我们下次再详谈。”

3. 给对方保留下一次谈话的希望：“陈先生，我还有很多细节想要向您请教，我们可以改天约个时间，见面详谈吗？”

4. 表示老总正在叫你，你不方便再讲话了。

5. 表示有访客来访，你必须过去招呼了。

二、接听电话

在通话过程中，受话人在接听电话时虽处于被动的位置，但也不可因此而得过且过。

受话人接听电话时，由于具体情况有所不同，可分为本人受话、代接电话及录音电话等，以下对其分别而论。

（一）本人受话

本人受话即由受话人本人亲自接听他人打给自己的电话。在本人受话时，需要了解以下 3 个具体规范的问题。

1. 及时接听

电话铃声一旦响起，即应立即停止自己所做的事，尽可能在铃响 3 声左右予以接听。接听电话是否及时，实质上反映一个人待人接物是否热情真诚、是否敬业乐业。

如果有可能的话，在电话铃响以后，应亲自接听电话，轻易不要让别人代劳，尤其不要让小孩子代接电话。不要铃响许久，甚至响过几遍之后，才姗姗来迟地拿起听筒，那种做法会让对方觉得自己妄自尊大。不过，铃声才响过一遍，就立即拿起听筒，也显得操之过急。有时，还会令发话人大吃一惊。在正常情况下，不允许不接听他人打来的电话，尤其是“如约而来”的电话。

因特殊原因，致使铃声响过许久才接电话，须在通话之初向发话人表示歉意。

在电话礼仪中，有一个“铃响不过 3 声法则”。它的含义是：接听电话时，以铃响 3 声左右拿起话筒接听为宜。在日常生活里接听电话时，应尽量遵守这一法则。

2. 应对谦和

接电话时，受话人应努力使自己的所作所为合乎礼仪。特别要注意下列 4 点。

(1)自报家门。拿起话筒后，即应自报家门，并首先向发话人问好。“您好”两字，一是出于礼貌，二是为了说明有人正在接听，可以发话。当对方首先问好后，应立即问候对方。不要一声不吭、装神弄鬼、故弄玄虚。至于自报家门，则是为了让发话人验证一下，是否拨错了号码或找错了人。自报家门时所说的内容，可参照发话人自报家门时的具体模式酌定。在私人寓所接听电话时，为了自我保护，有时可用本部电话的号码作为自报家门的内容，或不必自报家门。

(2)聚精会神。在通话时，不论如何都应聚精会神地接听电话。不允许三心二意、心不在焉，或是把话筒置于一旁，任其“自言自语”。在通话过程中，对发话人的态度应谦恭友好。当对方身份较低或有求于己时，更应表现得不卑不亢。不要拿腔拿调，对对方戏弄嘲讽，伤害其自尊心。更不要一言不发，有意冷场。

(3)与人道别。当通话终止时，不要忘记向发话人道“再见”。当通话因故暂时中断后，一定要耐心等候对方再拨进来，或自己主动打过去。此时不要扬长而去，也不要为此而责怪对方。

(4)善待错拨。若接听到误拨进来的电话，要耐心向对方细加说明。如有可能，还应主动向对方提供帮助，或者为其代转电话。不要为此勃然大怒，恶语相加，甚至出口伤人。

3. 主次分明

电话铃声一旦响起，即应以此作为自己活动的中心，而绝不应当不明主次、随意分心。

接听他人电话时，不要看文件、看电视、听广播、用电脑、吃东西。在一般情况下，不要与另外一人同时交谈，在不得已的情况下，要请发话人原谅，尽量不要对发话人表示对方的电话“来的不是时候”。

万一会晤重要客人或举行会议期间有人打来电话，而此刻的确不宜与其深谈，可向其说明原因、表示歉意，然后再约一个具体时间，届时由自己主动打电话过去。若对方是长途电话尤需注意，别让对方再打过来。约好下次通话时间后，即应遵守。在下次通话开始时，勿忘再次向对方致歉。

在接听电话时，适逢另一个电话打进来，切忌置之不理。可先对通话对象说明原因，请其勿挂电话，小候片刻，然后立即去接另一个电话。待接通之后，先请对方稍候，或过一会儿再打进来，随后回过去继续刚才正打的电话。

不论自己多么忙，都不要拔下电话线，与外界自我隔绝。也不要把假的电话号码、莫须有的电话号码、别人的电话号码，交给自己所不愿意与之保持联系的人。

(二)代接电话

在日常生活里，经常有机会为其他人代接、代转电话。代接、代转电话时，尤其需要注意礼尚往来、尊重隐私、记忆和记录准确、传达及时等4个具体方面的问题。

1. 礼尚往来

接电话时，假如对方所找的人并非自己，不要口出不快，拒绝对方代为接听的请求，尤其是不要对对方所找之人口有微词，或是对方要找的人就在身边，却偏偏告之以“不在”。至于硬要说“没你找的这个人”，则更属不礼貌之举。

同事、家人之间互相代接电话，本是互利互助的事，所以讲究礼尚往来，有来有往。连电话都懒得为他人代接的人，在现实生活里必然难以取信于人。

2. 尊重隐私

在代接电话时，不要充当“包打听”，向发话人询问对方与其所找之人的关系。当发话人有求于己，要求转达某事给某人时，则要严守口风。切勿随意扩散、广而告之，辜负了他人的信任。

即使发话人所要找的人就在附近，也不要大喊大叫，而闹得人人皆知、四邻不宁。当别人通话时，不要进行“旁听”，更不要插嘴。

3. 记忆准确

若发话人所要找的人不在，可在向其说明情况后，询问一下对方是否需要代为转达。当对方有此请求时，即应相助于人。

对发话人所要求转达的具体内容，最好认真做好笔录。当对方讲完之后，还应重复一遍，以验证自己的记录是否正确无误、免得误事。记录他人电话，应包括通话者单位、姓名、通话时间、通话要点、是否要求回电话、双方约定的回电话时间等内容。

4. 传达及时

接听寻找他人的电话时，先要确认“对方是谁”、“现在找谁”这两个问题。若对方不愿讲第一个问题，可不必勉强。若对方所要找的人不在，可首先以实相告，然后再去询问对方“来系何人”、“所为何事”。若将二者先后次序颠倒，则可能使发话人产生疑心。

若发话人所找的人就在附近，应立刻去找，不要拖延。若答应发话人代为传话，则应尽快落实。不要置之脑后，或是存心拖延时间。

不到万不得已之时，不要把自己代人转达的内容再托他人转告。这样一来，一则容易使内容有误，二则可能会耽误时间，三则可能会泄露隐私。

（三）录音电话

许多时候，为了保证联络的畅通，人们往往会使用录音电话为自己代劳。使用录音电话的要点有以下两个。

1. 制作留言

使用录音电话，少不了要制作一段本人留言。留言的常规内容有：电话机主的单位、姓名、问候语、致歉语、道别语、留言的原因、对发话人的请求等。

私人住宅所用的录音电话，不宜由年轻姑娘进行录音，并且不宜自报姓名。以电话号码进行代替，既明则保身，又不至于误事。

附私人住宅录音电话内容一则：

您好！这里是78632145。对不起，主人现在因事外出，有要事的话，请在提示音之后留言。主人回来后，将立即同您联系。谢谢。再见！

2. 处理来电

在人际交往中，使用录音电话虽属无形交际，但它与人们面对面的交际完全一样，同样需要讲“言必信，行必果”。在处理录音电话里他人来电时，要注意的具体问题有：

（1）尽量少使用录音电话。尤其是不要人在家中，却以录音电话代替自己“招架”外人的电话。

（2）尽快处理录下的信息。对外人打进来的电话，应立即进行必要的处理或答复，不要一拖再拖，或置之不理。

（3）不能否认录下的电话。不要对自己明明听过的他人电话录音赖账，或显得若无其事。那样做，会从一个侧面告诉旁人：此人言而无信。

资料卡

使工作顺利的电话术

①迟到、请假由自己打电话。

②外出办事，随时与单位联系。

③外出办事应告知去处及电话。

④用传真机传送文件后，以电话联系。

⑤延误拜访时间应先与对方联络。

⑥同事家中电话号码不要轻易告诉别人。

⑦借用别家单位电话应先征得对方的同意和谅解。

三、移动电话

目前，在各种现代化的通信手段中，移动通信工具异军突起，而且渐显后来居上之势。人们所使用的移动通信工具主要是移动电话，又称手机。使用手机，主要涉及 2 个方面的基本问题。

（一）使用规则

使用手机，应在方便交际联络的同时，严格地遵守其约定俗成的使用规则，否则就有可能在无形之中有损自己的形象。具体而言，需要遵守的规则主要有以下 4 条。

1. 令其安守本分

使用手机，自然主要是为了方便个人联络与确保信息交流畅通无阻。因此，在人际交往中使用手机时，首先要正视其身份、用途，并以令其“安分守己”为主。

若因工作需要使用两部以上手机、不论自己所使用的手机有多么先进、多么昂贵，它毕竟仅仅是为人所用的通信工具而已，而绝非是可以抬升个人身份和地位的“道具”或“饰物”。因此，不论何时何地都不要借此耀武扬威、自欺欺人。切记，踏实做事，低调做人。

2. 方便他人为先

使用移动通信工具，自然是为了方便自己，但与此同时，不应忘却还要方便他人，并应将这一点放在首位。具体来说，在使用手机时应注意：一定要牢记自己手机的交费日期，并自觉按时交纳费用。不要因为忘记交费而被停机，也不要忘记开机，致使他人与自己的联络中断。改换了手机号码后，应尽早告之自己主要的交往对象，以确保彼此联络的顺畅。

当他人利用手机联络自己时，应尽早答复。在约定的联络时间内，不要随便关机。因错码、掉线、无电而有碍联络或暂停联络时，应及时说明，并向联络对象道歉。利用手机向他人发送短信，不仅应当内容健康，而且务必署上本人姓名、免得令人猜疑不止。

利用手机与对方联络，并要求对方按自己指定号码回复时，切勿见缝插针，使自己的手机一忙再忙，而致使对方打不进来。

3. 遵守公共秩序

使用手机时，绝对不允许在有意、无意之间破坏公共秩序。

①不允许在楼梯、电梯、路口、人行道等人来人往之处，旁若无人地使用手机。

②不允许在要求“保持肃静”的公共场所，诸如图书馆、音乐厅、美术馆、影剧院、歌舞厅以及餐厅、酒吧等，大张旗鼓地使用手机。必要时应关机，或使手机处于静音状态。

③不允许在上班期间，尤其是办公室、操作间里，因私使用自己的手机，否则便会显得自己用心不专。

④不允许在聚会期间，例如：开会、会见、上课时，使用手机，从而分散他人的注意力。此时尤其不应使用手机偷拍、偷摄他人。

4. 自觉维护安全

使用手机时，必须牢记“安全至上”，切勿有章不循、有规不守、马虎大意、随意犯规。那样做，不但害己，而且害人。使用手机时，特别要重视此点。

①不要在驾驶汽车时进行手机通话，以防止发生车祸。

②雷雨天气不要在高建筑物旁边使用手机，不要在病房、油库等处使用手机，免得它所发出的信号有碍治疗，或引发火灾、爆炸。

③不要在飞机飞行期间启用手机，否则极可能会使飞机“迷失航向”。

> **名人名言**
>
> 
>
> 一个人只要真诚，总能打动人的。即使人家一时不了解，日后便会了解的。
>
> ——傅雷

(二)置放到位

1. 常规的位置

在较为正式的场合，尤其是在公务交往中，手机在未使用时，不要将其握在手中，或将其挂于上衣口袋之外，那样未免有招摇之嫌。

放置手机的常规位置有二：

①随身携带的公文包内。

②上衣口袋内，尤其是上衣内袋。

2.暂放的位置

有时候可将手机暂放于下列位置：

①将其挂在腰带上，但最好在穿外套时放于此处。不穿外套则不宜如此。

②在参加会议时，为了既不误事又不碍别人，可将其暂交秘书、会务人员代管。

③与人坐在一起交谈时，可将其暂放于不起眼之处，如手边、身旁等，还可放在手袋里不取出来，切勿将其立在桌上，好似“以壮军威”。

第四节 公共场合交往

一、赴宴

社交宴会有许多好处，不但使人们有机会聚在一起享受美酒佳肴，还可沟通感情、增进友谊。就我国来说，宴请客人一般以晚间为多，这是因为晚间时间比较充裕，宴请后有利于客人休息，又显得较为庄重。

其次，从宴客的性质来说，有些宴请仅仅是种交际礼节，其主要内容和目的往往是在交流情况和洽谈工作；

再次，宴客的时间还应考虑宴客的种类。此外，宴请还可选择有意义的时间进行，如中秋夜、重大节日之际、双方合同签订日等。如能选择在客人生日等较特殊的日子当然更好，因为这能给主客双方特别是给客人留下美好的、难忘的印象，起到增进友谊、心照不宣的作用。

参加一般性宴会时，应注意以下几点。

（一）认真准备

接到邀请，能否出席应尽早答复对方，以便主人做出安排。应邀后不要随意改动，万一遇到特殊情况不能出席时，尤其是作为主宾，要尽早向主人解释、道歉，甚至亲自登门表示歉意。应邀出席一项活动之前，要核实宴请的主人，活动举办的时间、地点，是否邀请配偶及主人对服饰的要求。

出席宴会前，一般应梳洗打扮。女士要化淡妆，男士应梳理头发并剃须。衣着要求整洁、大方、美观。这将给宴会增添隆重热烈的气氛。若参加家庭宴会，可给女主人准备一份礼品，在宴会开始前送给主人。礼品价值不一定很高，但要有意义。

(二)按时抵达

按时出席宴会是最基本的礼貌。出席宴请活动，抵达时间的迟早、逗留时间的长短，在一定程度上反映对主人的尊重，应根据活动的性质和当地习俗掌握。迟到、早退、逗留时间过短，被视为失礼或有意冷落。身份高者可略晚些到达，一般客人宜略早些到达。出席宴会要根据各地习惯，正点或晚一两分钟抵达；我国则是正点或提前一两分钟抵达。出席酒会可以在请柬注明的时间内到达。抵达宴会活动地点，先到衣帽间脱下大衣和帽子，然后前往迎宾处，主动向主人问候。如果是庆祝活动，应表示祝贺。对在场其他人，均应点头示意，互致问候。

(三)礼貌入座

应邀出席宴会活动，应听从主人安排。进入宴会厅之前，先观察主宾座位的位子，掌握自己的桌次和座次。入座时注意桌上座位卡是否写有自己的名字，不可随意入座。如邻座是长者或女士，应主动帮助他们先坐下。入座后坐姿要端正，不可用手托腮或将双臂肘放在桌上。坐时应把双脚放在本人座位下，不可随意伸出，影响他人。不可玩弄桌上的酒杯、盘碗、刀叉、筷子等餐具，不要用餐巾或口纸擦餐具，以免使人认为餐具不洁。

在社交场合，无论天气如何炎热，不可当众解开纽扣，脱下衣服。小型便宴时，若主人请宾客宽衣，男宾可脱下外衣搭在椅背上。

(四)相互交谈

坐定后，如已有茶，可慢慢饮用。无论作为主人、陪客或宾客都应与同桌的人交谈，特别是左邻右座，不可只与几位熟人或一两人交谈。若不相识，可自我介绍。谈话要掌握时机，要视交谈对象而定。不可只顾自己一人夸夸其谈，或谈些荒诞离奇的事而引人不悦。

(五)文雅进餐

宴会开始时，一般是主人先致祝酒词。此时，应停止谈话，不可吃东西，注意倾听。致辞完毕，主人招呼后，即可开始进餐。

资料卡

常见洋酒(一)

①葡萄酒:是国外最常见的酒,它以葡萄酿制而成。按色泽可分为白、红、桃红三种;按是否含糖又分为甜、干两种。产地和品种差异对质量影响甚大,目前公认法国葡萄酒尤以法国波尔多、勃艮第地区产的葡萄酒为最佳。

②香槟酒:是葡萄酒的一个分支,又叫“爆塞酒”或“葡萄汽酒”。根据含糖度分为特干、干、半干、微干、微甜、半甜、甜等几种。最著名的香槟酒有泰坦瑞、杰奎逊、卢伊奈特、博林格尔、高斯特、沙龙等。

③白兰地酒:实际上是一种经过蒸馏精制而成的葡萄酒。人们公认产自法国的白兰地酒,尤其是产自法国干邑地区的白兰地酒最为名贵。当前,最为著名的法国干邑白兰地酒品牌有轩尼诗、人头马、马爹利、拿破仑,它们被叫做“白兰地四强”。白兰地酒既是一种烈酒,又是一种最名贵的酒,通常被作为餐后酒,充当宴会“压轴戏”的角色。

④威士忌酒:是一种与白兰地酒齐名的洋酒。最为著名的威士忌酒有尊尼获加、格兰菲迪、芝华士、白马、珍宝、占边等。

进餐时要注意举止文雅,取菜时不可一次盛得过多以免剩余造成浪费。盘中食物吃完后如果不够,可以再取。

用餐前应先将餐巾打开铺在腿上。用餐完毕叠好放在盘子右侧,不可放在椅子上,也不可叠得方方正正而被误认为未使用过。餐巾只能擦嘴,用一只手捏住一面的上端,另一只手相助。餐巾不能用于擦面、擦汗。服务员送的香巾是用来擦面的,擦毕放回原盛器内。

若遇本人不能吃或不爱吃的菜品,当服务员或主人夹菜时,不可打手势,不可拒绝,可取少量放入盘中,并表示“谢谢,够了”。对不合口味的菜,勿显出难堪的表情。招待外宾时我方作为主人宴请时,席上不必说过分谦虚的话。对来华时间过长的人,不必说这是中国的名酒名菜。在给宾客让菜时,要使用公用餐具,切不可用自己的餐具让菜。

冷餐酒会,服务员上菜时,不可抢着去取,待送至本人面前时再取。周围有的人未取到第一份时,不可急于取第二份。勿围在菜台旁,取完即离开,以便让别人取食。

吃食物要讲究文雅,要微闭着嘴咀嚼,不可发出声响。要将食物送进口中,不可伸口去接食物。食物过热时,可稍凉后再吃,切勿用嘴吹。鱼刺、骨头、菜渣等不可直接外吐，要用餐巾掩嘴，用筷子取出，或轻吐在叉匙上，放在碟中。嘴里有食物时，不可谈话。剔牙时，要用手绢或餐巾遮口，不可边走动边剔牙。吃剩的菜、用过的餐具、牙签等应放在碟中，勿放置桌上。

资料卡

常见洋酒(二)

①伏特加酒：又叫俄德克酒，它是由俄文"水"一词派生而来的。世界上最好的伏特加酒来自其故乡俄罗斯。伏特加酒是最著名的烈酒之一，其酒精含量可高达60%。不少知名的鸡尾酒，都以伏特加酒作为基酒。

②杜松子酒：亦称金酒或琴酒。世界上最著名的杜松子酒生产国是荷兰。杜松子酒就糖分来说分为不含糖分的干型与含糖分的甜型两类。作为一种可调制性最广的洋酒，它既可作开胃酒在餐前饮用，又可与其他酒水进行广泛的组合搭配，著名的红粉佳人、修道院、百慕大、橘子花等鸡尾酒，均以杜松子酒作基酒。

③鸡尾酒：其实是一种以洋酒为主要配料的混合型饮料。具体而言，它是以蒸馏酒作为基酒，与糖浆、果汁、冰块、苏打水等辅料调配而成的。当前已经成名的鸡尾酒有3 000多种。它的典型代表有马提尼、曼哈顿、苏格兰、达其利、血腥玛丽、红粉佳人等。

(六)学会祝酒

祝酒又叫敬酒，敬酒也是一门学问。一般情况下敬酒应以年龄大小、职位高低、宾主身份为序，敬酒前一定要充分考虑敬酒的顺序，分明主次。与不熟悉的人在一起喝酒，也要先打听一下他们的身份或是留意别人如何称呼，这一点心中要有数。作为宾客参加外国举行的宴请，应了解对方祝酒的习惯，如为何人何事祝酒等，以便做必要的准备。

敬酒时一定要把握好敬酒的顺序。碰杯时主人和主宾先碰，幼者向长者敬酒碰杯时杯口要低于长者的酒杯。人多时可同时举杯示意，不一定碰杯。祝酒时不可交叉碰杯。在主人和主宾致辞祝酒时应停止进餐，停止交谈。主人和主宾讲话完毕与贵宾等人员碰杯后，往往到其他桌敬酒，此时应起立举杯。碰杯时要注视对方，以示敬重友好。敬酒前要先给客人斟酒，斟酒时要起身走到客人旁边，把酒杯斟满而又不使酒水溢出，以表热情和真诚。

酒席上要看清场合，正确估价自己的实力，不要太冲动，尽量保留一些酒量和说话的分寸，既不让别人小看自己，又不要过分地表露自身，选择适当的机会，逐渐放射自己的锋芒，才能稳坐泰山，不致给别人产生“就这点能力”的想法，使大家不低估你的实力。

宴会上相互敬酒表示热烈的气氛。通常在喜庆佳节的时候，宾朋好友聚会，以酒助兴，并以健康有益的祝酒词来表达良好的祝愿。饮酒时不要过量，一般应控制在本人酒量的1/3以内，不可饮酒过量失态。不能喝酒时可以礼貌地声明，但不可把杯子倒置，应轻轻按着杯沿。正式场合敬酒一般上香槟酒，此时即使不会喝酒也要多少沾一点儿，不想再喝时可轻轻再与对方碰一下杯沿，即表示已经够了。一般倒入杯中的酒要喝完，不然就是不礼貌了。让菜，应以主宾为先，然后依次恭让。说话时嘴里不要嚼菜，要等嘴里空时再说。主人、客人都不能只同一两个人交谈，要尽量照顾全面。吃东西时要文雅些，少夹慢吃，不要发出声响。

酒桌还有些禁忌要注意：一忌酒后失言，祸从口出。二忌酒后失态，有失大雅。三忌酒后近色，招惹闲言。言谈必须注意下面这些问题：不要长篇大论地谈工作，这会使在场的人感到紧张和压抑；不要一味说教，要学会倾听，不要损害了酒席上应有的气氛；切忌谈论或影射某人的缺点或弱点，使别人下不了台。

(七)告辞致谢

正式宴会一般吃水果后宴会即结束，此时，一般先由主人向主宾示意，请其做好离席的准备，然后从座位上站起，这是请全体起立的信号。一般以女主人的行动为准，女主人先邀请女主宾离席退出宴会厅。告辞时应礼貌地向主人道谢。通常是男宾先向男主人告辞，女宾先向女主人告辞，然后交叉，再与其他人告辞。

席间一般不应提前退席。若确实有事需提前退席，应向主人打招呼后轻轻离去，也可事前打招呼到时离去。退席时要有礼貌，退席理由应当尽量不使主人难堪和心中不悦。从宴会结束到告辞前不可有任何不耐烦的表示。

对主人的致谢，除了在宴会结束告辞时表达谢意之外，若是正式宴会，还可在2～3天内用印有“致谢”或“P. R.”字样的名片或便函表示感谢。有时私人宴请也需致谢。名片可寄送或亲自送达。首先致谢女主人，但不必说过谦的话。

二、探访

勤于走往，建立广泛的社会联系，了解和沟通各方面信息，联络感情，是社会交往的重要环节。

(一)到工作场所会面

业务交往的主要场所是工作场所。

名人名言

人无礼则不生，事无礼则不成，国无礼则不宁。

——荀况

俗话说“无事不登三宝殿”，到工作场所会面应主要谈工作。不要无端地进入别人的工作场所打扰别人，更不能不顾别人是否在忙于工作，一味地闲聊。

来到工作场所，应在门口看要找的人是否在。如果在，打了招呼以后再进去；如果不在，可礼貌地找人打听，不能直冲冲地闯入别人的工作室，或探头探脑。当工作场所正在开会或已有其他客人来访，你应该自动退在门外等候，而不应该进去站在一旁或在门口走来走去，妨碍他人。

见面时要互致问候，不认识的要作自我介绍。

在对方没有请你入座时，先不要就座。坐的时候要端坐，不能半躺半坐在椅子上。特别是女同志穿裙子时，要两腿并拢。因为是来谈公事，而不是闲聊，不能露出懒散无聊的样子。

当对方站立说话，你也应该站立起来说话，以示尊重。站的时候不要斜靠在别人的办公桌上。

他人端茶递水敬烟时，要稍欠身子表示谢意。

要讲究工作场所的卫生，不乱磕烟灰、乱扔烟蒂、乱吐痰。

打招呼、谈话时，嘴里不要咀嚼口香糖，嗓门不要太大，以免影响其他人工作。

谈完公事，即可告辞，不要久坐。

告辞时可握手道别，也可说“谢谢”、“麻烦了”、“留步”、“再见”等礼貌用语。

(二)到住宅探访

到住宅拜访，要注意交际礼节。因为住宅是私人生活领地，多有不便，最好事先约好时间，以使主人及家人有所准备。约会应避免在吃饭时间、午休、晚睡时间和早晨忙乱的时间。时间约定后要准时或略提前几分钟赴约，如有特殊情况不能赴约或不能按时赴约，应提前通知主人，重新约定。探望病人或老人，最好选择上午时间。

进门要按门铃或敲门，如门是敞开的，也应在门口发出招呼声“×××在家吗?”不要贸然闯入。

进屋后，对房间里的人不管认识与否，要一一打招呼，微笑、点头、问候、称呼均可。待主人招呼就座后再坐下。

进门时穿戴的帽子、大衣、手套、雨衣或雨伞要取下，放在主人指定的地方。如果不准备久坐，一两句话就完，可以随身携带。如果主人在家穿着拖鞋，你也应该在合适的位子换鞋，除非主人制止。主人端茶点烟，要起身道谢，双手相接，如果遇有其他客人在场，可在旁边静坐等待。如果你在谈话，又有客人来访，你应该尽早结束谈话，以免他人久等。

专程到住宅去拜访与闲聊不同，一般有较强的目的性。如果是请主人帮忙，应开门见山，把事情讲清楚。不要含混不清，令主人无从做起。如果主人帮忙有困难，就不能强人所难，硬逼着他人去办。如果送礼，应在见面或道别时奉献给主人，并讲明白是谁送的，为祝贺还是感谢而送。

到他人住宅拜访，不能无休止地挨到人家要吃饭或要睡觉的时候，不要妨碍他人休息和处理其他事情。谈话办事目的达到，要适时收住话题，起身告辞。告辞时不要忘了与家里其他人尤其是长辈招呼，还要请主人"留步"，礼谢远送。

(三)到医院探视病人

到医院探访要遵守医院规定，在允许的时间范围内探望，避开病人治疗与休息时间。

进屋时敲门，让病人感到他人的尊重，同时，病人也可在探病者进来之前整理衣冠、盖好被子。

病房不是社交场所，不能嘻嘻哈哈，大声喧哗。脚步要适当放轻，保持安静。要了解病人治疗情况以及目前身体状况，关心治疗进展和身体康复问题，进行必要的安慰和劝解。尽可能挨床坐下，表情自然、亲切。带去单位的关怀和慰问，谈一谈单位和同事的近况，转达有关人员的问候，讲述一些简单的新闻性事件，让病人从孤独、愁闷情绪中解脱出来。为了保证病人的正常休息，谈话时间应控制在半小时内，一同前往探视病人的人数不可太多，空气不好也会使病人产生一种心理压力。探望次数太频繁，会使病人疲于应酬，休息不好。探望病人可以根据病人的身体状况和个人爱好带些礼物送给病人，如一束鲜花、一些水果、几本杂志、营养品均可。食品最好根据护理要求确定。例如妇科疾病患者不宜用蜂王浆等含激素较多的补品。

告别时，应谢绝病人送行，还要询问病人有何事相托，并希望病人好好养病，早日恢复健康。

(四)到追悼会场吊唁

吊唁是对死者的祭奠和对亲属的慰问。

对组织内部职工或外部亲密客户的逝世，应表示沉痛哀悼之情。态度要严肃，感情要真诚。

参加遗体告别时，组织应送花圈，有关领导应出席，以表示组织和领导对员工或职业友人的关心和感情。

参加追悼会时，服饰打扮要与吊唁气氛相适应。在追悼会进行时，要静心听悼词，虚心学习死者的好品质。要随仪程，按要求，向死者鞠躬施礼、向遗体告别等。三五成群谈笑风生、施礼时东张西望、中途早退都不礼貌。

对死者的家属要进行安慰，劝他们节哀、保重，如果有困难要尽力帮助解决。

三、参加舞会

现代社会离不开舞会，舞会以其自由活泼的形式、丰富健康的内容，而成为社交活动中经常采用的一种形式，同时也是人们用来消闲娱乐、陶冶性情、联络感情的最佳方式。无论男女在舞会中都应该表现出自己的教养、风度和礼貌，都应尽量保持健康、正派、高尚和美观的姿态。

舞会的成败既取决于它的组织工作进行得如何，又受制于其参加者的自身素质与临场表现。

(一)舞会的组织

要使一场舞会获得圆满成功，舞会的组织工作能否中规中矩至关重要。组织一般性的社交舞会时，应注意的主要问题有时间、场地、曲目、来宾、接待等。

1. 时间

举办舞会，首先必须选择适当的时机，控制舞会长度。

①时机。举办任何一场舞会，都需要找到一个恰当的名义，如庆祝生日、结婚纪念、欢度佳节、款待贵宾等。一般情况下，周末和节假日也非常适宜举办舞会。

②长度。确定一次舞会的具体长度，应兼顾各种因素。其中最重要的有两个因素：一是不要过度疲劳，二是不要有碍工作与生活。

2. 场地

确定舞会的场地问题就是选择举办舞会的地点和舞池。

①地点。确定舞会举行的具体地点时，既要考虑人数、交通、安全问题，又要注意其档次和气氛是否适宜举办舞会，同时，还须量力而行。

依照常规，举办小型舞会，可选择自家的客厅、庭院或是公园、广场。举办大型舞会，则宜租借单位的俱乐部，或是营业性舞厅。

②舞池。舞池一般是指在舞会举办地点内专供跳舞的地方。在举办大型、正式的舞会时，对舞池的选择与布置必须再三考虑。其中以下 5 点尤须高度重视：一是大小适度，最好与跳舞的总人数大致般配，人均 1 平方米最佳；二是地面整洁，若其过脏、过滑、过糙，都会有碍于跳舞；三是灯光正常，应总体柔和稳定，而又有所变化，过强或过弱都不甚合适；四是调试音响，其音量要适度，切勿以噪声扰人；五是配置桌椅。

3. 曲目

舞曲，是一场舞会的导向和灵魂。在选择舞曲曲目时，主要需要考虑以下 4 条。

①曲目选择。选择舞曲，最宜符合大多数人的需要，切忌“曲高和寡”。在一般情况下，最好选择众人熟悉的、节奏鲜明、清晰、旋律优美、动听的曲目作为舞曲。

②曲目顺序。从总体上讲，曲目的安排应当有“快”有“慢”，在节奏上令人一张一弛、各取所需。可将不同国家、不同风格、不同节奏的曲目穿插在一起，使舞曲时而婉转抒情、时而热烈奔放，好似波涛起伏一般，使人为之陶醉。

③曲目数量。在正式的舞会上，最好提前将选好的舞曲印成曲目单，届时发给人手一份。曲目单上所列的舞曲总数，应与舞会所预定的时间相呼应，并“雷打不动”。一经确定，便不再增减。跳舞者一看到曲目单上的舞曲数量，便对舞会的时间长度略知一二了。

④依照惯例。选择舞曲曲目时，还须遵守约定俗成的惯例。例如，一般的舞会均以“一路平安”作为最后一支舞曲，此曲一经演奏，等于宣布“舞会到此结束”。

4. 来宾

对舞会的来宾，组织者所要做的主要工作有约请来宾、人数限量、注意异性比例等。

①约请来宾。确定舞会参加者的名单后，即应尽早以适当的方式，向对方发出正式邀请。在常用的口头邀请、电话邀请、书面邀请等几种形式中，书面邀请最为正规。需要强调的是，为了便于客人早作安排，在一般情况下，最好令对方在舞会举行的一周之前得到邀请。

②人数限量。舞会的来宾绝非多多益善。来宾过多，不仅会在现场造成拥挤，使舞者难以尽兴，甚至还有可能由此危及大家的人身安全。因此，在筹办舞会时，必须以舞池面积为重要依据，规定参加者的具体数量，并予以认真掌握。

③控制异性比例。在较为正式的社交舞会上，相邀共舞之人不应当是同性，而必须是异性。要做到这一点，舞会的组织者就要采取一切可行的具体措施，以保证舞会的全体参加者在总量上做到男女比例大致相仿，基本上各一半。

5. 接待

为确保舞会的顺利进行，主人一方有一些具体的接待工作必须认真做好。其中较为重要的工作是要确定舞会的主持人、招待员，并备好适量的茶点。

①主持。较为正式的舞会上，通常需要由一位经验丰富、具有组织才能的人士充当舞会主持人。在一般情况下，主持人应由女士担任。在家庭舞会上，女主人是其最佳人选。主持人的主要任务是：注意控制、调整场内情绪，使舞者始终保持欢快、热烈的气氛。

②招待。在可能的情况下，主人一方还需组织一支精明强干的招待人员队伍。他们一般由青年男女组成，并穿着统一的服装，或佩戴统一的标志。他们的职责：

一是迎送接待来宾；二是为来宾提供必要的服务；三是邀请单身前往的嘉宾共舞；四是为遭到异性客人纠缠的客人“排忧解难”。

③茶点。在时间较长、较为正式的大型舞会上，主办方应为来宾提供适量的饮料、点心和果品，以供选用。提供茶点的具体方式，可以是按桌定量供应，也可以是自助式。

（二）舞场的表现

在舞场之上，舞会的所有参加者均须检点个人的行为举止，注意自己的临场表现，时时处处遵守舞会的规范。

对一般人而言，约束自己在舞场上的具体表现，主要需要注意修饰、邀人、拒绝、舞姿、交际等 5 个方面的具体问题。

1. 修饰

参加舞会之前，依礼必须先期进行必要的、合乎惯例的个人形象修饰，其中，修饰的重点主要有下面 3 点。

（1）仪容。在仪容方面，舞会的参加者均应沐浴，并梳理适当的发型。男士务必要剃须，女士在穿短袖装时须剃去腋毛。特别需要强调的还有两点：一是务必注意个人口腔卫生，认真清除口臭，并禁食气味刺激的食物；二是外伤患者、感冒患者及其他传染病患者，应自觉地不参加舞会，否则不仅有可能传染于人，而且还会影响大家的情绪。

名人名言

礼节乃是一封通行四方的推荐信。

——培根

（2）化妆。参加舞会前，有条件的人都要进行适度的化妆。男士化妆的重点通常是美发和去味。女士化妆的重点是美容和美发。与家居妆、上班妆相比，因舞会大都举行于晚间，舞者肯定会被灯光照耀，故舞会妆允许相对化得浓一些、艳一些，但若非参加化装舞会，化舞会妆时仍须讲究美观、自然，切勿搞得怪诞神秘，令人咋舌。

（3）服装。在正常情况下，舞会的着装必须干净、整齐、美观、大方。有条件的话，可以穿格调高雅的礼服、时装、民族服装。若举办者对此有特殊要求的话，则必须认真遵循。在舞会上，通常不允许带帽子、墨镜，或者穿拖鞋、凉鞋、旅游鞋。在较为正式的社交舞会上，一般不允许穿外套、军装、警服、工作服。穿的服装过露、过透、过短、过小、过紧，既不庄重，也不合适。

2. 邀人

在舞会上，邀请他人与自己共舞一曲，是参加者必做之事。舞会礼仪规定，在邀人共舞时，特别要关注常规、方法、选择、顺序等几个要点。

(1)常规。在舞会上，邀请舞伴的下述规范是人人必须严格遵守的。

请舞伴时，最好是邀请异性。通常讲究由男士去邀请女士，但女士可以拒绝。女士亦可邀请男士，然而男士却不能拒绝。

在较为正式的舞会上，尤其是涉外舞会上，同性之人切勿相邀共舞。两位男士一同跳舞，会给他人关系异乎寻常之感。而两位女士一起跳舞，则等于宣告，本人没有男士相邀，所以迫不得已以此举呼吁男士们“见义勇为”。

根据惯例，一对舞伴只宜共舞一支曲子。接下来，需要通过交换舞伴去扩大自己的交际面。舞会上的第一支舞曲，一般讲究由男士邀请与自己一同前来的女士共舞。如有必要，他们二人还可以在演奏舞会的结束曲时再同跳一次。

(2)方法。邀请他人跳舞应力求文明、大方、自然，并讲究礼貌。千万不要勉强对方，尤其不要出言不逊，或是与他人共抢舞伴。

一般来说，邀请舞伴时，有两种具体办法可行：一是主动上前邀请，可先向被邀请者的同伴含笑致意，然后再彬彬有礼地询问被邀请者“能否有幸请您跳舞”；二是请与彼此双方相熟的人士代为引见介绍。

不论采用何种方法请人，万一当自己来到被邀请者面前，却已有他人捷足先登，则必须保持风度，遵守先来后到的顺序，礼让对方，下一次再去邀请。

(3)选择。在舞会自行选择舞伴时，亦有规可循。有可能的话，不要急于行事，而最好先适应一下四周的气氛，进行细心的观察。一般来说，以下八类对象，是舞伴最理想的选择：①年龄相仿之人。年龄相似的话，一般是彼此容易进行合作的。②身高相当之人。如果双方身高悬殊，未免会令人感到尴尬难堪。③气质相同之人。邀气质、秉性相近的人共舞，往往容易相互产生好感，从而和睦相处。④舞技相近之人。在舞场，舞技相近者“棋逢对手”，相得益彰，有助于更好地发挥舞艺。⑤无人邀请之人。邀请较少有人邀请之人，既是对其表示一种重视，也不易遭到回绝。⑥未带舞伴之人。邀请未带舞伴的人共舞，成功的机会往往较大。⑦希望结识之人。想结识某人的话，不妨找机会邀对方或是其同伴共舞一曲，以舞为“桥”去接近对方。⑧遇到纠缠之人。在舞会上倘若发现他人遇到异性的纠缠骚扰，最得体的做法是挺身而出，主动邀请被纠缠者跳一曲，以便“救人于水火之中”。

(4)顺序。在较为正式的舞会上，人们除了要与自己一起前来的同伴同跳开始曲、结束曲，或是可以酌情自择舞伴外，还须按照某些既定的顺序，去“毫无选择”地邀请其他一些舞伴。以下是男士邀请舞伴的合礼顺序。

就主人而言，自舞会上的第二支舞曲开始，男主人应前去邀请男主宾的女伴跳舞，而男主宾则应回请女主人共舞。

接下来，男主人还须依次邀请在礼宾序列上排位第二、第三……的男士的女伴各跳一支舞曲，而那些被男主人依照礼宾序列相邀共舞的女士的男伴，则应同时回请女主人共舞。

就来宾而言，下列女士均是男宾应依礼相邀共舞一曲的。她们主要包括：舞会的女主人；被介绍相识的女士；自己旧交的女伴；坐在自己身旁的女士。

以上女士若被男宾邀请后，与其同来的男伴最好当即回请该男宾的女伴跳上一曲。

3. 拒绝

在一般情况下，当本人在舞会上被人相邀时，通常不宜拒绝对方。万一非要回绝他人的邀请不可，则务必要注意态度与措辞，婉言谢绝，切勿伤害对方的自尊心。

(1)态度。拒绝他人邀舞的请求时，态度要友好、自然，表现要彬彬有礼。不要把对方"晾"在一旁下不了台，或者对其视而不见，置若罔闻。

口头拒绝对方时，最好起身相告具体原因，并不忘向对方致歉，对其说上一声"实在对不起"，或"抱歉之至"。别人邀请自己跳舞，是尊重自己的表现，所以千万别令其难堪或受到伤害。

遭拒绝后，要有自知之明，有台阶就下。千万不要自找没趣、赖着不走，或胡搅蛮缠。

拒绝一个人的邀请之后，不要马上接受他人的邀请，尤其是不要当着前者的面，堂而皇之地那样做，否则，会被前者视为一种侮辱。

(2)托词。拒绝他人时，语言不宜僵硬、粗鲁，不宜对被拒绝者说带有轻蔑侮辱的话语。通常，拒绝别人，应在说明原因时使用委婉、暗示的托词。目前，在舞会上婉拒别人的托词，最常见的有下列 6 种。对此，拒绝者要会讲，被拒绝者则要善于"听话听音"，并知难而退。一是"已经有人邀请我了"；二是"我累了，需要单独休息一会儿"；三是"我不会跳这种舞"；四是"我不喜欢跳这种舞"；五是"我不熟悉这首舞曲"；六是"我不喜欢这首舞曲"。

4. 舞姿

参加舞会时，人人重在参与。一个人的舞姿不一定美不胜收，其舞技也并不一定无可挑剔，但他在跳舞时的所作所为，却必须尽量合乎规范，并文明大方。

(1)标准。在舞场上跳舞时，按规范步入舞池时，须女先男后，由女士选择跳舞的具体方位。而在跳舞的具体过程中进行合作时，则应由男士带领在先，女士心领神会，配合于后。

每个人在跳舞时，身体均应保持平衡，步法切勿零碎、杂乱。在需要前进或后退的时候，迈出的脚步、身体的重心、力量的分配，都一定要认真、准确，并要注意移动自如。

在跳舞时，应掌握运步方向的技巧。要记住在变换各种方向时，均应以自己左脚或右脚的前脚掌心为轴心进行转动。

跳舞时所有人的行进方向，必须按照逆时针方向进行。惟有如此，才能确保舞池的正常秩序，不至于发生跳舞者互相碰撞拥挤的状况。

有乐队伴奏时，一曲舞毕，跳舞者应首先向乐队立正鼓掌，以示感激。此后方可离去。

在一般情况下，男士应将自己所请的女士送回其原来的休息之处，道谢告辞之后才能再去邀请其他女士。

有条件的话，对基本的舞姿可多作练习，以便熟能生巧。

(2)文明。在舞场上跳舞时，每个人的舞姿均应符合文明规范。跳舞时的具体动作，要与届时演奏的舞曲协调一致。在任何时候，都不要自行创作、乱跳一气。尤其不允许有意采用夸张、粗野、怪异甚至色情的舞蹈动作，用来吸引他人的注意。

资料卡

交际时适宜使用的话题

收藏品、兴趣、小孩、交通、汽车、电脑、金钱、经营管理、交际、食物和酒、饮料、时事、新闻、热门话题、天气状况、气候、旅游、休闲娱乐、运动、体育比赛、电影、录像、电视剧、音乐等。

跳舞时要注意保持与他人的适当距离，以防相互影响。万一不慎碰撞或踩踏了别人，应自觉地向对方道歉。若系他人因此而向自己道歉，则须大度地向对方表示“没关系”。

不论与自己跳舞的舞伴系何种关系，两个人在一起合作跳舞时，除必要的两手相互持握外，身体的其他部位都要保持大约一拳的距离。男士不能借机对女士又拉、又搂、又抱，女士则不宜主动贴向男士。双方都不应该在跳舞时贴面、贴胸、贴腹，有意依偎在一起。除交谈之外，在跳舞时切勿长时间地紧盯着舞伴的双眼。万一碰到了对方身体的其他部位，应立即为自己的不慎向对方说声“对不起”。

5.交际

鉴于舞会多以交际为主，故此舞会亦称交谊舞会。参加舞会时，不能只图跳舞尽兴，而忘却了本应进行的交际活动。

(1)叙旧。在舞会碰上了老朋友、老关系，除要争取邀请对方或其同伴共舞一曲之外，还要尽量抽时间找对方叙上一叙，致以必要的问候，并传递适当的信息。千万不要在舞会上表现得“喜新厌旧”，为了结交新朋友而对旧交不屑一顾。

(2)交友。在舞会上结交新朋友，通常有下述3种方法可行：一是主动把自己介绍给对方；二是请主人或其他与双方熟悉的人士代为介绍；三是通过邀请舞伴的方式直接或间接地认识对方。在舞会上结识新朋友之后，一般不宜长时间深谈。可在此后适当的时间主动联络对方，以便进一步推进双方关系。

与互不相识的人跳舞时，可略作交谈。其内容以称赞对方的舞技、表扬乐队的演奏等为佳。有时，也可以进行简短的自我介绍。但是，在交谈时不宜打探对方的个人隐私、贬低他人的舞技，或信口开河。无论如何，都不要伺机向对方提出单独约会的请求。

资料卡

中餐宴席的上菜顺序

茶→凉菜→热炒(较浓的汤菜，应该按热菜上；贵重的汤菜如燕窝等要为热菜中的头道)→大菜(不是必需的，指整只、整块、整条的高贵菜肴，比如一头乳猪、一只全羊、一大块鹿肉等)→甜菜→点心(一般大宴不供饭，而是糕、饼、团、粉，各种面、饺子、包子等，有时也可以算在热菜里)→饭(如果还没吃饱，则可吃饭)→水果(有时可以算在冷盘里)。

思考与练习

1. 当你参加用人单位的招聘会时，面对对方面试人员，如何进行自我介绍？如何与他们握手？需注意哪些环节？

2. 你已被某单位录用，并接到了通知，具体事项如何时上班、需要自备哪些物品、如何休假等事宜，对方要求你电话咨询，并留下了单位电话号码，你如何打电话？应注意哪些问题？

3. 你的好朋友小张的母亲住院了，你知道后前去探望，如何能使病人心情愉快，早日康复，并取得小张母子的好感？

4. 若让你主办一场联谊舞会，你该从哪些方面考虑？舞会过程中如何把握和协调各方面关系？

第二章　社会交往中的幽默

学习目标

能够掌握各种幽默方式，并能够将其准确应用到各种社交场合。

人们常说，幽默是思想、学识、智慧和灵感在语言运用中的结晶，是具有智慧、教养和道德上优越感的表现。

有人说，当你同别人一起笑的时候，感情也就和他人之间得到了交流。在工作中需要保持轻松欢乐、坦率诚恳、有难同当、有乐同享的态度。生活中只要你善于运用幽默，就会给你的生活带来无穷的乐趣。

美国人鲁克特在《幽默的人生》一书中指出：在人生的各种际遇中，幽默力量是人际关系的润滑剂，它以善意的微笑代替抱怨，避免争吵，使你与他人的关系变得更有意义；幽默力量可以帮助你减轻人生的各种压力，摆脱困境；幽默力量能够帮助你战胜烦恼，振奋精神，在沮丧中转败为胜；幽默力量能够帮助你把许多不可能变为可能；幽默力量比笑更有深度，其产生的效果远胜于咧嘴一笑。可以说，化腐朽为神奇的力量是幽默，幽默力量是一切奋发向上者所必不可少的精神力量。

大学生正处于充满活力、激情四溢、朝气蓬勃的青年时代，交际中少不了幽默带来的轻松、欢笑和激励。具有幽默感和幽默力量，是现代大学生必备的交际素养之一。

第一节　幽默带来成功的交际

如果你希望在社会交往中成为具有乐观态度，能够克服障碍，赢得别人喜爱和信任的人，那么，幽默能帮助你达到目的。

一、幽默能够缓和紧张气氛，消除对立情绪

幽默在人际氛围中的最大贡献，就是能够松弛人们的紧张情绪，缓解冲突，活跃气氛。一个人不仅要幽默地调侃他人，也要能接受他人的幽默调侃。理解和接受他人的幽默对自己不无益处，因为任何人都处于社会关系之中，你可以拿别人开心，别人当然也会拿你开心，这样才会得到同他人一起发自内心友好的欢笑。

诗人歌德有一次在公园散步，在一条小道上不巧碰见曾经攻击过他的政客。对方满怀敌意地说："对于一个傻子，我是从来不让路的。"歌德立即回答："而我则相反。"说完便马上让到路边去了。这件事虽然反映了政客的傲慢无礼和歌德的豁达大度，但更重要的是歌德幽默的回答，虽然只有五个字，却反映出了他反应的机敏和回敬的巧妙，还给狭路相逢的一对冤家免去了一场僵持不下的冲突，充分显示了歌德的宽宏大量和优雅风度。

【案例】

一天，汤姆的老板在圆桌会议上气急败坏地大叫："这次促销如果又泡汤了，我要把你们一个个扔进海里喂鲨鱼……"这时，汤姆整整衣冠站起来，向门口走去，老板生气地问道："你要去哪里？"原本是要去洗手间的汤姆即兴改口说："学游泳！"大家哄堂大笑，紧张的气氛缓和下来，老板也忍不住笑了："你这浑小子！你以为我真的忍心把你们扔进海里……"汤姆的联想性幽默为自己解了围，也使大家在沉重的工作压力中获得轻松感。

二、幽默能缓解尴尬局面，消除局促心理

尴尬是生活中遇到处境困窘、不易处理的场面而使人张口结舌、面红耳赤的一种心理紧张状态。在这种时候，人的感觉比受到公开的批评更难受，常表现出面孔充血、心跳加快、讲话结巴。

有时是对方有意依仗亲密的关系公开揭你的短，或讲述你过去的傻事；有时是对方无意地、不知不觉地说出了你的隐痛之处。而你如果真的动气，别人还会说你没有涵养，可见，尴尬是人们在生活中不愿碰到且不能不碰到的，问题在于怎样应付。

一个人在处境困难或身临尴尬局面时，用幽默来对付，是一种十分妥善的办法。善于应付世事的人，常常在于己不利的场合，运用出色的幽默，把原来不利自己的情况变通一下，大事化小，小事化了，轻轻松松地渡过难关。

幽默是一种良好的修养，一种充满魅力的交际技巧。幽默能制造宽松和谐的交谈气氛，能使自己活得轻松洒脱，笑口常开；幽默有时还能有效地维护自己的尊严。

【案例】

1988年8月3日,英国首相撒切尔夫人在出访澳大利亚参观墨尔本市容时,突然遭到爱尔兰共和军支持者们的围攻。在示威者的一片谩骂声中,撒切尔夫人在澳大利亚警方的保护下仓促离去。即便是对一个老资格的政治家来说,这也是一件很尴尬的事情,而对东道主澳大利亚来说,也是大丢其脸的。在当晚的宴会上,撒切尔夫人在宾客好奇的期待和主人难免的困窘中,轻松地评论说:"墨尔本是一个美丽而吵闹的城市。"哄堂大笑之后,听众热烈鼓掌,为撒切尔夫人运用幽默的语言巧妙淡化尴尬局面的技巧所叹服。把一场激烈的政治性示威轻描淡写为城市人口密集而难免的喧嚣吵闹,使双方的尴尬在幽默的笑声中消失殆尽。

在社交中,当你陷入尴尬的境地时,借助幽默往往能使你从容地摆脱困难。一次盛宴招待会上,服务员倒酒时,不小心将啤酒洒在一位宾客光光的秃头上。服务员吓得脸都变了色,全场人手足无措、目瞪口呆。没想到这位顾客却诙谐地说:"老弟,你以为这种酒能治疗脱发吗?"在场人闻声大笑,尴尬局面一下被打破了。这位宾客借助幽默既展示了自己的大度胸怀,又巧妙为服务员摆脱窘境。

三、幽默能够避开锋芒,减少摩擦

【案例】

一位长官到连队巡查,正赶上士兵们吃中午饭。

"伙食怎么样?"长官问士兵们。

"报告长官,汤里泥土太多。"一个多嘴的士兵回答。

"你们入伍是为了保卫国土,而不是挑剔伙食!"长官非常生气地大声斥责道,"难道连这个道理都不懂?"

"懂,"士兵毕恭毕敬地立正,又斩钉截铁地说,"但绝不是让我们吃掉国土。"一句话,说得长官顿时对这位士兵刮目相看了。

士兵们的伙食很快得到了改善。

"泥土"与"国土"意义相差甚远,但士兵却能抓住"土"这一信息,并将其生发开去,不无关联地与国家的形势、国土的沦丧和军人的职责密切地结合在了一起,既体现了一个军人对祖国的忠诚,又巧妙地达到了伙食改善的目的,同时还给枯燥无味的军旅生活带来了无限生趣。

四、幽默能摆脱苦恼和不幸,提高生活品质

幽默以它的机智、诙谐、含蓄、风趣,给人以智慧的启迪和美的享受。在生活中,具有幽默的人总是讨人喜欢、受人欢迎的。

幽默的人往往能在困难的时候打开光明之窗，具有幽默感从而成为人们评价社交能力优劣的标准之一。如果你具有那种难能可贵的幽默感，这是莫大的幸运，你一定要注意全力培养它。不管你到哪儿，必将因此大受欢迎。

在各种惊险、紧张的场合中，幽默能使气氛一下子变得愉快而又轻松，它能使你因此充满情趣而受人欢迎，它能使对立冲突、一触即发的态势转为和谐与融洽；他能使对方心悦诚服地理解、接纳、叹服你的观点。

【案例】

某位粗心大意的丈夫，在集市上购物时丢了一笔数目不小的钱。为了避免妻子一场无谓的抱怨，他进门第一句话就是："祝贺一下吧，我为咱们家免去了一场可能发生的灾难！"妻子感到莫名其妙，问他何事值得庆贺，这位丈夫轻松地说："俗话说'破财免灾'，我的钱包不翼而飞了！"言外之意，丢钱已成事实，咱们都别着急上火。理顺了自己，安慰了妻子。

所以说，幽默能够将我们提高到苦恼和不幸之上，避免用难以挽回的过失来折磨自己和他人。当你能轻松地笑谈生活中的痛苦和磨难时，你就达到了幽默的顶峰，你也就拥有了高水准的生活品质。

第二节　幽默的方式方法

幽默是智慧的闪现，对事物的观察从任何不同的角度来转换思维，都能发现幽默的素材。掌握幽默的方式方法，能够培养自己的幽默感，创造和谐的人际关系。幽默的方式方法归纳起来有辐射法、移花接木法、转移法、反讽法、庄谐并用法、逆向思维法、自嘲法、比喻法、比较法、双关法、倒置法、夸张法和对比法。

一、辐射法

【案例】

古代有位和尚看到读书人中举，光宗耀祖，非常羡慕，自己也打算去试一试。考官一看是个和尚，便想刁难他，故出一联："孔圣人三千弟子下场去。"和尚机敏应道："如来佛五百罗汉上西天。"考官又出一联："子曰：克己复礼。"和尚低头一想："佛道：回头是岸。"考官火了，喝道："旗鼓！"和尚赶紧高声道："木鱼。"考官忍耐不住了："岂有此理！岂有此理！"和尚以为考完了："阿弥陀佛！阿弥陀佛！"考官喊道："快滚！"和尚忙谢："善哉！"

和尚用自己熟悉的词语去对儒家经典词汇，对比出人意料，令人忍俊不禁，是一则典型的职业辐射法案例。我们校园里流传的不同专业的同学，用各自的专业术语去诠释某个事物，所产生的幽默效果也是非常经典有趣的。

二、移花接木法

【案例 1】

一对夫妇结婚已经有十余年了，每个月他们都要给双方的父母寄生活费。这件事一直由妻子承办。可是妻子却每个月给自己的父母寄 50 元，给丈夫的父母寄 20 元。丈夫一直愤怒在心，却也不想因此而得罪妻子。

以前，丈夫每天下班，什么事都不干，总要先抱抱小儿子，亲抚半天。可这天回家后，他见到一岁半的小儿子正在摇车里哭，却假装什么也看不见，什么也听不到。他一反常态地走到 5 岁女儿的身旁，把 5 岁的女儿伸手抱了起来。正在做饭的妻子扭头看到了，急忙喊道："儿子哭成那样，你怎么还不赶紧去哄哄他？"丈夫不紧不慢地说："这 20 块钱的，还是你来抱吧，我要抱 50 块钱的。"

聪明的丈夫风趣而又不失原则地请妻子进入了自己所预设的易位"圈套"，没有累牍长篇地发牢骚，却弦外有音地暗示了事情的实质和自己的不满情绪，从而有技巧地提高了自己的说话形象，塑造了自己的说话风格。妻子一听红了脸，以后每月也给丈夫的父母寄 50 元了。

【案例 2】

在一个小村庄里，人们都来庆贺一位 99 岁高龄的老人过生日。村长自然也来捧场，他很自豪，因为在他的村中出了这么一位大寿星是远近闻名的事。只见他高兴地向老人道喜："老伯伯，衷心地祝贺你！希望明年能给您庆贺百岁大寿！"老人很认真地打量了村长一番，然后说："为什么不行呢？您身体好像挺结实……"

在这里，老人就巧妙地运用了偷换角色的幽默术。村长意思很明确，是希望老人能再活 1 年，可老人偏偏把这种真实的意思当成是村长希望自己能再活 1 年，于是很幽默地说出安慰村长的话。两者谁能再活 1 年的可能性大小是显而易见的，可老人偏不认这个理儿，他很巧妙地把自己的角色换成了村长的。

三、转移法

【案例】

英国前首相威尔逊在一次竞选演讲时，遭到一个反对者的挑衅："狗屁！垃圾！臭大粪！"面对这一明显的侮辱和谩骂，威尔逊绅士风度地报以一笑："这位先生，我马上就要谈到你提出的环境污染问题了。”随之，听众中爆发出了一阵掌声和笑声，为威尔逊的机智幽默喝彩，那位挑衅者无趣地溜掉了。

当别人用恶毒的语言伤害你时，如果你也用同样的语言与之对骂，就把自己降低到与其同样的层次了。而你不动声色，佯装曲解其意，来个所答非所问，他也就“英雄无用武之地”，狼狈退却了。

四、反讽法

【案例 1】

第一次世界大战爆发前不久，美国出生的女权主义者南希·阿斯特到丘吉尔祖上传下来的布雷尼白宫访问了他。丘吉尔热情地接待了她。在交谈中阿斯特大谈特谈妇女权力问题，并恳切希望丘吉尔能帮助她成为第一位进入众议院的女议员。丘吉尔否定了她的这一念头，也不同意她的一些观点，使这位夫人大为恼火。她对丘吉尔说：“温斯顿，如果我是你的妻子，就会往你的咖啡里放毒药！”丘吉尔温柔地接着说：“如果我是你的丈夫，我就会毫不犹豫地把它喝下去！”

这是一种以其人之道，还治其身的反击术。当某些居心叵测的人以不友好的态度来伤害你的自尊心，使你在众人面前丢面子时，彬彬有礼的反讽幽默会有力地回击对方，使你保持自尊。

【案例 2】

俄罗斯有一位著名的丑角叫杜罗夫。在一次演出的幕间休息时，一个很傲慢的观众走到他的身边，讥讽地问道：“丑角先生，观众对你非常欢迎吧？”

“还好。”

“要想在马戏班中受到欢迎，丑角是不是就必须有一张愚蠢而又丑怪的脸蛋呢？”

“确实如此。”杜罗夫回答说，“如果我能生一张像先生您那样的脸蛋的话，我准能拿到双薪。”

这位傲慢观众的脸蛋，同杜罗夫能否拿到双薪，本是无丝毫内在的联系，但幽默的杜罗夫却巧妙地把它们牵扯在一起，产生强烈的幽默感，对这位傲慢的观众进行了讽刺。

五、庄谐并用法

【案例】

有位热心的大姐为本单位的一位女青年介绍男朋友，约定在她家会面。当双方如约而至时，女青年的“浓妆艳抹”把她吓了一跳：两眼黑得像煤球，嘴唇红得像樱桃，被雪白的粉脸和华丽的服装一衬，简直是“吓人兮兮”。这位大姐深知男方性情淡泊，怕两人刚见面就告吹，灵机一动，以轻松的语调说道：“看你今天打扮得多漂亮，真是人逢喜事精神爽啊！但是你脸上的‘一个中心，两个基本点’似乎还需要调整一下哩！”一句话说得双方都会心地大笑起来。

改变政治术语庄重的色彩，用来说明化妆美容等生活细节的小问题，人际关系融进了相互尊重和理解的成分，增加了幽默诙谐的语趣，气氛缓和、活跃了许多。

六、逆向思维法

【案例】

里根要竞选总统时人们意识到，里根要克服的最大难题，是他给人一种年纪太老，不宜当总统的直觉。所以，里根利用每一个机会就年龄问题说笑话。一次，老资格的记者亨利·特里惠特问他：“总统先生，您已是历史上最年迈的总统了，您的一些幕僚们说，最近和蒙代尔先生的遭遇战之后，您感到疲倦。我回忆起肯尼迪总统，他在古巴导弹危机中，不得不连续干好几天，很少睡眠。您是否怀疑过，在这种处境中您能履行职责吗？”这是个棘手又彬彬有礼的问题，言外之意就是你过于年迈，不宜当总统。里根笑笑说：“我希望你能知道，在这场竞选中我不愿把年龄当做一项资本。我不打算为了政治目的而利用我对手年轻和缺乏经验。”

年轻与年老各有优势，运用逆向思维，以自己的优势来反衬对手的劣势，里根的回答既幽默又无懈可击。

七、自嘲法

【案例 1】

有位大学教授体弱消瘦，总是穿得宽袍大袖，冬天头带大风帽，只露出一副眼镜，一个尖尖的鼻子，一撮翘翘的山羊胡子，样子很滑稽。一天上课前，一个学生在黑板上画了一只人面猫头鹰以取笑先生。这位教授走进教室，看见了黑板上的漫画，微微一笑，神态自若地拿起一支粉笔，在漫画旁边郑重其事地写上：“此乃某某教授之尊容。”逗得同学们哄堂大笑。他不仅摆脱了窘境，还赢得了同学们的好感。

把人生看得轻松些，把自己看得淡泊些，敢于拿自己的缺陷开玩笑，那么你一定是个强者，打算挖苦、嘲弄你的人还能做什么呢？

【案例 2】

1990 年中央电视台邀请台湾影视艺术家凌峰先生参加春节联欢晚会。当时，许多观众对他还很陌生，可是他说完那妙不可言的开场白后，一下子被观众认同并受到了热烈的欢迎。他说："在下凌峰，我和文章不同。虽然我们都获得过'金钟奖'和最佳男歌星称号，但我以长相难看而出名……一般来说，女观众对我的印象不太好，她们认为我是人比黄花瘦，脸比煤炭黑。"这一番话戏而不谑，妙趣横生，令观众捧腹大笑。这段开场白给人们留下了非常坦诚、风趣、幽默的良好印象。不久，在"金话筒"之夜文艺晚会上，只见他满脸含笑地对观众说："很高兴见到你们，很不幸又见到了我。"观众报以热烈掌声，至此，凌峰的知名度迅速提高，凌峰的名字传遍祖国大地。

凌峰使观众由陌生到熟悉，由熟悉到喜欢很大程度上要归功于他那幽默的开场白，借助自己的长相，不惜自嘲。但又自嘲得很有分寸，很有水平，因此为自己树立了良好的社会形象。

八、比喻法

【案例】

1944 年 3 月 25 日，富兰克林·罗斯福第四次连任美国总统。《先锋论坛》报的一位记者采访这位第 32 任总统，就他连任总统之事问他有何感想。罗斯福笑而不答，请记者吃一片三明治。记者觉得这是殊荣，很快就吃下去了，罗斯福请他再吃一片，记者觉得这是总统的恩赐，也就把它吃了。罗斯福又请他吃第三片，记者受宠若惊，虽然肚子已不需要了，但他还是硬着头皮吃下去了。这时，罗斯福微笑着说："现在已经不用回答您的提问了，因为您已经有了亲身的感受。"

如此重大的问题，用吃三明治这样一个日常生活来进行比喻，浅显易懂中蕴涵着深刻的哲理。

九、比较法

【案例】

高祖读《昭明文选》时，对其中郭璞的《游仙诗》大加赞叹。伶人石动嵩不服气地说："这诗没什么了不起！若令我作，必定胜他一倍。"高祖听了，非常不高兴，斥责他说："你算什么人？也妄称能做诗超过郭璞一倍，如若不能，必将赐你死罪。"石动嵩这等能言善辩之才当然有自己的不死之法，便当场立下军令状："那就请大家让我做吧，如若不胜一倍，我甘心赴死。"于是高祖下令让他当场做诗。谁知石动嵩玩了一个大花招，当场作道："郭璞《游仙诗》说'青溪千余仞，中有一道士'，我可以做成'青溪二千仞，中有二道士'，岂不胜他一倍？"说得高祖哈哈大笑。

石动嵩通过简单的数字比较，引得龙颜大悦，这种幽默机智的谈吐就难怪他能成为高祖身边的红人了。

十、双关法

所谓双关，也就是你说出的话包含了两层含义：一是这句话本身的含义；另一个是引申的含义，幽默就从这里产生出来。也可说是言在此意在彼，让听者不只从字面上去理解，还能领会言外之意。

【案例1】

一天，一位新进敬老院的元老来剧院看竞技表演，找来找去，找到了西塞罗身边。西塞罗想冷落这位新贵，便说："要不是我已经觉得太拥挤了，我倒是很愿意请您坐在我旁边。"这位新元老很难堪，但他也不示弱，想到西塞罗在政治上的一向反复无常，便反唇相讥："既然你从来就是一人占两个位子，怎么还会觉得太拥挤？"元老的回答既幽默又尖刻，嘲弄了政敌，又使他无话可说。

利用字的谐音制造双关的效果，会显得很有幽默感。

【案例2】

传说李鸿章有一个远房亲戚，胸无点墨却热衷科举，一心想借李鸿章的关系捞个一官半职。他在考场上打开试卷，竟无法下笔。眼看要交卷了，便"灵机一动"，在试卷上写下"我乃李鸿章中堂大人的亲妻（戚）"，指望能获得主考官录取。主考官批阅这份卷时，发现他竟将"戚"错写成"妻"，不禁拈须微笑，提笔在卷上批道："所以我不敢娶你。""娶"与"取"同音，主考官针对他的错字，来了个双关的"错批"，既有很强的讽刺意味，又极富情趣。

十一、倒置法

【案例1】

一个莽撞的年轻人，骑自行车赶路时不小心把一个老年人撞倒了，这个年轻人反迁怒于老人，而老人却诙谐地说："小伙子，快把你的自行车送到店里检查一下，说不定哪儿被我撞坏了！"

通过把常规的逻辑关系互换位置，产生幽默的语言效果，可以说比直接把事情说明了，或直接批评说理更有力。

【案例2】

有一则宣传戒烟的公益广告，上面完全没提到吸烟的害处，相反却列举了吸烟的4大好处。一省布料：因吸烟者易患肺痨，导致驼背，身体萎缩，所以做衣服就不用那么多布料；二可防贼：抽烟的人常患气管炎，通宵咳嗽不止，贼以为主人未睡，便不敢行窃；三可防蚊：浓烈的烟雾熏得蚊子受不了，只得远远地避开；四永葆青春：不等年老便可死去。

这里说的吸烟的4大好处，实际上是吸烟的害处，却很幽默，让人们从笑声中悟出其真正要说明的道理，即吸烟危害健康。

十二、夸张法

【案例1】

在一次朋友聚会上，小王把几位新朋友介绍给大家："这位高个子，刘建，绝招是扣篮，据说技术仅次于乔丹；黄衣服这位，李平，喜欢打乒乓球，能和孔令辉打个平手；圆脸小生，王利，书法绝对一流，据说直接源于王羲之……"大家听了哈哈大笑，气氛马上活跃起来了。朋友聚会，应当是个欢快的场面，但是有新人加入，开始不免拘谨。向大家介绍时，把每个人的才能、特长、地位等作一番夸张式的渲染与炫耀，使大家在欢笑中愉快地接受了新朋友。

将事实进行无限制地夸张，造成一种极不协调的喜剧效果，也是产生幽默的有效方法。

【案例2】

马克·吐温有一次坐火车到一所大学讲课，因为离讲课的时间已经不多了，他十分着急，可是火车却开得很慢，于是幽默家想出了一个发泄怨气的办法。当列车员过来查票时，马克·吐温递给他一张儿童票。这位列车员也挺幽默，故意仔细打量，说："真有意思，看不出您还是个孩子哩。"幽默大师回答："我现在已经不是孩子了，但我买票时还是个孩子，火车开得实在太慢了。"

火车开得很慢确是事实，但也绝不至于慢到让一个人从小孩长成大人。这里便是将缓慢的程度进行了无限制的夸张，产生了特殊的幽默效果，令人捧腹。

此外，对自己的某些缺陷夸张地形容，以某一事件后果夸张地渲染，都能够产生幽默的效果。

十三、对比法

【案例】

有一次，一位急匆匆迎面而来的军官在作战部大楼的走廊上一头撞到了林肯身上。当他看清了被撞的竟是总统先生时，立刻赔不是。"一万个抱歉！"这位军官恭敬地说。"一个就足够了。"林肯回答说。接着又补充了一句："但愿全军的行动都能如此迅速。"

把当前偶然发生的事情与某件应有的状况进行对比，幽默中包含着严格的要求和期望，把一件意外的小事件作为一次教育下属的机会，能够产生正经严肃的方式所不及的效果。

第三节 培养幽默感

幽默具有神奇的魅力:可以使愁眉不展的人笑逐颜开,也可以使泪水盈眶的人破涕为笑;可以为懒惰者带来活力,也可以为勤奋者驱散疲惫;可以为孤僻者增添情趣;也可以使欢乐者更加敬业乐业,找到那种虽殚精竭虑但乐此不疲的感觉。

人生不如意事十之八九,能淡然处之,真正超脱的是高手。但若能化腐朽为神奇,化烦恼为乐趣,就更是一种心的超越,获得的情趣非常人可比。每个身心健康的人都希望自己成为受人欢迎的幽默大师。然而,幽默并非与生俱来,而是靠后天培养。正如魅力是后天修养得来的一样,幽默感也需要学习培养。世界上没有天生的口才高手,幽默需要机智,更需要健康积极的心态,拥有幽默感的人一定是乐观向上而富有生活智慧的人。要使自己具备幽默感,必须从如下几个方面培养自己。

一、培养自己高尚的道德品质

列宁说:"幽默是一种优美的健康品质。"观察你身边一些受人喜爱的、常以幽默的话语活跃生活气氛的人,大多心胸开阔,为人坦诚,生活态度乐观积极。文学大家钱钟书说:"幽默减少人生的严重性,决不把自己看得严重。"把自己看得严重的人,往往心胸狭窄,凡事斤斤计较,为人尖酸刻薄,活得孤立沉重。所以说,一个人要想让生活轻松愉快起来,就应当培养自己高尚的情操、乐观的信念和豁达的心态,你就会发现生活中处处充满了趣闻,充满了等待你去挖掘的幽默素材。心理学家认为,当我们轻松地对待自己和他人时,就恢复了心底的宽畅,就产生了宽畅的表现——对人充满热情与善意,幽默则油然而生。

英国诗人雪莱告诉我们:"笑,实在是仁爱的表现,快乐的源泉,亲近别人的桥梁。有了笑,人类的感情就沟通了。"用你的幽默,给别人带来快乐和笑声,使你成为人们所喜爱的人,你将会在笑声中生活得更为充实和幸福。

二、培养自己的观察力和想象力

英国戏剧家莎士比亚认为"擅长幽默的人,往往有先见之明"。是的,谈吐幽默的人,总是能够首先发现生活中有趣的亮点,并且马上把它奉献给大家,让人们共享欢乐。这就需要具备两种特质:敏锐的观察力和丰富的想象力。而这两种特质是可以培养的。对身边的事物多留心，掌握一些思维技巧，善于变换看待事物的角度，让你的想象力插上翅膀自由飞翔，不断丰富你的词汇量。逐渐地你将进入这样一个境界：不用刻意思索，幽默的话语就会脱口而出。

三、提高自己的文化素养

幽默感来自于自身的素质和修养，必须不断学习、日积月累，才能应用自如。幽默是智慧的闪现。幽默的内涵应当是富于哲理性的、美好善良的、积极向上的，或鞭挞丑恶、针砭时弊的。幽默的目的，是使人在笑过之后得到深刻的人生启示。所以，幽默自己首先要用知识武装自己，既要博古通今，又要了解各方的风土人情；上至天文地理，下至黎民生活，无不知晓一二。同时，还要有较强的悟性，对生活有深刻的见解和感悟，善于平凡之处见神奇，平淡之处寻奇妙。这样，你才会在各种场合说出充满智慧与哲理的幽默话语。

四、把握好幽默自身的层次与品质

既然幽默是智慧的闪现，使人在轻松一笑后去细细品味人生，那么就应注意：不要使幽默流于恶俗，不要进行人身攻击，不要搞恶作剧。在实际的生活与工作中，我们要注意以下几方面的问题。

①多笑谈自己的短处，少取笑别人的缺点，更不能拿别人的生理缺陷或隐私开心。

②即使在拿自己“开涮”时，也不要忘记自己的人格，不要“糟蹋”自己。

③如果没话可说，就不要强迫自己“抖机灵”，以免弄巧成拙。

④幽默指向应明确，避免引起误会。

⑤注意区别场合，适于在餐桌上说的，拿到办公室也许就不合适。

⑥对别人的幽默要捧场，不要过于挑剔别人。

⑦如果对方身份显要，就应慎重一些，不可轻易开玩笑。

⑧幽默要合时宜，不合时宜的幽默使大家都难堪。

⑨幽默要看对象，注意男女有别。

⑩幽默不可信口开河，随便触及别人的痛处。

⑪幽默的目的不是恃才逞能，压倒对方，使大家都快乐轻松才是目的。

⑫幽默应回避宗教信仰、民族习惯，以及一些敏感性的社会问题。

我们生活在一个竞争激烈的时代，而市场经济培养出来的“商品情结”和“金钱拜物教”，使许多人只看重“钱”和“物”，连“笑”也变成了商品或推销商品的手段。所以我们发现，现代人变得越来越不会笑了。国际幽默大会曾在瑞士发表过一个声明，指出在20世纪50年代，英国人平均每天笑18分钟，而那时正是经济衰退期。到了90年代，经济发展了，英国人的生活水平有了很大提高，但他们每天笑的时间却减少到只有6分钟。我们是否注意到，随着自己年龄的增长，笑声是增加了，还是减少了？

资料卡

诗人拜伦塑造了他那风流浪漫的唐·璜，但是他比自己笔下的主人翁多了一种不幸，由于幼时患过小儿麻痹症而留下了终身残疾，他成了一个瘸子。尽管他是瘸子，当时却有许多淑女美妇为他而神魂颠倒。拜伦曾不无自负地说："自特洛伊战争之后，任何一个人也没有像我这样被抢夺过。"他简直成了男性"海伦"。是什么勾魂摄魄的魅力，使众多美女子毫不介意他生理上的缺陷，而对他倾心痴迷呢？诗人的气质风度，脱俗不凡的个性异禀，这些无疑地折射出了魅力光彩；还有不可忽略的一点就是他的才华横溢。当时的英伦三岛和欧洲大陆，不乏风流倜傥的美男子，但是，在众多痴迷拜伦的女人眼里，他们同瘸子拜伦相比就黯然失色了。

思考与练习

1. 机智风趣可以使自己在人际交往中获得良好的人际关系，通过以上的学习，结合自己的实际情况，如何提高自己的幽默水平？

2. 在实际交往中，发挥幽默感，要注意避开哪些方面？

3. 大学期间，在同学交往中，如何利用幽默感培养和促进同学关系？

4. 某同学因为误会而对你有意疏远，如何利用幽默来缓解你们的关系？

5. 假如你是一名学生干部，如何利用幽默感来协调各方面关系？

第三章　社会交往中的应变策略

学习目标

通过重要理论的掌握，提升学生随机应变的能力。

《谁动了我的奶酪》中有这样的话："变化总是在发生。预见变化，跟踪变化。尽快适应变化。做好迅速变化的准备，不断地去享受变化！"由此我们应体会到：最妙的应变之策，就是学会享受变化！

我们在交际中随时可能遇到各种情况，我们必须准备好冷静的头脑，去应付各种突发的状况，处变不惊，化险为夷。那么在社会交往中要学会应变，就要掌握应变的技巧，了解几种常见事件的应变方法。

第一节　学会应变的技巧

在生活中我们总会碰到一些意想不到的事情，要么是自己失言失态；要么是对方反应出乎意料；要么是周围环境发生变化，出现了没有考虑到的因素等，这些猝不及防的变化，往往会使我们进退维谷，狼狈不堪，啼笑皆非，陷入尴尬的境地。

如果身处窘境，将如何解脱？那就需要随机应变。随机应变是社交技巧中一种很高超的能力，要达到这一点，必须拥有非常敏捷的思维，这就需要长期的模仿、学习和训练。

一般来说应变可以使用如下方法。

一、机智

说话往往是脱口而出，一有疏漏，就只有在瞬息之间，发挥自己的随机应变能力，尽快适应变化的情境和话题，修正自己讲话的内容，从而对话语进行快速调整。

二、幽默

交往中，当发生矛盾时，幽默的语言能在某些情形下产生神奇的效果，从而化解僵局，使窘境难堪的场面在笑语中消失得无影无踪。

三、镇静

特殊局面的出现，往往是刹那间的事情，如果大惊失色，缺乏镇静，那只能是手足无措，乱上添乱。此时要注意在心理上保持镇静，镇静自若地面对出现的各种问题，才有可能巧妙机智地应付特殊场面。

四、转换

社交中有时别人偏偏要打听自己不便公开或不能公开的事，或是自己偶然触及对方的忌讳、伤痛及隐私，这时，只有迅速转移话题才是一种普遍有效的应急措施。

社交中形式的变化是难以预料的，如果你能自始至终处于支配地位，那你就能保证效果，使事情按你的要求与意愿发展变化。

但是，“天有不测风云”，社交中有时候难免被对方抓住空档，乘虚而入。当你处于被动局面时，摆脱困境的机智就非常必要了。

一般有经验的人在经过长期的社交实践之后，都具有沉着、机智、摆脱困境的特殊才能。他们在即将或已处于困难处境时，知道首先要沉着冷静，并以这种沉着冷静的态度去调适心理，使之处于应变状态。

不能被现成的既有的思维模式和心理结构所束缚，要善于根据不断变化的新情况想出解脱的新招。面对非难、挑剔、攻击、质疑，应该迅速地刺激和动员起你的思维力量。

在危急状态下，若有任何惶恐、失措、紧张、混乱，都很难寻找到变通的途径与方式。

《世说新语》曾记载过一个9岁姓杨的小孩，一天，他家来了一位叫孔平君的客人，他端出杨梅招待，孔平君指着杨梅打趣孩子说：“试想杨梅是君家果？”

没料到孩子立即应声答道：“未闻孔雀是夫子家禽！”

从对方的姓联想开去，把孔雀称为孔家禽，以此归谬，当即有力地回敬了对方。

社交中的机智，是一种高超的能力。一般来说，知识越渊博，阅历越丰富的人，应变能力越强。因为他们反应敏捷，在社交中遇到紧急情况时，能够调动长期积累的生活经验和各种知识来思考、解决，从而使“山重水复疑无路”转化为“柳暗花明又一村”。

摆脱困境的机智，似乎没有一定的规律，但既是一种技巧，更重要的还是以智慧和经验为依托的一种能力。

有了这种能力，无论社交中如何风云变幻，无论发生了什么事，人们都能凭着过人的机智、灵感，兵来将挡，水来土掩，见方则方，遇圆则圆，应付自如。

第二节 突发事件的应变

应变的技巧来自机智的灵感，应变的本能来自平常的心态。心态平和纯正的人，往往临危不惧，遇难而呈祥。

【案例 1】

一天，卓别林带着一大笔款子，骑车驶往乡间别墅。半路上突然遇到一个持枪抢劫的强盗，用枪顶着他，逼他交出钱来。

卓别林满口答应，只是恳求他：“朋友，请帮个小忙，在我的帽子上打两枪，我回去好向主人交代。”强盗摘下卓别林的帽子打了两枪，卓别林说：“谢谢，不过请再把我的衣襟打两个洞吧。”强盗不耐烦地扯起卓别林的衣襟打了几枪。卓别林鞠了一躬，央求道：“太感谢您了，干脆劳驾将我的裤角打几枪。这样就更逼真了，主人不会不相信的。”

强盗一边骂着，一边对着卓别林的裤角连扣了几下扳机，也不见枪响，原来子弹打完了。卓别林一见，赶忙拿上钱袋，跳上车子飞也似的逃走了。

我们都经历过这种情况：平常觉得自己的反应还行，可一到某些突然发生的节骨眼上，脑子里总是出现猛然空转的现象，无法适时产生确切的答案，以应付外界突然的变化。所以性格比较内向或自以为拙于言谈的人，到头来总觉得自己脑筋迟钝。与此相反，随时能因对象变化、能够灵活应答、做出出人意料的反应，往往被人认为是明敏果断、超人一等。

【案例 2】

有一次，美国著名心理学家福·汤姆逊外出归家，天色已晚，他旧大衣内有 2 000 美元，心里老担心遇到强盗。

越是怕鬼越有鬼，他突然发现身后有个戴鸭舌帽的彪形大汉紧紧尾随着他，而且怎么也甩不掉这个“尾巴”。

汤姆逊走着走着，突然转身朝大汉走去，祈求地对大汉说：“先生，发发慈悲给我几个钱吧！我快饿得发昏了，路都跑不动了！”

大汉一愣，仔细打量着他的旧大衣，嘟囔着说：“倒霉！我还以为你口袋里有几百美元呢！”说着，从口袋里摸出点零钱扔给他，十分败兴地走了。

那么，随机应变中有什么特点呢？那就是能够应对事件的突发性。所谓突发性，就是突然发生，任何人无法估计它何时来临，所以任何人也无法预先做好应变的准备。比如，汤姆逊怎么也不会想到夜晚会出这样一个棘手的难题，而卓别林更不会想到有强盗突然来抢劫。正因为事件的这种突发性，充分说明了随机应变的惊险性和随机应变能力的可贵性。

不过，惊险场合对于机智者来说，只需一句随机应变的话语，即可化险为夷，最后也只是有惊无险，平安无事。由此可见，这种随机应变有两部分组成：一是事件，即“随机”中的“机”；二是变化，即“应变”中的“变”。事件和变化相互结合、相互依存，组成一个统一体。在这统一体中，事件是基础，没有事件当然就没有变化。所以说，事件在随机应变中起着重要作用。

第三节 引申转移的应变

社会交际，不管是对对方进行诱导，还是进行迂回冲击，这种对策思维的形成，都必须合乎交际者主体动机的含意性和合乎自己的思想和行为的针对性。

善于应变的人，都知道这两个要素与应用的密切关系。但是如果想从意外场合中打破僵局，改变自己的不利处境，关键仍然是自己思维的敏捷、口锋的锐利。

【案例1】

美国国家安全特别助理基辛格博士谈吐幽默，足智多谋，是一位善于应付任何尴尬场面的外交家。1972年5月，他随尼克松总统访苏结束后，便前往德黑兰作短暂的停留。在到达德黑兰的当天晚上，伊朗首相胡韦达邀请基辛格去看舞女帕莎的表演。帕莎的高超舞艺使基辛格看得出了神。

演出结束后，他还和帕莎交谈了许久才回到住所。第二天，在总统的座机上，美国《纽约时报》记者马克斯·费兰克尔向基辛格打趣：“你喜欢她吗？”对于如此唐突和不怀好意的戏弄，一般人一定会窘态百出，而基辛格不假思索，一本正经地回答：“她是个媚人的姑娘，而且对外交事务有着浓厚的兴趣。”这位记者会错意了，兴奋地追问：“这是真的吗？”基辛格更加详细地说：“那还有假？我们一起讨论了限制战略武器的方案，我费了好些时间向她解释怎样把 SS-7 导弹改装成在 V 级潜艇上……”那位记者听到此时，才感到上了当。

【案例 2】

有一次，一个美国记者同周总理谈话时，看到桌上有一支美国派克钢笔，就带着几分讥讽的口气问：“请问总理阁下，你们堂堂中国人，为何还要用我们美国的钢笔呢？”周总理听出了他的言外之意，庄重而又风趣地答道：“提起这支钢笔，话就长了，这是一位朝鲜朋友的抗美战利品嘛，作为礼物赠送给我的。我无功不受禄，就拒收。朋友说，留下做个纪念吧。我觉得有意义，就收下了贵国的这支钢笔。”

【案例 3】

我国的一个贸易代表团到美洲一个国家洽谈贸易，由于会谈十分成功，参加谈判的成员十分高兴。这时，对方一位年长的谈判者为表达兴奋之情，竟热烈地拥抱了我方的一位女士，并亲吻了一下。该女士十分尴尬，不知所措。这时，我方代表团团长走上前来，用一句话打破了窘境。他说：“尊敬的××先生，您刚才吻的不是她本人，而是我们代表团，对吧？”那位年长者马上说：“对！对！我吻的是她，也是你们代表团，也就是你们中国！”尴尬的气氛顿时在笑声中烟消云散了。

第四节 交际难题的应变

在社交活动中，我们会经常遇到一些难以回答的问题和令人难堪的窘境。我们应该采取怎样的措施，在极短的时间内处理好极复杂的事情呢？

当你处在窘境中时，大的方向是必须明辨事理，说话得当，从实际出发，视情况而定，有什么情况就采取什么行动，但有一点要特别注意：如果有人故意跟你过不去，给你制造种种麻烦时，你千万不要生气，大动肝火，如果不能控制自己的情绪就只会激化矛盾，扩大事态，结果两败俱伤。所以此时你既不能感情用事，大发雷霆，也不能张口结舌，无所适从，唯一的办法是头脑冷静，控制情绪，运用社交的艺术，运用你的应变术去对付。

也许使你感到窘迫的人不一定是恶意，但是不论是哪种情况，首要的一条就是说话得体、善于应变。

在这里，可用的方法有 5 个。

(一)转移话题

转换话题应变术有下面3种情况。

如果有人使你难堪,你就要及时转移交谈方向,巧妙地避开令你难堪的话题。

如果有人有意或无意地和你开玩笑,甚至挖苦、作弄你,使你窘迫,在这种情况下,千万不能恼羞成怒,伤了和气,但也不能忍气吞声,最好是一笑了之,甚至可以自嘲一番,使对方觉得挖苦人是一种无聊的事情。

如果遇到双方对立、无法谈判,但又不能回避的情况时,也需要转移话题,缓解对立。

(二)移花接木

在社交中,有些问题很难做结论,不适合正面回答,这时必须移花接木、含蓄作答,让对方深思。如此一来,既不回避所提出的问题,使对方满意,又可巧妙地转移主题。

(三)含糊其辞

在社交或外交场合,对于那些不好回答而又不能回避的问题,可以作含糊其辞的回答。比如"我也不太清楚"、"也许如此"等,以此转移对方注意力,给自己留有余地。

(四)装聋作哑

如果你不能回答对方却又无计可施,无法表白,那就装聋作哑,指东说西,让对方因得不到正面回答而无可奈何。

(五)委婉含蓄

当你面对某些难题时,就要含蓄说话,委婉处理。既要息事宁人,又要达到目的,防止矛盾激化,有时,还要注意隐蔽动机,争取主动。

第五节 敏捷反应的应变

应变术的主要特点就是反应快,应对及时。意外场合,身处僵局时,要求立刻回答,不允许慢慢去思考。

【案例1】

张大千深爱敦煌艺术,在敦煌宝窟里面壁3年。有人故意中伤,说他"盗窃国宝”，因此，在归家途中，先后接受50余次检查。

张大千对此十分恼火，在一检查站，张大千理直气壮地拿出军政部长何应钦发给他的“已通知检查单位转知沿途关卡放行”的电报及军政部的通告证。检查人员看后，故意刁难说：“上面不是明明写着‘持此证者，应着制服’么？你为什么不穿制服，你是干什么的？”

张大千风趣地说：“我是干先生的，上面不也是写着发给张大千先生的吗？干先生的向来是不必着制服的呀！”

检查站也拿他没有办法，只好放他过去了。

【案例2】

1984年，马季与赵炎两位相声的老搭档到山东潍坊市演出。那天，两人演出的节目正好是脍炙人口的相声《吹牛》，两人正在吹得不可开交时，礼堂天棚上有一盏大灯突裂，大灯下面的观众被撒了一头玻璃片屑，观众不禁大吃一惊，其他观众听到响声也把注意力转移到天棚上。这是一起意外事故。一场精彩的演出眼看要受到严重的影响，怎么办？这时马季却镇定自若，用手指着天棚，装作得意洋洋的神态，对赵炎说：“你能吹？瞧我的，我能把电灯吹炸！”观众听到后，当时一下子还没反应过来，紧接着便爆发出雷鸣般的掌声与欢呼声。

马季的应变就是非常迅速的。若迟疑两三分钟，剧场必定要引起混乱。可以说，反应敏捷是应变方法的灵魂。

【案例3】

在美国第35任总统候选人的提名过程中，肯尼迪的年轻和孩子般的外表成了一个不折不扣的不利条件。众议院发言人萨姆·雷伯恩就攻击肯尼迪是个乳臭未干的几个民主党领导人之一。肯尼迪哈哈一笑，把问题抛到一边：“萨姆·雷伯恩可能认为我年轻。不过对一位已是78岁的人来说，他眼中的大部分人都年轻。”可是这个问题始终纠缠着肯尼迪。哈里·杜鲁门在一次全国性的演讲中向肯尼迪挑战。“我们需要的是一个极其成熟的人。”这位前总统说。肯尼迪用逻辑和机智回敬了他的挑战。他说，如果年龄一直被认为是一个标准的话，那么美国将放弃对44岁以下的所有人的信任。这种排斥可能阻止杰佛逊起草《独立宣言》、华盛顿指挥独立战争中的美国军队、麦迪逊成为起草宪法的先驱、哥伦布去发现新大陆。

肯尼迪在遭到突如其来的诘难时以非常机敏的方式巧妙地回答对方并予以有力的反击。机敏是机智、敏捷，体现的是人们对矛盾的感受能力以及由此产生的变通能力。这就要求我们必须善于发现问题，制定相应的对策，而且还要随着事情变化不断调整应变策略。

机敏者一般都是成熟稳重的，特别是身处窘境时，沉着稳重更有助于提供化解尴尬的妙法。

【案例 4】

有一次巩俐在香港接受记者访问，有位记者问道："您觉得自己漂亮吗？"这时候回答"是"或者"不是"似乎都不妥当，巩俐想了一下说："我觉得我的牙齿是漂亮的，虽然不整齐却与众不同。"这样的回答博得了全场的掌声。

第六节 善于联想的应变

放松自己的大脑，往往能妙语连珠。想提高应变能力，就要善于联想。往往可以将不利于自身的话题转移开，最后占据主动地位。如此，遇事则可随机应变、应付自如。

【案例 1】

曾担任过驻苏和驻英大使的伊朗首相穆罕默德·摩萨台，虽已年逾 70，还经常应付外交事务。有一次，摩萨台为伊朗石油出口价格问题与英国代表谈判，原因是一桶石油所要求的额外份额竟然超过了一桶石油的全部价格。参加谈判的中间人美国代表蒙夫里尔·哈里曼对摩萨台说："首相先生，如果我们要理智地讨论问题，必须共同遵守一些基本原则。"

摩萨台凝视着他，带着狡黠而又警惕的神情问："什么样的原则？"

哈里曼说："例如，没有一样东西的局部比它的整体还要重要。"

摩萨台做了个怪相，慢吞吞地说："这个原则站不住脚。好吧，我打个比方，比如狐狸吧，它的尾巴往往比它的身子还要长。"

说完，摩萨台倒在沙发上捧腹大笑，他这个巧妙的比喻使得哈里曼无言答对。

社会由人组成，不管我们从事什么性质的工作，不管我们处于何种社会地位，我们都离不开社会，都要与人交往。而应变始终能帮助我们与他人进行沟通，还能帮助我们处理一些问题，特别是人际关系问题，使我们顺利地渡过险境、难关。

【案例 2】

某山庄住着一户黄姓人家，黄老伯很迷信，把家境的不顺利都归结到风水不好。常常埋怨道："我东邻姓陈，西舍也姓陈，我家怎经得起这'沉沉'的东西左右夹击呀！"于是，他老想把别人撵走，经常与邻居闹矛盾发生冲突。后来实在轰不走，就骂骂咧咧地打算自己搬走。许多人相劝都无济于事，幸好这时有位巧嘴的农妇才把他劝住。

那农妇是这么劝他的："你老可别怪咱侄媳妇多嘴，你咋傻了呢？要是我呀，杀头也不挪开这富窝儿！"一句话，说得骂骂咧咧的老汉顿时愣住了。那农妇接着说："你说东邻是陈，西舍也是陈，你知他们是什么陈呀？"老汉一时答不上。"我说啊，那是文臣武将的'臣'，您老左有文'臣'，右有武'臣'，保护着你这个'黄'(皇)帝。只要你大人有大量，好日子还在后头呢，你就放心吧！"老伯听她一解释，心里乐开了花，就高兴地接受了她的意见。

善于应变能帮助我们在社会交往中与人建立和谐的关系，当我们希望成为能克服障碍、具有乐观态度、赢得别人喜爱和信任的人时，只有善于应变才能帮助我们达到目标。

第七节 引经据典的应变

交谈过程中，巧妙地"引经据典"，能够明确观点，益人心智，从而妙趣横生，增强说服力和感染力。这里所说的"经"，是指人类长期积累起来的经验和智慧。"典"，是指古今中外的典故、书籍、谜语、名言、成语等。这种方法的最大特点是借古喻今，古为今用。然后根据主题的需要，顺手牵羊，随口拈来，只需注意"经"与"典"紧扣论题即可。

【案例】

成都军区武术总教练海灯法师偕高徒成都军区武术教练范应莲访问美国。在记者招待会上，一位美国记者问："法师和你的高徒担任贵国成都军区武术总教练和教练，而成都军区又是打越南的主力军。这岂不犯了你们佛教的杀戒，坏了佛门规矩？"海灯法师莞尔笑道："朋友之言需作些修正：不能称之为打越南而应谓之自卫反击，这是第一点；第二点，我佛慈悲，善恶分明，惩恶扬善，是佛门之本。越南当局忘恩负义，与邻反目，骚扰边境，杀害无辜，身为中国一佛徒，岂能坐视不管？"

一席话，赢得众人称许。海灯法师言犹未尽，继续慷慨陈词："中国兵士是再现的罗汉，深受黎民百姓信赖，老衲愿效绵薄之力，聊表寸心。"话音刚落，又一名美国记者问："法师说，中国军队值得信赖，你有什么根据？"海灯法师从容说道："老衲坐守佛门，天下事了解很少，实是井底之蛙。不过关于中国军人的德行，我还有一点发言权。"法师环顾一下全场记者，"别人不说，仅就耳闻目睹的事作一些简介。惩治越寇，保卫山河，中国军人抛头洒血，在所不辞，吃尽苦头也心甘情愿，此为一；

1981 年四川发大水，良田民房惨遭淹没，妇孺老幼性命危在旦夕，正值生死存亡之时，千军万马忽然像天兵天将，迅速赶赴灾区救援，普济众生，此为二；为使人民生活更上一层楼，几千名军人和民兵活跃在四川江油青莲乡，修建水电站……”法师如数家珍，一口气列举了 23 宗军队为国为民的义举，然后闭目合十：“功德无量，善哉善哉！”

记者们对法师的谈吐和应付的自如无不佩服得五体投地。

“将对比和人们已经相信的事情相联结，相比较，这样才能遏止异议。”这是卡耐基的一句话，事实胜于雄辩，这种方法应用比较广泛。

第八节　将计就计的应变

【案例 1】

某剧团到工厂慰问演出，一位工会干事代表全厂职工上台致欢迎词。因为他是头一次当众讲话，心情过分紧张，当念完讲稿时，不慎讲稿散落在舞台上，又被风扇一吹，讲稿在舞台上飘舞起来。他下意识地去追扑，引起全场大笑不止。出了洋相，如何收场呢？他心一横，将计就计，干脆拿出喜剧大师卓别林的滑稽步态去追稿纸。这一来，大家笑得更是前仰后合，待他拾完稿纸来到话筒前，说道：“我表演的小品‘追稿’演完了，谢谢大家捧场！下面正式演出开始！”台下的笑声立刻转为一阵热烈的掌声。

这个由失态转化来的小插曲，收到了意想不到的效果。这种应变法就是将计就计，反正也是当众出了丑，不如就把“戏”接着唱下去，这样做还可以获得意外的效果。

【案例 2】

又如，南京一位优秀售货员有一次接待了一位抱着小孩的中年男顾客，见到他拎着一个皮鞋盒子在柜台前观看，便马上迎上前去询问道：“您要买鞋油吧？”男顾客点头称是。售货员根据鞋盒上标示的颜色判断是红皮鞋，马上拿出一种红鞋油。男顾客很高兴，欣然买了一盒鞋油。售货员又热情地推荐说：“是否有鞋刷子？”男顾客就说：“正好想买 1 个鞋刷子。”售货员马上给他拿出了 3 个不同颜色的鞋刷子让他挑选。这时又有别的顾客需要照顾，售货员就走开了。等到回来时，男顾客交了 1 个鞋刷子的钱。售货员发觉少了 1 个红鞋刷子，便马上明白是男顾客偷偷地藏起来了。她把剩下的两个鞋刷子收起来了，说：“你真会选，红刷子配红鞋油，这样就容易记住。”男顾客一听这话，脸马上就红了，很不自在，就把藏在孩子兜里的鞋刷子拿出来了。售货员见到这种情况，马上说：“这孩子真懂事，怕爸爸忘事，已提前给收起来了。”这样自然给顾客一个台阶下，让顾客满意地走了。售货员机智、得体的语言化解了顾客的难为之情，又多推销了一把刷子。

第九节　出错补救的应变

我们在日常生活中，经常会出现无法预料的错误，这时不妨将错就错，来一番即兴发挥，就会消除窘困，获得意想不到的效果。

【案例1】

一位节目主持人参加海南省狮子楼京剧团建团庆典，当她用充满激情的语言介绍京剧、介绍剧团、介绍来宾的时候，由于事先不了解情况，错把原本是花白头发的老汉——海南师范学院党委书记南新燕介绍成“小姐”，面对“全场哗然”的意外，她先向被介绍人真诚地道歉，然后侃侃而谈：“您的名字实在是太有诗意了。我一见这3个字，立即想起了两句古诗：旧时王谢堂前燕，飞入寻常百姓家。这是一幅多么美丽的图画。今天，这里出现了类似的情景，京剧一度是流行在北方的戏曲，而现在，京剧从北到南，跨过琼州海峡，飞到了海南，而且在这里安家落户，这又是一幅多么美好的图画啊！”这位主持人的应变能力实在是让人叹服。她在表示“对不起，我是望文生义了！”的歉意之后，语意一转，就即兴发挥起来，由自己的语言失误引出活动的话题，并进行了富有诗意的生动描述。这一将错就错的补救方式，赢得了全场观众异乎寻常的热烈喝彩，就是十分自然的了。

当然，在这种情况下，讲话者既不可能为了面子而置之不理，也不可能因为自尊而掩饰错误。“最好的办法是按正确的讲法再讲一遍”，也就是把错误改正过来。倘若能够根据现场的实际情况，有针对性地将正误对照起来巧作辨析，给听众的印象反而更加深刻。

【案例2】

一位师范学校的班主任在新生入学后的第一次班会上即兴演讲，他说：“同学们，大家好！你们从四面八方来到这所师范学校，开始了新的学习生活，我相信同学们一定会刻苦学习，不断进步。将来希望每一位同学都能成为一名合格的小学教师。不，应当这样说——希望将来每一位同学都能成为合格的小学教师。因为这希望是现实的，它表达的是我此刻的真实心情；而你们将来才会真正走上讲台，开始从事太阳底下最光辉的职业……”

这位老师在即兴演讲中凭敏锐的语感发觉了一句话的语序错误，并在迅速改正过来之后，进行了巧妙的辨析。这样，既表明了语言的毛病，又解释了改正的原因。不仅没有造成语言失误的尴尬，反而强化了表达的效果，实在是一种高明的补救方法。

针对这些口误，讲话者也可以就已经出口的失误，进行一番合乎情理的阐释，只要能自圆其说，也不失为一种化错为正的补救方法。

【案例3】

在一次婚礼上，主持人热情地邀请来宾讲话，一位职业中学的教师上台即兴致辞，他说：“今天，是职业中学的夏明先生和经贸公司的叶红小姐喜结良缘的好日子……也许有人以为我说错了，夏先生和叶小姐不是在同一个公司上班吗？是的，夏明从商了，但一个月前，他还是职中的一名优秀青年教师。在我们心目中，他永远是我们的好同事。我愿借此机会，代表职中全体教职工，向一对新人表示最诚挚的祝福！”

显然，这位来宾由于一时激动，把新郎现在供职的单位介绍错了。也许他从听众异样的表情上察觉了自己的口误，于是，稍稍停顿之后，巧妙地进行了阐释。听了此番入情入理的言辞，谁还会责备他语言上的差错？这样，不仅可以自圆其说，而且增强了抒情的真切感，产生了独特的现场表达效果。

有时也会出现这样的情况：讲话者自己不知为什么，竟说出一句错话，而且马上意识到了，怎么办呢？倘若遇上这种失误，不妨采用调整语意、改换语气等连续方式予以补救。只要反应敏捷，应变及时，就可以收到不露痕迹的纠错效果。

【案例4】

一位公司经理在开业庆典上发表即兴讲话，他这样强调纪律的重要性：“公司是统一的整体，它有严格的规章制度，这是铁的纪律，每一个员工都必须自觉遵守。上班迟到、早退、闲聊、乱逛，办事推诿、拖沓、消极、懈怠，都是违纪行为。我们允许这种现象的存在——就等于允许有人拆公司的台，我们能这样做吗？”

这位经理的反应力和应变力是很强的。当意识到自己把本来想说的“我们决不允许这些现象的存在”一句话中的“决不”二字漏掉之后，马上循着语言表达的逻辑思路，续补了一句揭示其后果的话，同时用一个反问句结束，增强了启发性和警示作用。这样的补救，真可谓顺理成章，天衣无缝。

第十节 反思求解的应变

有时面对一些很难从正面回答的问题，可以换个角度，从话题的反面去思考，这样常可找到新颖的答案，使人脱离窘境。我方与美方的一次商务谈判已进行到尾声阶段，双方只是就一些细节反复协商。这时，美方有人送来一封信，美方首席谈判者打开一看，信封内空空如也。原来送信人疏忽了，信没装入信封，美方送信人十分尴尬。这时我方代表为缓和气氛，使谈判顺利进行下去，微笑着说："没有消息就是最好的消息。"一句话，使美国送信人解脱了尴尬，冲淡了紧张气氛。这句话是美国人常用的一句谚语，我方代表借此语"反思求解"，使气氛恢复正常。

思考与练习

1. 思考一下，随机应变的方式有哪些？
2. 如何提高自己的应变能力？

中篇　职场起步篇

求职是应届毕业生进入职场的第一步，如何在进入职场前有个良好的开始，这其中可包含了许多学问。在毕业生求职之前，需要准备好相应的求职材料，如就业推荐表、求职信、求职简历等，这些是我们求职所要做的基本工作。为了能提升应聘的把握，我们还要掌握一些求职方式方法，搜集就业信息，对企业经常使用的一些招聘方法进行了解。而且在我们求职过程中，也要知道并做好面试礼仪方面的工作，细节决定成败，有时候注重面试礼仪不一定能保证你会得到想要的职位，但不注重面试礼仪细节很有可能会影响到你应聘的效果。

本篇将就职场起步需要掌握的知识进行讲解，分为求职材料准备、如何推荐自己和求职礼仪3个部分，下面将分章节进行详细介绍。

第四章　毕业生求职材料的准备

学习目标

了解毕业生求职材料一般由哪几部分组成，熟悉每部分的制作要求，能写出有看点的求职材料。

再好的产品，也需要好的营销；再优秀的人才，也需要自我推销。大学毕业生在开始职业生涯之际，也毫不例外要推销自我。推销自我的第一步就是给用人单位递上毕业生就业推荐表、求职信和简历等求职材料。毕业生就业推荐表、求职信和简历实质上是求职的"钥匙"，用人单位在没有见到求职者之前，往往通过这些求职材料来进行第一轮筛选。因此，求职材料作为求职者给用人单位的第一印象，对成功应聘至关重要。本章不但将教会你写出敲开职业大门的毕业生推荐表和感动未来上司的求职信，还将教会你巧用其他求职材料，助你在求职路上，开好局，起好步。

第一节　毕业生就业推荐表

【案例】

填写毕业生就业推荐表的时候：

唉，今天学校发毕业生就业推荐表了，我意识到要大学毕业了，之前一直都很期待毕业的，因为在学校没有事干，在课堂上虚度光阴，回宿舍后又继续以另一种方法消磨时间……我的大学真的快结束了？让我非常郁闷地是怎么去填那表，有不少地方我不得不空白了，什么奖励啊、职务啊、证书啊之类的，要我给自己一个评定的话，真地说不出来。我到底有什么优点或能力值得别人请我？大学都干了什么啊？

一、毕业生就业推荐表

毕业生就业推荐表是学校为推荐毕业生就业，专门向用人单位出具的唯一证明。既是毕业生提供自我推荐的重要材料，又是用人单位招聘学生时的重要参考依据，具有权威性和严肃性。它一般由3部分组成：一是毕业生本人的情况介绍，包括学习成绩、社会工作、特长、获奖专业人数和综合测评名次及就业意向；二是毕业生所在院系的推荐意见；三是学校就业主管部门的推荐意见，并且还附有由学校教务部门提供的毕业生的学习成绩。用人单位往往对该表比较重视，在发给学生录用通知以前一般要先见到该表的原件。

上例中的学生由于没有明确的目标，只是混学历，而没有利用大学期间提高职业素质，最后填写毕业生就业推荐表的时候，自己都不知道有什么优点或能力值得别人聘请。

二、进取、充实的大学生活是填写好毕业生就业推荐表的前提

毕业生就业推荐表是大学生即将结束的大学历史的再现。平时努力学习，掌握专业知识和技能，在一定程度上以成绩的高低反映出来；文明修身，行为规范，积极争取服务他人的社会工作岗位，热情参与各种活动，主动参加各类社会实践活动，特别是每个假期去校企合作基地一个月左右的实践活动，都会为自己提供一次锻炼的机会，也为填写推荐表时增加一个卖点。锻炼自己的同时，提高了自己的能力和素质，综合测评名次也会提前。

三、真实是毕业生就业推荐表填写的基本要求

毕业生就业推荐表是学校为应届毕业生联系就业所出示的重要证明材料，为保证对用人单位负责，对毕业生负责，体现就业推荐的公平、公正、严谨，毕业生本人必须如实填写《推荐表》中的各项内容。“专业”、“学制”等栏目，必须与学校规定一致，“曾任社会职务”必须为法定设置机构或注册社团内担任职务，获奖也须为法定设置机构或注册社团颁发奖项，任职证明及获奖证书须提供原件。所学主要科目及成绩由教务处提供、审核并加盖公章，专业人数和综合测评名次由辅导员提供、审核。

四、毕业生就业推荐表的使用和保管

毕业生就业推荐表是以学校名义向用人单位推荐，对用人单位而言具有较大的权威性和可靠性，大部分用人单位把该表作为主要应聘的面试资料。用人单位在选人用人的时候并不大关注大学生的求职材料如何漂亮，而是更信任那份学校统一印制的毕业生推荐表。因学校发给毕业生的正式推荐表(即盖校学生就业指导服务中心章的推荐表)每人只有一份，所以自己可多复印几份，以备在双向选择过程中与其他材料一起送给有关用人单位。只有当用人单位决定录用你且你亦愿意去时，才能将原件送给单位。在很多省市，就业推荐表是用人单位为毕业生申请当地落户指标的必备材料之一，用人单位需要毕业生的推荐表、成绩单等资料才能申请到人事批件。毕业生应妥善保管好自己的毕业生就业推荐表。在求职过程中一般出示就业推荐表复印件，只有当与用人单位达成最后的就业意向时，才交给用人单位就业推荐表的原件。

五、填写毕业生就业推荐表存在的问题

据不少单位参加招聘会的负责同志讲，一些学校学生的毕业生推荐表填写的不够实事求是，存在许多水分。既不严肃认真，又不客观真实。使用人单位掌握不了真实情况，增添了不少麻烦，在社会上产生不良的影响。其主要表现如下。

1. 该填的不填

如对缺点、处分等都是避重就轻，大事化小，小事化了。能不填的，就尽量不填。

2. 该填清的不填清

有的字迹潦草、模糊，看得很费劲。有的意思表达不清，如“三好学生”，是系上的还是学校或省上的三好生等。

3. 该填准的不填准

有的学生填各科成绩时，专门挑高的填。有的班仅班长就有七八个之多。

4. 该把关的不把关

有的学校为照顾学生就业，开“绿灯”，睁一只眼，闭一只眼。对学生填的内容不细看不严审，只管盖章了事。

以上问题看似小事，为方便少数人就业，本是一般同学，却要当班长推荐；学习成绩一般，非要写获得过一等奖学金，抬高了个别人身价，其结果是损害多年的校企合作感情，降低了学校在社会上的地位，阻碍了更多的毕业生就业。

第二节 求职简历

求职简历是一个人的简要经历，是对自己基本情况、经历的记载和陈述，一般是按时间顺序，系统、全面地把个人基本情况、求职目标、学习经历、工作经历、特长等充分表达出来。它比求职信的容量稍大，求职信只求引起招聘者的注意和兴趣，要进一步在书面上反映自己的情况就要借助简历。所以，它一般作为求职信的附件，呈送用人单位。

投递个人简历是大学生在求职路上迈出的第一步。一份卓有成效的简历，将把一个最适合招聘岗位需要的你展现在招聘者的面前，使你在众多的求职者中脱颖而出，赢得用人单位的青睐，获得面试机会。其实，简历就是求职的敲门砖。什么样的“砖”才能敲开用人单位的大门呢？设计精美的简历就能引起“伯乐”注意吗？态度谦虚都会让用人单位产生好感吗？求职简历上能不能写上对薪水的要求？怎样才能设计出让招聘者认可的简历呢？

一、来自用人单位对大学生求职简历的评议

“在我们收到的大学生简历中，100 份里大约只有 10 份比较符合要求”。10 月 22 日，在“2000 年大学生职业生涯规划”活动会场——人民大学会场，远大集团人事资源部王经理的这句话让在场的学子都发出了惊叹。那么，什么样的求职简历才是优秀的，能得到用人单位青睐的呢？王经理和参加此次“2000 年大学生职业生涯规划”活动的雀巢、雅虎(中国)等知名企业的人力资源部的负责人从用人单位的角度给大学生写简历提出了一些建议。

(一)简历不要太长

王经理说，大学生的简历有的太长，他所看到的最长的简历达 17 页之多。其实简历内容过多反而会淹没一些有价值的闪光点。因为，每到招聘的时候，一个企业，尤其是大企业会收到很多份简历，工作人员不可能每个都仔细阅读，1 份简历一般只用 1 分钟就看完了，再长的简历也超不过 3 分钟。所以，简历尽量要短，王经理建议简历只要 1 页纸就足够了。

简历过长的一个重要原因是有的人把中学经历都写了上去，王经理认为这完全没有必要，除非你中学时代有特殊成就，比如在奥林匹克竞赛中获过奖，一般来说，学习经历应该从大学开始写起。

很多学生的求职简历都附了厚厚一摞成绩单、荣誉证书的复印件，王经理认为简历上可以不要这些东西，只需要在简历上列出所获得的比较重要的荣誉。如果企业对此感兴趣，会要求求职者在面试时把这些带去。

（二）不要含有水分，一定要客观真实

几位人力资源部经理一再告诫大学生，求职简历一定要按照实际情况填写，任何虚假的内容都不要写。王经理说，即使有的人靠含有水分的简历得到了面试的机会，但面试时也会露出马脚。雅虎（中国）公司的肖静说，企业选人都非常慎重，她当年应聘雅虎时过了 9 道关，弄虚作假是过不了这一轮轮面试关的。

（三）不要过分谦虚

王经理说，简历中不要注水，并不等于把自己的一切，包括弱项都要写进去。有的同学在简历里特别注明自己某项能力不强，这就是过分谦虚了，实际上不写这些并不代表说假话。有的求职学生在简历上写道："我刚刚走入社会，没有工作经验，愿意从事贵公司任何基层工作。"王经理说，这也是过分谦虚的表现，这会让招聘者认为你什么职位都适合，其实也就是什么职位都不适合。

（四）简历上要写上求职的职位

几位人力资源经理都认为，求职简历上一定要注明求职的职位。雀巢的招聘经理杨全红说，每份简历都要根据你所申请的职位来设计，突出你在这方面的优点，不能把自己说成是一个全才，任何职位都适合。王经理也建议大家不要只准备一份简历，要根据工作性质来有侧重地表现自己，如果你认为一家单位有两个职位都适合你，可以向该单位同时投两份简历。

（五）在文字、排版、格式上不要出现错误

王经理称，用人单位最不能容忍的事是简历上出现错别字或是在格式、排版上有技术性错误以及简历被折叠得皱皱巴巴、有污点，这会让用人单位认为你连自己求职这样的事都不用心，那工作也一定不会用心。

（六）简历不必做得太花哨

现在求职学生的简历普遍都讲究包装，做得很精致、华丽，有的连纸张都是五颜六色。王经理认为，除非应聘美术设计、装潢、广告等专业外，一般来说简历不必做得太花哨，用质量好一些的白纸就可以了，他建议尽量用 A4 纸。简历过分标新立异有时反而会带来不好的效果。王经理说，他曾看到过一份简历，封面上赫然写着 4 个大字"通缉伯乐"，给人的感觉就像是在威胁用人单位。

对于现在大学生简历流行做封面的现象，几位人力资源经理也都认为没有必要，因为它会增加简历的厚度。

（七）简历言辞要简洁直白，不要过于华丽

“我希望这样一个人生，它在经历了无数场风雨后成为一道最壮丽的彩虹……请用您的目光告诉我海的方向……”王经理当场朗读的这份大学生的求职简历让在场的同学都笑了。王经理说，大学生的求职简历很多言辞过于华丽，形容词、修饰语过多，这样的简历一般不会打动招聘者。他建议简历最好多用动宾结构的句子，简洁直白。

（八）不要写上对薪水的要求

很多学生都对简历上该不该写对工资、待遇的要求存在疑惑，几位人力资源经理都认为简历上写上对工资的要求要冒很大的风险，最好不写。王经理说，如果薪水要求太高，会让企业感觉雇不起你；如果要求太低，又会让企业觉得你无足轻重。对于刚出校门的大学生来说，第一份工作的薪水并不重要，不要在这方面费太多脑筋。一方面是同行业、同层次的用人单位聘用同等学历、同一个专业的大学生到同一个岗位上工作，开始确定的薪水标准都差不多；企业更看重的是上岗后的岗位适应能力、学习和应变能力、发展潜力、工作业绩等；毕业生则更应该考虑用人单位和个人的发展前景、个人成长进步的环境、按照自己确定的职业生涯规划，是否是自己喜欢做、而又有能力来完成本职工作。

（九）不要写太多个人情况，要写“卖点”

有些学生的求职简历在介绍个人情况时非常详细，包括姓名、性别、出生年月、电话、政治面貌、身高、体重、家庭状况、婚姻状况等等，王经理建议大家不要把个人资料写得如此详细。姓名、电话、性别是必需的，出生年月可有可无，如果应聘国家机关、事业单位应该写政治面貌，如果到外企求职，这一项也可省去，其他几项都可以不写。要写“卖点”。比如，一个单位的人力资源部长说：公司要聘用一位会计，他从几百人中选择了一个家庭祖孙三代都是教师的毕业生，因为教师家庭的孩子更可靠、诚实、认真、敬业。

（十）请不要寄附件

当你邮寄简历时，不要把你学习成绩单的复印件、推荐信或奖励证明复印件等一并寄出，除非你被特别要求这样做。你已获得面试机会时，可以带上这些材料去参加面试。

议一议

书写求职简历很简单吗？

二、选择合适的简历样式

简历通常应包含下面5部分的基本内容：个人基本情况、求职目标、学习经历（教育背景）、工作经历、个人成就以及特长和兴趣。

每名毕业生在求职时，都会给招聘单位送去或邮寄去求职信和简历。面对不同的招聘公司、不同的招聘岗位，个人的实际情况也应不同。这时如果你千篇一律，向不同的单位投递的是一份相同的简历，或所有求职人员的简历样式如出一辙，这样的简历最不受招聘单位欢迎，也使用人单位怀疑我们大学生的创造力，会使这块敲门砖的质量和效果大打折扣。因此，简历必须讲究针对性，内容和形式都要根据应聘的单位性质、工作性质和个人的实际情况而定。首先要因人而异，量体裁衣，选择合适的简历样式；然后用你所拥有的材料，再进行精雕细琢，打造一份大有裨益的求职简历。这里介绍几种常用的简历样式，你可根据自己的实际情况，选择其中的一种，作为你的简历样式。

（一）通用式（时序型）

这种求职简历使用报流水账的方式，按时间顺序来排列。尤其在"教育背景"、"工作经历"两部分中按照先后顺序排列，不可有遗漏。对于高职毕业生来说，教育背景一般从高中写起；工作经验可改为"实习经历"或"社会实践"。这是最普通也是最直接的简历样式。它的特点是不受申请职位的限制，通用性强，清晰、简洁，便于读者阅读。缺点是针对性不强，命中率可能要低些（见中文简历范例一）。

在确定简历样式时，同学们要扬长避短，不要以弱敌强。如果你缺乏与正在申请的职位相关的工作经验，那么就不要使用时序型的通用式简历。不妨试试功能式或复合式的简历格式，这样，你可以把与此职位最相关的经验和技能放在最醒目的位置。

（二）功能式

这种求职简历在开头就注明求职目标，然后整个求职简历围绕这一主题展开，因此除简历的基本内容外，还应详细说明求职者申请某一职位的基础及过去所有的工作经验中与该职位相关部分，包括取得什么成绩、解决什么问题、获得何种奖励等。它的特点是针对性强，突出那些与应聘职务相关的内容，可以说与所申请的职位一一对应，不能通用（见中文简历范例二）。

（三）复合式

这种简历是通用式和功能式的综合运用。你可以按时间顺序列举个人信息，同时刻意突出你的优势。复合式简历能最直接地体现你的求职目的，突出个人的能力与素质。

三、运用简历展示自我

(一)巧用有效信息,弥补工作经验不足的劣势

一般来说,招聘单位都要求应聘者有一定的工作经验,应届毕业生在这方面处于劣势。化劣势为优势的办法,就是在简历写作中,将自己在校内外活动、兼职工作经验、培训、实习及专业认证、兴趣特长等信息有效组织起来,以此来展示你的能力和潜质。如:相当丰富的社会实践经历;在全真生产环境中实践实习的经历;大学期间的创业经历;高水平的外语或计算机应用能力;担当主要学生干部,具有较强的组织协调能力;成功策划过大型活动的经历等。用实践补经验,消除工作经验不足的劣势,打动招聘者。

(二)精心加工,制作一份卓有成效的求职简历

在简历写作过程中,个人基本情况、求职目标、学习经历(教育背景)、工作经历、个人成就以及特长和兴趣,这些基本内容必须完整,而且层次分明,有利信息重点陈述。

简历的第一部分是个人资料,如姓名、联系电话。个人资料应该放在简历的最前面,以方便用人单位和你及时取得联系。

简历的第二部分应该注明应聘的职位和目标。让用人单位一目了然,你的求职意向正是他们所急需的。

简历的第三部分是受教育程度。如毕业的学校、专业和时间。这部分以大学经历为主。对于所学课程,可以列上几门最主要的、有特色的专业课及学习成绩,一些公共课、基础课不必写上。

简历的第四部分是最重要的部分,即工作经历。对于初出茅庐的大学生,工作经历可以改为社会实践和实习经历,包括在学校和班级所担任的职务、勤工助学、课外活动、义务工作、参加各种各样的团体组织、实习经历和实习单位的评价等等。这部分内容要写得详细些,指明你在社团中、在活动中做了哪些工作,取得了什么样的成绩。通过这些,用人单位可以考查你的团队精神、组织协调能力等。

简历的第五部分是你在大学期间所获得的各种奖励和荣誉。业余爱好和特长最好也列出两三项,让用人单位就此知道你的工作、生活态度。

总之,个人简历的写法没必要千篇一律,形式也不是只有纸介质一种。如华

南理工大学某毕业生通过多媒体制作刻制光盘简历，某美院毕业生将简历设计成名片（一面是本人基本情况，一面则是本人主要作品录）等。但采用哪种形式，要因人而异，原则是突出个性、富有创意，向用人单位客观展示自己，而不是哗众取宠。

四、个人简历的写作方法

1. 简历的格式与内容

简历一般有 3 种格式。

①表格式：以表格形式列出基本情况和学习、工作经历，使人一目了然。

②时间顺序式：按年月顺序，列出学习、工作经历，条理清楚。

③学习工作经历式：根据需要选择列出学习、工作经历，充分表现自己的技能、品德。

主要内容包括：

①个人资料：姓名、性别、出生年月、籍贯、政治面貌、婚姻状况、身体状况、兴趣、爱好、性格以及自己的联系方式等。

②学业有关情况：毕业学校、专业、学位、主要课程成绩、外语及计算机掌握的程度。

③本人经历：大学以来的简单经历，主要是自己学习和担任社会工作经历等。

④自我评价。

⑤所获荣誉：包括三好学生、优秀团员、优秀学生班干部及奖学金等方面所获荣誉。

⑥本人愿望：根据自己的爱好、兴趣和特长，适合从事的工作。

2. 简历写作的基本要求

①有的放矢，根据阅读者创作简历。

②保证简历真实。

③突出工作经历和特长。

④确保不要出现任何拼写、语法、标点或者打印错误。

⑤中学情况不要写太多。

⑥措辞达意，得体合适。

3. 创作简历的注意事项

①真实。

②全面。

③简练。

④重点突出。

⑤语言准确。

⑥评价客观。

⑦版面美观。

⑧选用标准纸张。

4. 英文简历的写作

①第一部分应包括求职者的姓名、性别、出生年月等。

②第二部分为教育背景。

③第三部分是工作经验。

④第四部分为所获奖励和作品。

5. 电子简历

①扫描仪可识别简历。为了满足用人单位用计算机处理简历的要求，现在很多毕业生在设计简历的时候也开始设计可扫描的简历来增加成功的机会。

②电子邮件简历。毕业生及时通过电子邮件的方式将简历发给用人单位，会增加应聘的机遇。

③多媒体简历。如果一位计算机专业或艺术专业毕业生懂得程序设计、网页制作或图形设计，那么一些图片、图形、动画或声音资料可能会对他求职有很大的帮助。

五、简历写作注意事项

在你发送一份简历之前，应该再三地进行检查和修改，只有这样，你所准备的简历才不会去充塞别人的废纸篓。

以下列出 6 项简历写作禁忌，你不妨对照一下。

①篇幅冗长，应力求在一页 A4 纸内完成。

②书面差错，出现错别字、病句、格式错误。

③简单学舌，不要仅仅把招聘公司的工作职位说明拷贝到简历中，来说明自己的工作能力。你可以列出特殊的工作技能、获奖情况等资料证明你比其他竞争者更适合这个职位。

④主次不分，不分详略地罗列所有工作经验，无点睛之笔。

⑤自我吹嘘，说谎和伪造自己的干部经历、获奖情况、计算机、外语过级情况。当你未来的老板核实你的背景资料时，一旦发现你在说谎，恐怕你只能与这份工作

说“拜拜”。

⑥个人信息太多。你无需在简历中说明太多个人信息，比如婚姻状况、个人年龄、家庭情况及个人爱好等。

六、英文简历

应聘外企的关键环节之一，是准备一份完美的英文简历。英文简历不是中文简历的译本。准备英文简历要符合外国人的阅读习惯，把自己最大的优势写在前面，针对性强，不过多涉及个人信息。

当你决定应聘某一外企的某一个职位后，要认真阅读该企业招聘广告上所列的每项要求，并且将自己的学历、能力与兴趣逐一与之比较，做一张 balance sheet（权衡表）。

例如：一则关于 marketing management trainee 的 job requirement 是这样写的：

We are looking a competent person to fill the captioned position:

University graduate majors in Marketing Management.

Prepared to develop career in the commercial field.

Outgoing personality with different levers.

Good knowledge in PC operations.

Proficiency in written and spoken English/Mandarin.

对此则招聘广告，你可相应地考虑自己的 qualification 的选择和描述，写下与上列各项对应的内容：

University graduate with major in Marketing.

Having actively participated in Business club's activities and learned accounting and management.

Good in communication with people from all walks of life.

Skillful in operating Word, Excel, Lotus 1-2-3, etc.

Fluent in English and studied advanced level of Mandarin.

这个方法的好处是，让求职者清楚了解该职位是否适合自己，自身条件又是否切合企业要求。而且，求职者在明白了各项要求后，就可依据每一点在履历表上重点表述自己在该方面的强项，突出卖点（selling point），将之放在最吸引别人的地方，使招聘者一眼可见，用于展示自己。

七、简历格式范例

下面提供一些简历范例以供参考。

【中文简历范例一】

个人简历

个人概况：

姓名：　　　　　　　　　　　　　性别：

年龄：

联系电话：　　　　　　　　　　　E-mail：

求职目标：花卉生产见习技术员

教育背景：

高中：1998.9～2000.7　××高中

大学：2000.9～2003.7　××学院××专业

主修课程：园林植物生产、植物生长与环境、园林工程、园林企业管理与经营等。取得花卉初级工职业资格证书。

语言及计算机能力：

良好的英语阅读和会话能力，英语A级，Windows 95操作系统，办公自动化操作系统（Word、Excel），并获得计算机一级证书。

实践与实习：

在校期间系统参加了园林植物栽培技能训练、园林绿地规划设计技能训练。从大一第二学期起，到园林系花卉基地住宿，四个寒暑假都没回家，协助老师进行基地日常管理，进行生产实践，初步掌握了观赏植物生产技术和园林植物病虫害防治技术，具备了一定的园林管理技能。同时，也磨炼了自己的意志和吃苦精神。

获奖情况：

在校期间每学期均获得学院奖学金（一等奖2次、二等奖3次），并获院优秀学生干部称号1次。

【中文简历范例二(功能式)】

个人简历

个人概况:

姓名:　　　　　　　　性别:

年龄:

联系电话:　　　　　　E-mail:

工作意向:愿从事网络管理方面的工作。

外语水平:获得国家大学英语水平六级证书,具有较强的阅读能力。

主修课程: Windows 操作系统及编程、网络与通信、单片机、UNIX 操作系统等。

已取得了 CNE 的证书,会使用 Office 97 数据库等应用软件,能独立维护电脑,使之能安全稳定的运行。

奖励情况:

2000—2003 年获国家二等奖学金 1 次,学院一等奖学金 4 次。

学院计算机大赛一等奖 1 次。

社会经历:

担任职务:学院计算机协会会长。

【英文简历范例】

RESUME

Chenghuan Ren

Dept. of Accounting University of International Business and Economics

Beijing, China 100028

Personal Data:

Sex: Female

Birth date: 6/18/1978

Birthplace: Jiangsu Province

Objective:

To serve an enterprise with foreign investment as a junior accountant.

Qualifications:

College education in accounting, involving of computers.

Education：

◆ 1997—2001 Department of Accounting，University of International Business and Economics.

Courses included：Principles of Accounting Fundamentals of Bookkeeping,Cost Accounting Management Accounting， Corporate Finance Financial Management

EDP Accounting Foreign-oriented Financial Statements Industrial Accounting Analysis Accounting.

◆ 1991—1997 Junling Middle School of Nanjing.

Rewards：

College Scholarships in 1999 and 2000.

Summer Jobs：

Accountant trainee at xingye Foreign Trade Corporation（Beijing）Ltd. in 1999 and 2000.

Date of availability：July，2001.

References：

Will be provide upon request.

第三节　撰写一封得体的求职信

求职信是应聘者为谋取工作而向用人单位寄送的自我推荐的书信，是应聘者与用人单位进行沟通的重要工具，也是大学毕业生自我推荐的重要手段。

精心构思、认真推敲，书写一封优秀的求职信，用流畅的文笔尽情地展示自己的思想、观念、个性、知识水平、文化修养、工作能力和工作作风，使一个适合用人单位所需的你跃然纸上，打动你未来的上司，将为自己成功应聘乃至聘用后工作打开良好的开端。

一、求职信是第一份自我推销材料

求职信是用人单位详细了解求职者的重要渠道，是求职者吸引对方注意的重要手段，是用人单位决策者决定取舍的第一依据。对于正在谋职的大学毕业生来说，求职信可称得上是迈向人生事业阶梯最重要的一封信。

求职信对于一个即将走向社会的大学毕业生来说，它的撰写不受时间、地点的限制，也不会受到他人的干扰，可以避免许多人在面谈时因紧张而出现的逻辑不强、表达不清等现象。大学毕业生利用求职信可以尽情施展才华，把自己最完美的一面展现给用人单位，给对方最需要的信息，以此打动招聘者。另外，写求职信的过程，也是一个客观审视自我的过程，包括审视自己的求职目标是否科学合理。做到了知己知彼，无疑会大大有助于自己成功求职。

求职信既经济又方便。一名大学毕业生可以同时向多家用人单位寄出求职信，与用人单位迅速建立联系；同时，它可以越过许多中间环节，直接到达决策者的手中。

撰写一封得体的求职信，不简单也不容易。可是如果一个人连一封求职信都写不好，他就不能有效向外界宣传自己，他得到工作的机会就相对少些。所以，撰写一封能打动招聘者的求职信需要技巧和不断地练习。

议一议

为什么说求职信是第一份自我推销材料？

那么如何写好求职信呢？

二、求职信的写作方法及注意事项

（一）求职信的基本类别

求职信是求职者向用人单位介绍自己、推销自己，并申请某具体职业岗位（或职业范围）的书面材料。它是一种介绍性、自我推荐的信件，通过表达求职意向和对自身概述，引起对方的重视和兴趣。

从求职者是否具有工作经验的角度着眼，求职信可分为毕业求职信和重新求职信。从求职者是否获得招聘信息的角度着眼，求职信可分为自荐求职信与应聘求职信两种。

①自荐求职信，一般是指求职者在并未获得准确的用人信息的情况下，仅凭个人的分析判断，自发写给用人单位的带有自我推荐性质的求职申请信。

②应聘求职信，则是求职者根据单位在新闻媒体上刊登或发布的招聘广告，有针对性地写给该单位以谋求某一特定工作或职位的求职信。

（二）求职信的内容要点

①说明写信缘由、表达求职愿望。包括从何处得悉招聘信息，申请的目的和应

聘的原因，以及自己希望申请的职位等。

②自我介绍。重点是与所求职业有关的，说明自己为什么适合申请的职位。

③简介优势。即为什么自己比别人更适合这个职位。

④强调与申请职位相关的经历。包括培训、实践、技能和成就等，用事实和表现证明自己的优势。

⑤结尾。提出进一步行动的请求要明确表示求职者希望获得面谈的机会或某项工作的强烈愿望，写清楚自己的详细通信地址、邮编以及电话号码，以便对方随时和你联系，同时对阅读者表示感谢。

（三）求职信的写作技巧

①态度真诚，摆正位置。说明我能为公司做些什么，态度诚恳、措辞得当，用语委婉而不隐晦、恭敬而不阿谀、自信而不自大。

②整体美观，言简意赅。A4 纸一页为宜，格式要规范、言简意赅，切忌面面俱到。

③实事求是，以诚感人。诚实是招聘单位对新员工的最基本要求。内容实事求是，言而可信，优点突出，缺点不隐瞒，恭敬不拍马，自信不自大。以诚感人，即以诚取信，要态度诚恳、诚实、言出肺腑。

④富于个性、有的放矢。针对性要强，要吸引对方，引起对方兴趣。核心部分是自己能胜任工作的条件，着眼现实，对应聘单位要了解，以事实与成绩恰如其分，有针对性介绍和突出自己的特长，力求岗位与能力一一对应。其次针对不同单位选择不同内容。如：从事营销或管理工作，最好突出在校实践活动，突出组织、协调能力。应聘技术岗位，你大言生性活泼、爱动爱跳，以及与职位不相干的特长反而适得其反。

⑤先让身边的人预览。在求职信正式发出前，先给身边的人看一下，目的是发现错误、避免歧义的产生等。

（四）求职信的写作要求

①确保名称拼写正确；

②应该具有很强的吸引力；

③应该言简意赅；

④不宜在求职信中谈论薪金；

⑤确保求职信中绝对不出现拼写、打印和语法错误；

⑥确保在求职信中说的一切都能在面试中得到证实；

⑦求职信中的人称，应多用“您”，少用“我”；

⑧书写格式要统一；

⑨切忌逻辑混乱、条理不清。

(五)求职信的书写格式

求职信格式与一般书信相同。即有称呼、正文、结尾、落款、署名、日期、附件等6个方面内容。

①称呼：处长、科长、董事长、经理、先生等。

②正文：中心部分，说明求职信息来源，应聘岗位，本人的基本情况，工作成绩等。即具有单位所需要的条件、才能、工作态度等。

③结尾：写明希望对方给予答复，并盼望能有机会参加面试及简短的表示敬意、祝愿之类的祝词。

④署名：如“您的学生”。

⑤日期：年、月、日。

⑥附件：外语等级证书、计算机等级证书、获奖证书的复印件及简历、近期照片等，最好有附件目录。

(六)怎样写英文求职信

原则上英文求职信和中文求职信的内容应基本是一致的。一份好的求职信，应该让招聘者感觉到：一种积极的人生；一双能为团体带来活力、做出贡献的有力的手；一根新添在篝火中即刻就能燃烧的木柴；一个“蓦然回首，那人却在灯火阑珊处”的惊喜。

(七)求职信与简历的区别

求职信：是求职者向用人单位介绍自己、推销自己，并申请某具体职业岗位(或职业范围)的书面材料。

简历：是求职者说明个人基本情况、教育背景、工作经历以及成就的书面材料。

三、撰写一封令招聘者感兴趣的求职信

(一)知己知彼，百战不殆

在动笔之前，你需要了解相关信息，并进行认真思考。了解用人单位的要求，分析自己应聘的优势、劣势等。先知己知彼，然后趋利避害，有的放矢。

一般写求职信应着重考虑以下5个问题：

第一，用人单位需要的是什么？在你期望得到的职位中，什么样的技能、知识、素质、经历是最重要的？

第二，你写求职信的目的是什么？是想获得一个具体的职位，还是一次面试的

机会？

第三，你能为用人单位或职位带来什么？如果你是针对某个具体的职位而写此信，那么你所列的优势应该就是招聘广告上所需求的；如果不是针对具体的职位，就按通常所需知识和经历来考虑。

第四，如何把你的经历与职位挂钩？列举曾取得的两个具体成绩。

第五，你为什么想到该单位或公司就业？你对他们的了解有多少？产品、任务、企业文化、目标、宗旨等一切与你自己的背景、价值观和目标相关联的东西。

当你对以上问题考虑成熟之后，就可以动笔写求职信了。

（二）结构了然于胸，详略得当

求职信与一般的书信格式大致相同，即称谓、正文、结尾、致敬语、落款。

1. 称谓

称谓即对读信者的称呼。对收信人的称呼要礼貌，不能生硬，同时要明确收阅人。对于已明确用人单位负责人的，你可以称“尊敬的××先生（或经理、主任等）”，注意这里是收信人的真实姓名。有人以为直书人名不礼貌，但如果你写的是“尊敬的主任先生”，而所聘部门的主任又恰巧不止一位的话，那你的信可能就因目标不明而无人认领了。对于用人单位负责人不明确的，可写成“人事负责同志”、“尊敬的领导同志”、“尊敬的某某公司领导”等。称呼写在第一行，顶格书写，以示尊敬和有礼貌。称呼之后用冒号，然后应该写上一句问候语“您好”，底下再接正文。

2. 正文

正文是求职信的主体部分。这一部分应写清楚以下几个方面。

(1)简明介绍个人的基本情况。一般是姓名、年龄、性别、就读学校、所学专业。如果应聘的是国家政府机关单位，可加上政治面貌，曾担任过的职务等。

(2)写明你要申请的职位和用人消息的来源。用人单位往往为多个岗位招聘人才，因此要写清楚你要应聘的具体工作岗位，否则对方将无法回复。如果不知道对方需要什么样的人才，可以自己说明希望获得哪一类工作岗位。为了扩大求职范围，可以附带说明，除某类工作外，还愿意并能胜任何种工作。

同时还要说明你是从哪里得到的招聘信息，并阐明你对该单位已具有初步的印象，同时表示出希望到该单位从事某方面工作的愿望。例如：

我写此信应聘贵公司招聘的×××职位。我很高兴从我院毕业生就业工作办公室得知你们的招聘信息。我在×××院校学习×××专业已×年了，即将圆满毕业，我一直期望能到贵公司工作。

获知贵公司××××年××月××日在×××招聘网站招聘的信息后，我盼望得到这份工作，现寄上简历敬请斟酌。

得知贵公司目前在招聘×××。贵公司的一名员工，我的校友传递给我这一令人高兴的信息，我渴望到贵公司工作，现寄上简历。

(3)重点阐述自己胜任工作的条件。这部分的目标就是自我推销，要直奔主题。主要是向对方说明自己的知识、经验、专业技能、与工作要求相符合的特长、性格和能力。总之，就是让对方感到：无论从哪个角度看，你都能胜任这一工作。在介绍时，要力求简明，关键是要突出自己的个性和长处，不落俗套，起到吸引和打动对方的效果。

3. 结尾

主要强调你的愿望和要求。要感谢领导阅读你的求职信，把你想得到这份工作的迫切感尽情表达出来，请用人单位尽快答复并给予你面试的机会。同时写清楚你电话预约面试的可能时间范围，并标明与你联系的最佳方式。需要注意的是在表示面谈的愿望时既不要给对方施加压力，也不必过于谦虚，求职信自始至终要注意刻画自己良好的形象。例如：

我希望您能感到我是该职位的有力竞争者，并希望能尽快收到您在百忙之中给予我的面试通知。

感谢您在百忙之中所给予我的关注。希望各位领导能够对我予以考虑，我热切期盼你们的回音。

4. 致敬语

信的最后，不能忘了问候对方。致敬语得体，会使对方感到你很有修养。对国营集体单位的领导，可用“祝工作顺利”或“此致敬礼”；对私营企业、外资企业，可用“顺颂财安”或“顺颂大安”。并表示真诚希望有一个面试的机会，最后要注意写清楚自己的姓名、通讯地址、联系电话和时间。

5. 落款

含署名和日期两部分。在求职信的落款处，应署上你的名字及求职的日期。

若有附件，应在信的左下角注明。例如“附1：个人简历”、“附2：获奖证明”等。

(三)胸有成竹，下笔如有神

1. 篇幅简短

求职信一般以1～2页为好。篇幅过长，洋洋洒洒几十页，对方没有时间去看，也容易感到烦躁。如果确实需要的话，可以在简历或附件中说明。另外，求职信也不能太短，否则，说不清问题，没有特点，也显得没有诚意，自然也就缺乏影响力。

2. 扬长避短

围绕自己的长处去写，突出那些能引起对方兴趣，有助于获得工作的内容。如专业知识、工作经验、可能会引起对方好感的特长、个性等。要用自己的成绩、专长、优势，引人注目的“闪光点”去吸引并打动对方，使其了解你的能力、特长、优势之所在。

3. 言简意赅

在介绍专业时，要写清楚你所学的专业和重点课程，经过何种专业实习，特别是与用人单位所需的专业、特长相一致的地方要做重点详细介绍。对用人单位需要的专业特长，要有针对性地说明你现在所达到的程度，以便用人单位考虑如何安排你的工作。例如，花卉公司需要大型连体日光温室计算机控制工作人员，对应聘者的植物生长环境知识有较高要求，对计算机操作水平要求自然也高，因此介绍时，应重点突出你在植物生长环境及相关课程的学习成绩及实习经历，同时突出你在计算机应用方面的能力水平，计算机过级情况等。

对于用人单位可能不会很感兴趣的专业课程，即使你是学得最好的，也不必强调，而应突出对方感兴趣的东西。例如，一个种子专业的毕业生，计算机学得最好，但在应聘种子公司市场营销人员的求职信里，也要把种子生产、市场营销放在前面，而不能把计算机放在最前面。

4. 具体翔实

求职信的内容只有做到具体实在，真实可信，才能给用人单位留下明确而深刻的印象，并且增加自我介绍的可信度。要正确评价自己，既反映你的实际能力和素质，又不过分夸大自己，尽可能少用抽象的修饰性词语，多举具体事例、成果。比如你担任过学生干部，不要光写头衔，更重要的是写你在这个职位上做了哪些工作，有什么效果；又比如说自己成绩优秀，用曾获得过的国家奖学金、某某企业奖学金来证明就更有说服力；说自己有一定的社会经验，不如说何时何地参加过假期社会调查、社会实践活动等；说自己组织能力强，不如说“我策划并筹备了‘明天更美好’欢送毕业生晚会”；说自己表达能力强，不如说“我获‘青春的风采’演讲赛一等奖”；说自己写作能力强，不如说“我在某某刊物上发表过几篇文章”；说自己兴趣爱好广泛，不如说我会某种乐器或擅长某项运动等，用事实说话。

5. 讲究“包装”

求职信是求职者给用人单位的第一印象。为了让用人单位对自己产生美好的第一印象，必须重视求职信的包装。因为阅信人最早看到的不是信的内容，而是信的外观形式。因此，求职信的工整、美观是十分必要的。

(1)字迹清晰工整。如果有一手漂亮字，最好工工整整把求职信手写出来。这不仅给对方留下办事认真负责的印象，也可以显示你的书法特长；如果字写得不好，还是不要献丑为好，可以用打印机打印，切记不要用复印件。

(2)信封信纸要有所选择。最好选择标准信封，收信人的地址、名称要准确、清楚。因为信封的样式，乃至邮票的图案都可能在一定程度上吸引对方的注意。如果你有美术功底，在信封上适当的位置展示一下，也许会被人欣赏。署有外单位名字的信封最好不要使用，本校信封除外。选用质地好的信纸，布局要和谐，美观。

(3)巧妙显现“卖点”。如“我是从封闭、贫困的大山里走出来的，家乡给了我质朴、坚毅、能吃苦的作风”；“出身教师世家，我养成了喜欢读书、写作的习惯”；我创建了学校的‘书友协会’，经常性开展读书活动等，用此来佐证自身素质符合用人单位的需求。

农业大行业的用人单位一般更喜欢聘用农村和大山里走出来的毕业生，因为这样的学生往往具有自身更宝贵的财富——艰难困苦的经历。如果要聘用的职位是企划设计人员，那么计算机大赛获奖、图片处理和动画制作软件的学习经历和运用能力就是“卖点”，尽可能巧妙展示。

6. 重视签名

求职信的落款处，自己的姓名最好不要打印，应留出空间自己签名。

求职信要表现出自己独到的才干，使用人单位从你身上看到希望，并做出对你有利的决定。要记住，在这一过程中，占主动地位的是撰写求职信的你，而非阅读求职信的用人单位。

(四)英文求职信的写作技巧

改革开放以来，许多外企进入国门。外企以它独特的人文环境和可观的薪水吸引着求职者。现在我国已成为世贸组织的一员，这必将引发新一轮外企抢滩中国的高潮。因此，作为一名有志于闯荡职场的求职者来说，选择外企也不失为一条好的道路。应聘外企，写一封英文求职信是十分必要的。

1. 英文求职信的写作要点

英文求职信写作与中文求职信基本相同，但由于语言、文化的不同，也带来了某些差异。需要注意的是：

(1)语言要规范。要按英文规律书写，文法、标点和拼写要准确无误。公司的老板大多认为，注重小节的人对重大的事务也会谨慎行事。其实，求职信字里行间蕴藏着一个人的嗜好、鉴别力、教育程度以及人格特性。一个人做人做事是否谨慎，是可以从一封求职信中看出端倪来的。

(2)要有信心。给外企写求职信不要流露出不自信的思想。外企忌讳的是不自信，这与中国传统的“谦虚是美德”略有不同。在写英文求职信中，不必太谦虚，应充分强调自己的长处和技能，对自己较重要的经历和实践要进行较详细的叙述。

(3)要突出讲工作效率。在写英文求职信中，要注意写“怎么干”，这比“干什么”更重要。因为外企重视的不是你的身份，而是你如何在所聘职位上发挥自己的才能。

(4)留意底薪。有的用人单位让应聘者提出希望的待遇，你要做出良好的判断，写出你觉得可行的最低薪水。刚开始就业的人应知道，与其寻得一份高薪的工作倒不如找待遇尚可而有发展的工作。

(5)称谓要恰当。外企称谓，男性可称“总经理先生”、“人事部长先生”，女性可称“小姐”、“夫人”等。

2. 英文表达艺术

应征函的第一段说明写信的缘起目的，用下列语句较恰当：

In applying for the position of sales manager I offer my qualifications, which I believe will meet your exacting requirements.

Your advertisement in this morning' s Journal for an adjustment manager prompts me to offer you my qualifications for this position.

In your advertisement for an accountant, you indicated that you require the services of a competent person, with thorough training in the field of cost accounting. Please consider me an applicant for the position. Here are my reasons for believing I am qualified for this work.

求职的人不得不提到希望待遇时，可用类似的句子：

I hesitate to state a definite salary, but as long as you have requested me to, I should consider 6 500 a month satisfactory.

(我对待遇总是迟迟无法定个确切数目，但既然您要我说明，我认为月薪 6 500 就满意了。)

Although it is difficult for me to say what compensation I should deserve, I should considera month a fair initial salary.

(虽然我很难说待遇应该是多少，我以为起薪每月很合理。)

I feel it is presumptuous of me to state what my salary should be. My first consideration is to satisfy you completely. However, while I am serving my apprenticeship, I should considera month satisfactory compensation.

(我不敢冒昧说出起薪多少。最初我仅想要如何工作得好，使您满意。在试用期间，月薪即可。)

应征函或自荐函的结尾用语，试用下列各句：

If my application has convinced you of my ability to satisfy you, I should welcome the opportunity to talk with you, so that you may judage my personal qualifications further.

(读完此信后倘您认为本人可补缺,我愿和您一谈。)

May I have an interview? You can reach me by telephone at Taipei 884525 between the hours of 7-9 a.m. and 5:30-9:30p.m. any evening.

(可否赐予面谈? 您可在每天上午 7 点至 9 点,下午 5 点半至 9 点半至电 884525。)

四、求职信禁忌

(一)篇幅过长

人才招聘会现场,一家招聘单位可能会收到成百上千封求职信;而一些公司的人力资源部经理每天也会收到数十封的求职信。每封求职信的阅读时间不会超过 1 分钟。1992 年,哈佛人力资源研究所有一份经典的测试报告,即:一封求职信如果内容超过 400 个单词,则其效度只有 25%,即阅读者只会留下对 1/4 内容的印象。因此,写得简洁是十分重要的一个标准。冗长而不得要领的求职信让招聘者感觉你抓不住事物的要点,又不懂得珍惜别人的宝贵时间。这样的求职信能为你赢得机会吗?

(二)马虎粗心

对用人单位的人事部门来说,你可能是数以千计的应聘者之一,更多的求职信在招聘者手中只停留十秒钟就被淘汰了! 文如其人,书写潦草、错字病句、排版错误、书面不整的求职信,会给人做事马马虎虎、粗心大意的印象。不认真,哪来的敬业? 这类求职信根本就别想过关,即使你是个天才。

(三)要求过分

一般来说,求职信最好不涉及工资、待遇、福利等私人得益问题,只表达出对工作的渴求与热情。如提到上述薪水、进修学习、参加培训等,会让招聘方感觉你过分看重的是既得利益,对涉及未来发展的企业文化等重视不够。一个没有长远眼光、没有战略胸怀的人,难成大器,公司也当然认定这样的人没有培养价值。

(四)推销过度

求职是一个自我推销的过程,写求职信,只能搞"适度推销",不能夸大其词,更不能弄虚作假。如果唯恐对方不用自己而一味地吹嘘、炫耀自己才学水平,甚至贬低别人,抬高自己,似乎不录用他,对方就会遭受不可弥补的损失,这会给人一种夸夸其谈、华而不实的印象。更有甚者,一些平时表现平平的人,此时也觉自己是求职大军中的轻量级，明显处于劣势。为了加码，在优秀干部，各类活动主持、策划或获奖，计算机和英语应用能力上开动脑筋，把自己描写为一个积极进取且收获丰厚的毕业生。这种做法是十分错误的，诚信是公民道德基本要求，是个人品德的一个表现方面。所有的企业用人标准都是先品德后职业能力，尤其现在的民营企业、外企更是讲究绝对忠诚老板，所以，假的真不了，做假不会天衣无缝的，一旦被招聘者发现，只有被封杀的命运在等待你了。

(五)千篇一律

不管应聘哪类公司或哪类岗位，都是一份"统发稿"，述说的内容是自己适合任何单位任何岗位的要求。高职毕业生接受的是以就业为导向的职业教育，所修专业决定了他的应职岗位是有界定的。把自己描述为万能钥匙或万能螺丝，能开所有的锁或能紧固所有的零件，这样的人看似什么工作都适合，其实什么也不适合。

五、求职信例文评析

【例文一】

尊敬的××种子公司领导：

您好！

贵公司拟通过我院毕业办招聘一批种子生产、市场营销人员的信息，令我欢欣不已。贵公司是我院长期以来的校企合作单位，你们的经营理念、企业文化等，使贵公司成为了种子业中的一面旗帜。能够到贵公司工作，是我这个农业职业技术学院农艺专业毕业生心仪已久的，也是贵公司的收获。

我今年 20 岁，男，身体健康，精力充沛。

3 年前，我怀揣理想，带着父老乡亲的期望，从辽西一个偏僻的山村来到农职院求学。在努力学好各门理论课，学习成绩优秀，具备扎实的专业基础知识。积极参加专业实习、实践外，我与另一同学还主动承担了校内种子基地的生产管理工作。业余时间，我长在了基地，掌握了扎实的实践动手能力，也培养了自己的责任心和吃苦耐劳的品质。

此外，我还自修了种子生产、种子检验、市场营销学、会计学基础、食用菌栽培。能够胜任相关的工作。在校 3 年期间曾担任过系学生会团总支副书记，并且积极参加各种公共活动，培养了较强的组织、协作、沟通能力，于 2002 年 7 月 1 日光荣地加入中国共产党。作为真正的跨世纪一代，怀着对未来的信心和对施展才华的渴望，我相信我较强的逻辑思维和实际操作能力，将是把理论知识转化为实际业绩的有力保证。

在此冒昧自荐，我期望着成为贵单位的一员，充分发挥自己的聪明才智。如果能够得到贵单位的青睐，我一定会以不断学习、积极进取的精神竭诚为贵单位服务，与贵单位共同发展，共创美好未来！

我期待着您的佳音。

此致

敬礼！

××学院农艺专业×××

××××年×月×日

评析：

本文在进行自我介绍时，能针对所申请的岗位特点，做到了有的放矢，针对性强。行文简洁，表述得当，突出了自身的优势。但缺少介绍自己的成绩和综合素质。

【例文二】

尊敬的先生/小姐：

您好！

我是一名刚刚从××学院会计学专业毕业的大学生。我很荣幸有机会向您呈上我的个人资料。在投身社会之际，为了找到符合自己专业和兴趣的工作，更好地发挥自己的才能，实现自己的人生价值，谨向各位领导做一下自我推荐。

作为一名会计学专业的大学生，我热爱我的专业并为其投入了巨大的热情和精力。在四年的学习生活中，我所学习的内容包括了从会计学的基础知识到运用等许多方面。通过对这些知识的学习，我对这一领域的相关知识有了一定程度的理解和掌握，此专业是一种工具，而利用此工具的能力是最重要的，在与课程同步进行的各种相关实践和实习中，具有了一定的实际操作能力和技术。在学校工作中，加强锻炼处世能力，学习管理知识，吸收管理经验。

我知道计算机和网络是当今时代的工具，在学好本专业的前提下，我对计算机产生了巨大的兴趣，掌握了 Office、金蝶财务、用友财务等系统、应用软件，Foxpro、VB 语言等程序语言。

我正处于人生中精力充沛的时期，我渴望在更广阔的天地里展露自己的才能，我不满足于现有的知识水平，期望在实践中得到锻炼和提高，因此我希望能够加入你们的单位。我会踏踏实实做好属于自己的一份工作，竭尽全力地在工作中取得好的成绩。我相信经过自己的勤奋和努力，一定会做出应有的贡献。

感谢您在百忙之中所给予我的关注，愿贵单位事业蒸蒸日上，祝您的事业百尺竿头,更进一步!

希望各位领导能够对我予以考虑,我热切期盼你们的回音。谢谢!

此致

敬礼!

王延杰
2009 年 7 月 12 日

评析:

本文较全面地介绍了自己的专业知识、实践能力、重点突出、条理清楚、表述得当,给人一种稳重、做事一丝不苟的印象。但介绍自己的成绩、能力,缺少具体的事例,若有能说明自己成绩的奖励证书之类,最好在求职信中点明。

第四节　善于利用其他求职材料

大学毕业生求职时,简历是敲门砖,得体的求职信会感动未来的上司,但由于求职信和简历受篇幅限制,不可能把自己的所有成绩和特长都描述清楚,这时如果能够巧用其他材料,证明你的能力,将为你的成功应聘又添几分胜算。

毕业生的其他求职材料:

专业等级证书如《英语水平等级证书》、《计算机水平等级证书》等。

高职毕业生就业的通行证——职业资格证书。

特殊技能的证明材料——汽车驾驶证等。

议一议

其他求职材料怎样积累?

专业学习成果证明材料——作品(如园林规划设计图)、专业实践经历证明、科研论文、校园内自主创业的经历等证明材料。

综合素质的展示材料——各类奖励证书(各类优秀证书、各种活动获奖证书)。

在求职中,这些材料的运用也有一定的艺术。如果面见招聘者或亲自上门去推荐自己,凡能反映自己各方面能力的材料尽可能带齐全,而且最好带原件。若采取寄送自荐材料的方式,则应根据各用人单位的不同情况选择最具针对性、代表性的材料,寄去复印件。除以上几种需要自己准备的自荐材料外,还需要附上学校的推荐表。

一、职业技能证是高职毕业生职业准入的最好证明

由于高职教育是培养生产、建设、管理和服务一线的高级技术应用型人才的高等教育，它实行学历证书与职业资格证书并重的制度。职业资格证书是劳动者具有从事某一职业所必备的学识和技能的证明，是劳动者求职、任职、开业的资格凭证，是用人单位招聘、录用劳动者的主要依据，也是境外就业、对外劳务合作人员办理技能水平公证的有效证件。

高职院校学生毕业时，同时获得了国家教育部颁发的学历证书、国家劳动和社会保障部颁发的职业资格证书。求职时，如果应聘的是生产技术管理岗位，一定要用自己的职业资格证书来增加说服力，说明自己具备应聘岗位的学识和技能，说服用人单位给你面试的机会，给你就业的机会。因为职业资格证书是职业准入的最好证明，对于拓宽高职毕业生就业渠道有着积极的作用。

因此，高职毕业生求职时，提及学历的同时要提及职业技能鉴定等级；按用人单位要求送学历证书时，要将职业资格证书一同寄送。

二、计算机、英语等级证书是从业基本能力的反映

当今世界，经济一体化，信息时代已使数十亿人生活的巨大空间变成了一个地球村，计算机网络将人们的距离无限拉近。英语是通用的语言工具。尤其是中国加入 WTO，各企业、公司对外经济贸易往来不断增加，大量外资企业进入中国，我国走出国门到外发展的企业、公司也在与日俱增。

大学毕业生如果到外企应聘或应聘国内公司、企业的文秘、电子商务等职位，计算机、英语等级证书是必不可少的从业基本能力证明，要作为求职信附件寄送用人单位，以此来证明求职信中这方面能力的自述，提高就业竞争力。

三、作品展示、实践经历等是职业素质的具体体现

大学毕业生就业时，用人单位更看重的是求职者的职业素质，而顶岗实习的鉴定材料、社会实践的证明材料、专业技能大赛中的获奖作品等是职业素质的具体体现。根据岗位工作性质，选送自己的作品或实践证明给用人单位，巧妙地展示自己的职业素质，会让招聘者进一步了解自己。

2005 年，某黄瓜研究所要聘用市场营销人员，有一位表达能力不是很强的园艺专业的专科毕业生与几个院校本科生一同在所里实习几个月后，这位园艺专业的专科生被单位看重，除了这位同学具有吃苦耐劳、爱岗敬业、踏实肯干、诚实守信

等优良品质以外，他比本科生多一个“卖点”：职业素质高、动手能力强。在校学习期间，他参与老师的科研工作，在温室中从事一年半的西红柿新品种选育工作，结果被这一黄瓜研究所聘用，在营销岗位上工作三年后，被研究所派到了重要的良种繁育的岗位上大显身手。

其他材料也是重要的求职文件，一般附在求职信之后，因此也是自我推销的重要手段。

思考与练习

1. 毕业生就业推荐表是学校出具的唯一就业证明材料，可实质上是由毕业生个人来完成的，你怎么完成这份非常重要的求职材料？

2. 个人简历包括哪些内容？对毕业生来说，工作经历一项主要通过哪些内容来描述？

3. 结合个人实际，你应该选择哪种样式的简历？按选定的样式，为自己制作一份精美的简历。

4. 求职信的写作要点是什么？写作禁忌是什么？试着撰写一封得体的求职信。

5. 请制作一份适合自身的求职材料。

6. 毕业生就业前需要收集和分析的就业信息有哪些？

第五章　大学生如何推荐自己

学习目标

了解企业到底喜欢什么样的人才，常用的招聘方法，学会利用就业信息，选择适合自己的求职方式。

有人预言，21 世纪是一个自我推荐的世纪。处在这样的年代，勇敢而又艺术地推荐自己，是一个人成功的必要条件。大学生如何成功把自己推向市场，找到属于自己的一片天空，找到自己能够施展手脚的舞台，这是很多同学面临的迫切问题。成功推荐的基础是适合岗位需要，前提是能较好地使用就业信息，选择适合自己的求职方式。

第一节　企业用人需求标准

"就业难，难就业"是很多即将毕业的大学生的直接感受。其实，自 2003 年首批大学扩招生走向社会起，我国就迎来了第一个大学生毕业的高峰。今年更是如此，有数百万大学毕业生跨出校门，走向社会。一方面在大学毕业生深受就业困扰找不到理想工作的同时，与之形成鲜明对照的却是许多用人单位抱怨，招不到合适人才，企业处于缺人待补状态。为什么会形成如此强烈的反差？企业到底喜欢什么样的人才？作为一名想加入企业的大学生，你必须了解企业的用人标准，才能有针对性地锻炼提高自己的能力、素质，顺利地加入并融入到你所心仪的企业。

一、听听我们引以为傲的中国民族饲料领军人——禾丰人对自己团队的认识

(一)素质和能力

1.这群人是爱国主义者

议一议

企业最看重的职业素质是什么?

大家热爱自己的祖国,大家都为中国申奥成功而振奋,都为中国男子足球冲出亚洲而激动,都翘首期盼中国早日加入 WTO。

2.这群人首先是个人英雄主义者

大家在开始的时候都锋芒毕露,很多人都是当之无愧的英雄,但最终都逐渐成为集体主义者。因为大家都知道,只有团结起来才能成就大事业,只有团结起来才能力量无穷。大家都知道优秀的团队使每个人快速成长,而优秀成长的人才又能带动整个团队的高速成长。

3.这群人是理想主义者

大家有着共同的梦想,梦想我们的公司能够成为这个行业最优秀的公司,成为一个使国家和人民伟大富强的公司。

4.这群人是乐观主义者

尽管遇到了千难万险,大家都抱着必胜的信念努力向前。失败了,拍拍身上的泥土,微笑着从头再来。大家都把目光盯在目标上,因为那是一个十分美好的愿望。

5.这群人是浪漫主义者

大家热爱生活,热爱生命,才华横溢。既能写出华美的诗篇,又会唱出动人的歌曲,抒发自己的志向,讴歌这个时代。

6.这群人是专业化、专家化形象

他们努力学习,刻苦实践,对这个行业有着深刻的理解和经验,他们依靠科学技术来发展自己,带动这个行业。

7.这群人忘我地劳动,往往被人称作工作狂

很多人早生白发,很多人为了事业远离家园,令人感动。

8.这群人有着精益求精和创新的精神

大家不仅有远大的抱负,也能脚踏实地地长期从事艰苦、细致、大工作量的劳动,大家举轻若重,追求完美,从劳动中得到快乐,也在劳动中创造价值。

9.这群人已经站在这个行业甚至这个时代的前列

(二)置身在团队中的感受

1.这个团队像个家庭,处处充满亲情

这里人际关系简单纯洁,这里人们愉快地工作,这里的人们积极地、主动地、创造性地、夜以继日地工作,这里所有的劳动都得到尊重,这里所有的不良作风都受到谴责。这里优秀的员工是公司最宝贵的财富,这个家庭勤俭节约,富贵不忘本色。

2.这个团队像个学校

大家首先学会如何制造出好的产品,学会如何通过优良的产品和理念被人们认可而获得尊重,学会如何实现自己和公司的价值,学会如何避弱强优,这里为大家提供学习的条件。

大家学会如何理解和沟通,学会如何形成一个学习型、开放型的组织,学会如何使自己和公司实现可持续发展。

大家学习如何团结起来,如何为社会做出更多的贡献,如何来发扬中国优秀传统文化。

3.这个团队也像个军队

每个人都服从主管的领导。在这里企业的各项规章制度都被严格地执行;在这里公司的决议一旦形成,大家都要坚决无条件地落实。大家都知道,步调不一致和没有严格制度的企业难成大业。

(三)我们这样保证我们的团队坚强有力

不断吸收优秀的高素质人才,这是至关重要的。以下人员不适合进入禾丰公司:

①没有团队精神,不善于沟通、不善于合作的人;

②不愿意学习、不愿付出劳动的人;

③心态消极、不平衡,总是思考阴暗面的人;

④浮躁、无持久力、急功近利的人;

⑤没有理想、没有社会责任感、没有民族气节的人。

二、国内外知名企业用人标准各有不同

金山软件公司招人不重经验重灵性,用人主张“小马拉大车”。总经理助理宁先生说,他们在选新人的时候很看重应聘者的灵气和悟性。对于应届毕业生首选就读名校且有学生会工作经历的。他们并不特别看重工作经验,但要求员工要有

很强的学习欲望和学习能力。不懂没关系，只要有强烈的学习意识、有悟性和灵性他们就会给他机会。

用友软件公司选才本着“专业、敬业、创业、务实、诚信、创新”6 项基本标准。人力部李经理解释说，专业要求每个人在自己的本职工作中，都必须具有很强的专业能力和专业水平，必须是专家。敬业是现代职业人的重要品质，再宏伟的工程都只有通过勤勉努力地工作才能成功。创业是要有勇气去开创新业务，去建立全新的目标。用友人要有志气去叫板国际对手。

明基电通从 1999 年起每年都要从全国各地的高校中招聘 100 多名应届毕业生。中国营销总部的曾总说，他们挑选新人的主要依据是看学生的价值观和本人的素质。他们并不很注重学生在学校的专业和学习成绩，而是看重学生在学校的社团活动经验和社会实践经验，从中观察是否符合明基的文化，是不是“平实务本、追求卓越、关怀社会”。

连邦软件公司选人看重学习能力和忠诚度。副总经理张先生指出，IT 行业发展迅速，连邦需要那种可以迅速适应技术和市场变化、适应行业发展的员工，这必须以较强的学习能力为基础。同时极其重视员工的忠诚度，因为连邦有自己的长远战略，希望建成百年老店。因此，他们希望员工来不止是找一份工作谋生，而是把连邦当成自己事业的一部分。干工作与干事业是两种截然不同的工作状态。

微软认为，公司的首要任务就是寻找致力于通过软件的开发来改善人们生活的人才，不管这样的人生活在何处。这种人其实就是有理想、有抱负、有追求的人才。微软选拔人才是放眼于全世界的。

IBM 认为，只要再学习能力强、情商不错，就可以考虑。在面试时，IBM 很看重人的正直和诚实。此外，应聘者是否自信也很重要。在激烈竞争条件下，一个企业的成功既来自灵感的创造，又来自严格的管理。

松下公司是世界著名综合型的大型电子企业，是跨国性公司，在世界各国开展着事业活动，在全世界设有 230 多家公司，员工总数超过 250 000 人，其中在中国有 54 000 多人。

日本松下公司用人 10 条标准：

第一，不忘初衷而虚心学习；

第二，爱公司、和公司成为一体；

第三，不墨守成规而经常出新；

第四，无私而能为团体着想；

第五，能做正确价值判断；

第六，有自主经营能力；

第七，随时随地都有热忱；

第八，能得体支使上司的；

第九，有责任意识；

第十，有气概能委以重任。

三、现代人才应有的7种能力

虽然看起来各家企业的需求都各有侧重。但认真分析起来，其实有很多共性的内涵，这就是现代人才应具备的7种基本能力与素质。

(1)辩证思维能力。这是现代人才基本素质要求的基础，是辩证地看问题(不走极端)的能力。辩证地看待取与舍、付出与得到、好与坏、对与错及管理的“度”的问题。

(2)学习能力。现代知识更新很快，有个说法：“知识三年不用就过时”。即使是人才，如果没有很强的学习能力和悟性也会被淘汰。读书方法与自学能力是学习能力的重要方面。

(3)创新能力。创新力是推动知识经济发展的核心动力。包括各方面的创新，技术、产品、制度、管理、营销、文化、观念、质量、品牌、服务等等。应努力培养创新意识与能力。

(4)生存能力。必要的技能、经验和适应能力组成自身的生存能力。

(5)团队精神。也就是团队合作的能力，沟通交流的能力。现代企业注重效率，人员之间必须经常地互相沟通和交流，使不同部门、不同工作岗位的人员互相了解，形成团结和谐的一个团体，团结协作是事业成功的保障，团结出力量、出智慧、出战斗力。离开团结协作，仅靠单兵作战是难以完成任务的，只有在分工负责的基础上，搞好各单位和单位内人员之间的相互配合，密切合作，才能形成合力。因此，应聘时，用人单位对毕业生中的党员、学生干部、优秀学生以及参加社会活动获奖情况格外看重，因为这些条件能说明毕业生具有较强的社会责任感和上进心，具有与人交际和合作的经历，体现出一个人的组织能力和一种良好的精神状态，实践证明，这样的毕业生能很快成为企业中各个岗位的骨干。

(6)专业本领。专业理论知识和专业实践动手能力。专业本领水平的高低恰恰反映了毕业生潜在的学习能力和实践能力。现代企业尤其是高科技企业非常重视专业基础是否扎实，知识结构是否合理，实践动手能力是否过硬，达到了何种程度等？因为企业是讲究效益的，所以，招聘时他们要问你参加多少专业实践活动，是否参加教师的科研等等。从近几届毕业生应聘过程来看，一些参加老师科研项目的学生，一些参加专业协会的学生首先被企业选中，就充分说明了这一点。

对这一点，相当数量的大学生并没有引起足够的重视，有些人认识上存在着误区：有的认为我毕业后找到的工作不一定专业对口，专业学得再好，能有什么用？即使对口，现学也来得及；一些人认为有一张文凭，有一张进入单位的入场券就够了，到时托托人就可以了。有了这样一种心理，他们在学习上就会马马虎虎、不钻研、不求上进、整天混日子。

(7)个人品质与道德。要求有责任心、自尊、自信、自我管理、诚实、正直。对企业的忠诚、对用户的诚信是职业道德的基本要求。随着扩招，大学生就业形势日趋紧张，用人单位对招聘人才也开始挑剔起来。近几年招聘面试时，企业最关心的就是职业道德。企业所强调的职业道德主要就是爱岗敬业、吃苦耐劳和诚实守信。现在一些学生对工作不负责任，拿“游戏”规则来游戏工作，实习时或就业后，有的干一段时间嫌不好就不辞而别，有的拈轻怕重，工作不投入，不愿多流一滴汗。正因为这些，企业招聘时愈发重视职业道德。他们初试一再征求教师对学生的思想评价，谈话也一再从各种角度探求学生职业道德方面的东西，见习时更是一再考查学生这些方面的素质。有些企业就直言，我们不太看重学生的学习成绩和专业能力，主要看他是否有良好的职业道德，给他一份工作是否投入地当事办，遇到一点困难，吃到一点苦，是否能吃得消。

上述可以归结为“热情、能力、自信心”这 7 个字。首先你要热爱这个事业。如果你不热爱这个事业，就是再有能力你不往这上使也是没有用的，这就是热情。其次是能力，就算你非常热爱这个事业，但是如果你没有为之服务的基本知识和能力也是不行的。自信心非常重要。自信心要求你有坚定的信念和诚实的品质。任何事情都不会一帆风顺的，遇到困难与挫折，要有坚强的意志和必胜的信心。只有这样，你才能坚持下去，并取得预期的成功。

四、大学毕业生致命的弱点——会做事而不会做人

一个管理者在工作中处理人际关系的时间往往占去全部工作时间的 2/3。

接受过高等教育的大学生智商一般都较高，学习和接受新事物的能力较强，做事一般不成问题，但假如情商不高、不会处理人际关系，反过来会影响做事的效率和效果。

如有的毕业生自恃清高、不虚心求教、不懂装懂，凭感觉做事、待酿成错误已为时晚矣；有的性格孤僻、自我封闭、有建议不敢提、有才能发挥不出来；有的缺乏团队合作精神。以自我为中心、不服从组织安排、不顾全大局……这样的毕业生，企业怎么敢要呢？许多知名企业都提出“先学做人，再学做事”的口号。

五、社会欢迎与不欢迎的毕业生

(一)社会欢迎的毕业生

思想政治素质较高的人;有事业心和责任感的人;有吃苦精神的人;基础扎实、知识面宽的人;外语水平高的人;动手能力强的人;懂专业、会管理、善交际的人。

(二)社会不欢迎的毕业生

求职目标不明确的人;行动被动,不善思索的人;缺乏朝气和热情的人;人际关系紧张的人;不善于与他人合作的人;高分低能的人。

六、机会只青睐那些有准备的人

从现在做起,文明修身,笃行好学,为做一名优秀员工奠定基础。

(一)培养良好的职业道德

根本途径和方法就是积极参加各种实践,坚持知行统一。

1.在日常生活中培养

良好的职业道德行为是通过认真地做好每一件小事来养成的。比如,要培养敬业精神,首先要从热爱本专业做起,从上好每一节课做起,从不浪费一点水、不践踏一棵草做起,从点滴小事做起,遵守日常行为规范,培养较强的自我控制能力和自律意识,就能养成良好的习惯。良好的习惯一经养成就是终身受用的资本。因此,大学生从跨入校门的那一天起,就应严格按照各种行为规范要求自己,从我做起,从小事做起,从现在做起,在个人学习、生活、交往等各种社会实践中养成严格自律的好习惯。

2.在专业学习中训练

一个人事业的成就、个性的完美都取决于职业因素和道德等综合因素在他身上结合和统一的程度如何。道德低下的人,不可能认真钻研业务,做好本职工作;鄙薄技艺、不学无术的人,也不可能真正成为道德高尚的人。有德无技和有技无德都不符合加强职业道德所要达到的目标。通过职业知识、职业技能的学习和训练,亲自感受和体验本行业、本专业具体而丰富的职业道德内涵,有利于增强职业意识,遵守职业规范,提高职业素养,培养良好的职业道德行为。同学们一定要抓住一切实践机会,加强自己的职业道德修养。

3.在社会实践中体验

只有参加社会实践活动,才能感受到各种职业被社会尊重与重视的程度,有助于培养自己对职业的正义感、责任感、义务感、良心感、荣誉感和幸福感等职业情感。学校组织的“青年志愿者”活动,假期社会实践活动都是大学生很好的社会实践形式。

4.在职业活动中强化

职业活动包括毕业实习,使职业道德行为的养成显得更实际、更深刻。只有在职业行为中,始终不渝地遵守职业道德规范,履行自己的职业责任和义务,才能形成良好的职业道德。

总之,大学生必须加强职业道德修养,在修养过程中牢牢掌握四个要素:根在实践,贵在自觉,重要坚持,难在“慎独”。只浮在上面,不亲自参加实践;或缺乏应有的自觉性和主动性;或三天打鱼,两天晒网,不能持之以恒,其结果必然在工作中一无所获,一事无成。

(二)努力掌握过硬的专业本领

如何才能提高专业本领呢?无非有以下几种做法。

1.课上认真学理论,踏实参与实践

一些专业技能要勤学苦练,在做的过程中,及时发现问题,再回头请教书本或老师,从而使实践技能和理论知识结合起来,实践使你手巧,理论使你心灵,二者相得益彰。

2.课下要积极参加专业技术协会活动

利用业余时间,强化专业本领,使自己的专业技能达到熟练自如的水平。从近几年的就业情况看来,凡是参加专业协会的学生,就业时最先被用人单位选中,而且能干得住,用得久,深受老板和经理的赏识。这些学生不仅大大地锻炼提高了技能水平,而且职业道德素质也较高,他们容易投入职业岗位,对任职岗位比较喜爱,对工作高度负责、办事有条理、做事爱动脑、能坐得住、干得来、做得好。

从实际来说,专业本领不是简单从书本上学完就行的,而是要通过熟练升华才行,如植物组织培养接种过程,从书本上一看就明白,但操作起来就不是那么回事,笨手笨脚,内行人一看就不行,这个熟练过程不是一日之功,需要像学钢琴那样,磨炼相当一段时间才能奏效。另一方面,在反复练习过程中还是一个揣摩的过程,包括好多技巧和一些只能意会的东西,这些只能在反复实践中积累养成。

(三)培养交际能力和团队精神

毕业生的人际沟通能力和较好的团队精神越来越受用人单位关注。

大学生如何提高与人交际和合作的能力呢？一是争取机会为同学服务，在服务同学中锻炼自己，提高自己。即积极、主动地参与干部竞选，最好要当一些工作任务较重的角色，如班长、学委、卫委、体委、文委等，这类角色虽然工作量大，但与人接触多，从中提高能力也快。同时，一旦任职，要主动地开展工作，不要怕累，不能当挂名干部，只有多想、多做，才能有所收获。另一个增强这方面能力的方法是多参加社会实践活动。即响应学校号召，利用节假日走出校门，参加诸如打工、实习、毕业设计、社会调查等活动，通过实践加强与社会的交往。总之，今天的大学生再也不能是“两耳不闻窗外事，一心只读圣贤书”的学子了。社会要求我们走出去，提高自己的交际能力。我们自身也要有“上学就是为了就业”的目标，而要就业首先就要接触社会中的职业，了解社会的需求标准，提高自身适应岗位的能力，使自己毕业能上岗，上岗就好用。

七、一个大学校长在开学典礼上对新同学们提出的殷殷希望

(一)在学校的指导下，尽快确立自己的职业发展方向

每个人的成长是有规律可遵循的，先哲们说过，性格决定命运。性格气质决定你适合做什么，能力素质决定你能做好什么。所以职业发展方向要科学定位。其次，兴趣是最好的老师，当今社会更应当强调职业发展方向的人性化定位。

(二)力求培养一项专长，形成多种能力

在知识经济时代，社会对人才的要求是综合的，复合型人才受到企业追捧，靠综合素质就业已经成为一种趋势。因此，靠一技之长立足，用多种能力发展应该成为同学们努力的方向。

(三)至少参加一个学生协会，每学期参与组织一项活动

有人认为，未来社会将会是一个以高概念、高感性为特征的社会。在这样的社会里，与人沟通的能力以及团队精神等，对于一个人的成长与成功将会产生深刻影响。因此，积极参加社会活动应当成为同学们的主动追求。

(四)至少掌握一项自己喜欢的文体活动

掌握1～2项健康向上的文体活动技巧，养成良好的文体活动习惯，是保持身心健康的需要，是提高自身素质的需要，是提高生活品位的需要。而大学时代是形成良好文体习惯的最佳时期，也可能是最后时期。所以，掌握一项自己喜爱的文体活动，并让它伴随终身应当是大学生的自觉追求。

(五)每年至少参加一次志愿者活动等帮助他人的活动,培养爱心

拥有爱心可以帮助他人,愉悦自己,形成正确的人生观、世界观和价值观,有助于形成良好的人事关系和生活氛围,有助于事业的成功和个人的成长。所以参与关心社会、关爱自然、关爱他人的行动应当是你们自觉的选择。

(六)每学期至少读一本与专业无关的好书

学会学习是适应现实社会的必然要求,可以拓展自己的知识领域,不断增加认识社会、认识世界、认识人生的深度。学会学习就找到了一位陪伴你终生的导师。

(七)每学期制订一个消费计划,学会理财

有计划地使用家长的钱,可以培养良好的理财习惯,很可能这就是你成为老板的开始。勤俭持家是中华民族的传统美德,也是许多大企业家的成功之路。艰难困苦的经历是事业有成的宝贵精神财富。中国共产党几代领导人,都一再强调,要继续保持和发扬艰苦奋斗的精神。

(八)坚持每天按时起床、就寝,养成良好的生活习惯

有人说,播种一种行为,收获一种习惯;播种一种习惯,收获一种命运。从某种意义上说,良好的生活习惯是成功之本,健康之源。从生活上给自己适当的约束与规范是进入自由王国的阶梯,好的习惯养成从现在开始并不晚。例如,一人如果能够每天坚持晨练、长跑;每天坚持读书看报,那他一定会事业有成。

(九)找一位老师或老校友做自己的个人导师

汲取长者的经验,可以避免莽撞,学会社会交往;踏着前人的脚步,可以寻求捷径,提高成功的几率。

(十)掌握一定的生活和劳动技巧

劳动是人类进化的基础,是人们生存的前提,是我们生活的根本能力。现在的人们通过机械化等手段替代着繁重的体力劳动,通过计算机网络等途径在实现着简单劳动的自动化,这是社会进步的动力。但鄙视劳动,不愿意参加劳动的态度则肯定是人类社会的退化。所以,你们应当树立劳动光荣的观点,也许今天的劳动是为了明天的不劳动,而明天的发展要求我们必须付出今天的劳动。有人说过,劳动是人类存在的基础和手段,是一个人的体格、智慧和道德臻于完善的源泉。所以,热爱劳动是对青年学生的起码要求。光有吃苦耐劳的精神和想好好干的愿望还不够,还要能干、会干加巧干,要提高工作效率,要增效节能,要有开拓创新意识。

第二节 如何搜集就业信息

就业信息对于每一位谋求工作的毕业生来说至关重要。择业决策的过程实质上就是一个与择业有关的信息搜集、处理和转换的过程。在择业过程中,无论是职业目标的确定、求职计划的设计,还是决策方案的选择,就业信息的搜集和处理都是基础。

【案例 1】

一天,某报上刊登了一则招聘广告,招聘单位的各项条件都很优越,但唯独没有登出联系方式。很多人以为这是一个失误,等待补刊联系方式。日子在等待中过去了一星期,这期间有 3 位应聘者前去应聘并获成功。如果你是 3 个捷足先登者之一,你是如何获得成功的?

就业信息是求职的基础,及时获得就业信息是大学毕业生在激烈竞争中占得先机的先决条件。搜集就业信息是求职的第一步,谁能及时获得信息,谁就掌握就业的主动权。获得的就业信息越广泛,求职的视野越宽阔,就业信息质量越高,求职的把握性就越大。

【案例 2】

在某大学毕业生宿舍,小李在电脑前不停查找着各种人力资源网站的信息,智联招聘、前程无忧……他根据自己的专业和兴趣选择着就业岗位。虽然现在是冬末春初,仍有大滴大滴的汗从他额头滚落。然而他下铺的赵阳早已胸有成竹,手中早就握着几个单位的就业意向书,从国企到民企,赵阳在犹疑不决,但脸上有种灿烂的神情。

议一议

如何利用搜集到的就业信息?

是什么让同一个专业、同一个宿舍的他们在就业的重要关头面临不同的情况呢?原因在于他们对于就业信息掌握的情况不同。

小李只是单一地将搜集就业信息定位在传统的网站搜索,赵阳则有更多的想法,他说:"我觉得自己能在就业上脱颖而出,主要是因为手头有很多就业信息可以选择。从综合学校就业指导中心提供的就业信息,到我自己去心仪企业网站链接上搜集招聘信息,我在尽可能多地搜集和利用就业信息,我是赢在起跑线上。"

一、就业信息的内容

就业信息绝不是单纯指需要人员的消息，而是指通过各种媒介传递的有关就业方面的消息和情况，如就业政策、供需双方的情况及用人信息等，它是毕业生择业必须搜集和掌握的材料。就业信息的种类分宏观信息和微观信息。

（一）宏观信息

宏观信息是指国家的政治经济情况，国家或地区社会经济的方针政策规定，国家对毕业生的就业政策与劳动人事制度改革的信息，社会各部门、企业需求情况及未来产业、职业发展趋势所要求的信息。掌握这些信息，就可宏观地把握就业方向。同学们在校期间，要关心国家政策的重大改革，对确立宏观的择业方向有着重大的意义。具体有如下内容。

1. 就业政策与劳动法规

就业政策与劳动法规是国家为规范就业行为而制定的就业原则、方针与方法，体现一定时期社会发展的需要，是大学毕业生就业应遵循的基本行为准则。大学毕业生的自主择业并不是择业者一厢情愿或随心所欲地选择工作岗位，而是选择与被选择的辩证统一，是双方在相互满足对方需要的基础上而达成的一种契约关系。国家有关部门通过就业政策和有关法规来引导毕业生和用人单位的行为，规范就业市场，因此，就业政策与法规具有导向、调控和约束的功能。除了毕业生就业政策的直接影响外，劳动人事制度中诸如人才流动、工资、公务员制度以及劳动与社会保障等方面的规定也直接或间接地影响着大学生就业。因此，了解国家有关大学毕业生就业的政策是大学生顺利就业的重要前提，也是就业信息的重要组成部分。除国家大学毕业生就业政策外，各地区根据自身的特点和实际情况制定了各自的具体规定和政策，了解这些规定和政策也是十分重要的。

2. 就业机构

就业机构的设置直接影响到大学毕业生就业渠道和就业模式，因此也是就业信息的重要组成部分。目前，我国大学毕业生就业机构主要分为三类：一是国家毕业生就业机构，归属在教育部，其主要职责是制定全国毕业生就业工作的法规与政策，部署毕业生就业工作；收集和发布全国毕业生就业供求信息，组织和管理毕业生就业供需见面、双向选择活动；编制高等学校毕业生就业计划等；二是省毕业生就业机构，负责本地区相应的毕业生就业工作；三是高等学校毕业生就业机构，其职责是负责本校毕业生的资格审查工作和收集就业供求信息，负责毕业生的推荐工作，开展就业指导和负责办理毕业生离校手续等。

3.经济与科技发展趋势

国家经济发展计划、规划,经济形势,新科技的运用,产业结构变化及其产业政策等均是制约大学毕业生就业的重要因素,因此,也是重要的就业信息。从根本上说,大学毕业生就业的难易程度依赖于国家经济的发展,它不仅制约着对大学毕业生需求的数量,也制约着对大学毕业生需求的专业结构。社会经济的发展和科学技术的运用,大规模的地区开发,往往为大学毕业生提供更多的择业机会。了解这方面的信息对自觉地调整自身的知识结构满足社会的需求,是非常重要的。作为大学生时常关注国家经济发展的走向,关注产业结构和职业结构的变化趋势,可以增强择业的主动性。

(二)微观信息

微观信息是指用人单位具体的聘人信息。这些信息是在大学即将毕业时所必须搜集的具体材料。完整的用人信息一般包括三个方面:一是关于职业的信息,如职业岗位的名称、岗位数量、职业工作内容、性质或特点、职业的待遇、工作地点与环境、发展前途等;二是关于应聘条件的信息,既包括学历、专业类型、能力特点、年龄、性别、身高、体力、相貌等条件的要求,也包括对思想品德、心理特点、事业心、责任感等方面的要求;三是程序方面的信息,如报名手续、联络方法、考核内容、面试与录用程序等。用人信息是职业信息中最为具体和对求职就业关系最为密切的信息,包括的内容十分广泛,全面地掌握这些信息才能避免求职择业的盲目性,作出有针对性的选择。

二、就业信息的来源

不清楚什么地方和单位需要人,是大学生在求职过程中普遍感到困惑的问题。许多大学生不知道到哪里去了解就业信息,不知道怎样了解就业信息。我们所处的时代被称为信息时代,在我们的周围充满了各种各样的信息,只要你留意就不难发现工作机会。机会在于寻找,等待机会送上门来,无异于等待失败。因此必须利用各种渠道,各种手段,广泛地、全面地、准确地搜集就业信息,寻找求职机会。就当前而言,搜集就业信息和寻找求职机会主要有以下途径。

(一)从本校毕业生就业指导机构获得信息

学校每年都向用人单位输送毕业生,举办不同形式、规模的供需见面会,与社会各有关单位保持着广泛而密切的联系,并在与用人单位、主管部门长期合作中,建立了稳定的工作关系,了解和掌握大量的人才需求动态和信息,是毕业生重要的求职信息源。学校举行的供需见面会为用人单位和毕业生提供了直接见面机会,使双方可以互相选择并达成协议。通过这种途径得到信息或签订的协议比较直接和准确，具有较高的就业成功率。毕业生应注意与本系分管毕业生就业工作的教师联系，他们具体负责本系毕业生就业工作，同一定范围内的相关人员和用人单位有着广泛的接触，信息更具针对性。从学校就业部门获取的需求信息，针对性强，可信度高，是大中专毕业生获取就业信息的主要渠道。

（二）所就读的系获得就业信息

学校就业工作主管部门收集的社会信息也是通过他们传递到毕业生那里。他们也是毕业生获得社会需求信息的重要途径。

（三）通过各级毕业生就业主管部门、人才服务机构及其组织的有关活动获取信息

各级毕业生就业主管部门和人才服务机构，是沟通用人单位和大中专毕业生的桥梁和纽带，是为毕业生提供就业服务的专门机构。毕业生可以通过他们组织的定期或不定期的人才交流洽谈会、大中专毕业生供需见面会等活动获取需求信息，这也是获取信息的重要渠道。

（四）通过网络获得社会需求信息

信息技术的发展使大学生传统的求职择业方法发生了革命性的变化，越来越多的用人单位在计算机网络上发布用人信息，其特点是信息量大，传播面广，可以进行网上双向交流，且交流速度快。国家、省毕业生就业指导服务机构和学校就业指导服务部门已经建立了三级就业信息网，同学们可以网上求职。需要提醒同学们的是：网络中既有丰富的信息资源，也存在着虚假信息，利用网络资源时，要注意避免掉进虚假信息的陷阱。

（五）通过亲朋校友获得社会需求信息

毕业生在求职择业时，可以与在各地各单位工作的亲朋好友联系，以便了解情况，收集社会需求信息；也可以通过工作在各地各单位的校友了解社会需求信息。一般来说，他们对自己所处的行业或单位情况比较熟悉，同时对择业者即毕业生也有不同程度的了解。这种信息针对性更强，通常具有毕业生所希望的行业或地区的定向性，对用人单位可以进行更具体的了解，易于双向沟通，因而就业成功率高。在校学习期间要跨年级、跨专业、跨系广交朋友，要充分利用母校师生这个知识和信息方面的资源库。

（六）通过参观、实习、毕业顶岗实训获得就业信息

大学生通过参观、实习、毕业顶岗实训开阔了求职视野，增加了职业意识，加深了对职业及用人单位的了解，由此同用人单位建立了联系，也了解了用人单位的聘人标准和用人信息。这种信息准确，成功率高。

（七）通过各种传播媒介获取信息

一些用人单位常常通过报纸杂志、广播、电视等大众传媒介绍本单位的现状、发展前景和人才需求信息。需要特别注意的是，这种信息传播面广，竞争性强，时效快，成功率较低，而且内容往往比较笼统，如果选用还应做进一步的了解。

（八）通过信件、电话或拜访获得信息

这种寻找工作机会的方法主动性强，但盲目性大，成功率低。在缺乏就业信息的情况下，仍不失是一种获取工作机会的方法。

在众多的获得职业信息的途径中，对于求职者来说，哪些途径效果最好呢？有些信息很容易获得，如报刊、广播、电视上的招聘广告；有些信息不费很大力气就能得到，如劳动人事部门、职业介绍所、职业指导部门以及人才交流中心发布的用人信息等；有些信息则要靠自己的努力才能发现，如通过写求职信和与朋友交往过程中获得的信息。

对这些信息来源，一般来说，越是容易获得的职业信息，其竞争者也就越多，想在激烈的竞争中取胜，并不是每个人都能如愿以偿。因此，专家们认为，这不是求职成功率最高的、最好的信息来源。越是那些他人不容易获得的、不显眼的、要靠自己的发掘才能得到的信息，越能为大学生提供较高的就业成功机会，由此可见，建立广泛的人际联系是获得职业信息的重要途径。

在现代社会中，大家彼此都需要帮助，相识的人和不相识的人都是如此。我们说求职过程，在很大程度上也是得到他人帮助的过程。你的亲戚、朋友、同学、老师、熟人或其他有关系的人，都可以为你介绍工作，提供信息。孤陋寡闻的求职者，往往把自己封闭在一个小天地里，面对求职择业茫然不知所措。不少大学生提出“要凭自己的能力找工作”，这种不依赖他人的精神是值得赞扬的，但凭自己的能力，并不排斥人际联系和人际交往。相反，建立广泛的人际联系也是自身能力的体现。因此，了解一些人际关系的知识和建立健康人际关系的技巧是十分必要的。

建立一个交往档案对充分发挥人际联系的作用十分必要。把日常生活中值得记载的交往经历记载下来，对交往的经过、特点、发生的障碍以及克服的方法进行反思和总结，可以使你积累交往经验、吸取交往中的教训，促使下次交往的成功。定期对所接触过的人进行分类整理，分析他们可以为你提供何种帮助。既可以清楚了解自己人际关系状况，也可以获得推荐自我的灵感。

三、就业信息的整理

一般来说，毕业生通过上述渠道所搜集到的原始就业信息都比较杂乱，有相当一部分信息是没有用处的，毕业生应根据自己的实际情况和需求，对信息进行去粗取精，去伪存真，有目的、有针对性地加以筛选处理，使获得的信息具有准确性、全面性和有效性，使之更好地为自己的求职服务。把通过各种渠道搜集来的信息按地区、按性质进行分类，再按自己的择业标准进行等级分类，把那些自己感兴趣的单位列为第一等级，作为求职择业的重要选择方向。

在处理这些信息时应把握以下原则。

①掌握重点。将收集到的所有就业信息进行比较，初步筛选之后，把重点信息选出，标明并注意留存，一般信息则仅做参考。

②适合自己。每个人的情况不一样，毕业生应选择适合自己的信息。

③注意信息的时效性。搜集到就业信息后，应适时使用，以免过期。

④确定信息搜集范围时不能局限于“热门”单位，和周边较近的地区，如果这样，会大大降低就业的成功率。

就业信息的分析、处理应注意以下几个方面的问题。

（一）辨真伪

利用各种渠道获悉大量的就业信息后，不要急于联系发简历或打电话。由于就业信息的来源、信息的传播渠道比较复杂、形式多样，有的信息往往模棱两可或掺有水分，有的甚至是虚假信息或骗人的广告，建议大家首先要判断这些信息的真伪，避免走弯路，对难以把握的就业信息进行认真分析，可通过网络搜索或电话查询甚至现场调查等办法来确认它的真实性和准确性。比如当你觉得用人信息可疑时，利用百度搜索引擎输入用人单位名称或地址，通常有不少提示。虚假或骗人的就业信息一般有以下特征，毕业生要严加防范。

①公交车站、大马路、广场等一些公共场合胡乱粘贴的招聘小广告，宣称月薪过万，都是胡扯，千万别上当受骗。

②门槛很低，薪酬开得很高，设置责任底薪，要求你必须完成公司规定的业务额，当你达不到目标，不仅拿不到报酬，还白白浪费了时间和金钱，有些公司甚至会找借口炒你鱿鱼。这类公司目前不少，如某些外贸公司或保险公司。

③莫名而来的就业机会。一些骗子公司或传销公司在网络上搜集毕业生资料，主动约会面试，并以此施以行骗、抢劫。比如一些所谓的星探公司、电子公司。毕业生或异地求职者应该多加提防。

④要求毕业生交一定费用作为工作保证金。当前不少公司有这种做法，严重违反《劳动法》有关规定。这些公司可以视国家法规法纪不顾，试问有什么诚信可言。

⑤不透露公司的名字或者名字像化名，如经常使用“某公司”、“某单位”等字

眼，公司的基本资料不完整，找不到地址等。

(二)筛选

在辨真伪、删掉无效信息的基础上，毕业生要根据自己的实际情况、专业和特长等设置一套标准，对信息进行进一步筛选，把力量真正用在刀刃上，记住适合自己的才是最好的。因此，首先要对自己进行分析，可以通过以下问题：

议一议

你在收集、筛选和运用就业信息时做过哪些事情？

- 我的核心竞争力是什么？
- 我具备哪些专业理论知识和专业技术能力？
- 我的兴趣爱好是什么？
- 我的性格特征适合从事哪些职业？
- 这份职业可以挖掘和提升我的那些方面能力么？
- 什么是别人做不到而我做得到的？

然后对看好的用人单位的信息详细整理，整理过程中特别要关注以下几个方面的内容：

- 用人单位的准确名称；
- 用人单位的主管部门；
- 用人单位的企业性质，如国有、私营、合资等；
- 用人单位需要的专业、层次、使用意图、具体工作岗位等；
- 用人单位的规模、发展前景、地理环境、经营范围和种类等；
- 用人单位的福利待遇(包括工资、奖金、福利、保险、培训、休假等)；
- 用人单位的联系方式，如人事部门联系人、电话、通信地址、E-mail 等；
- 用人单位对求职者的具体要求。如学历、专业、性别、身高、相貌、体力、户口，以及职业资格、技术等级方面的要求。有些用人单位还对心理素质、能否经常出差等方面有特殊要求。

最后，比较排列出质量较高、较完整的就业信息。

四、就业信息的运用

就业信息的运用是指依据信息进行择业的过程。在求职过程中，由于信息不准、不全面而造成失去工作机会的教训是屡见不鲜的。大学生面对大量的就业信息，必须具备迅速作出准确判断的能力。只有尽快做出反映，才能捷足先登，那些在众多就业信息面前优柔寡断和谨小慎微的人，只能坐失良机。因此，大学生不仅要学会收集和整理就业信息，还要善于利用就业信息。

(一)及时运用有价值的信息去选择自己的工作

就业信息有很强的时效性，又为众多求职者所共有，因此需求信息一旦选定，就要及时主动与用人单位主管人员联系，不要犹豫不决，更不能守株待兔，否则“机不可失，时不再来”。应主动询问面试的方式、时间、地点和要求，并准备好一套自己完整的求职材料，使需求信息尽早变成供需双方深度沟通的重要桥梁。

(二)根据就业信息的要求来发现自己的不足

一个用人单位的招聘信息往往反映了行业的发展需求和目标，我们要了解招聘信息背后的启示。从信息中可以找出自己的不足，及时调整自己的期望值和知识与能力结构，在就业准备和求职过程中才能够扬长避短。这一做法尽管在毕业前的有限时间内有些仓促，但无动于衷依然故我却是绝对错误的。因为你现在缺少的是你在今后必须补上的。

(三)共享信息资源

有些信息对自己不一定有用，可是对他人十分有用，遇到这种情况，要及时提供给他人，这样不仅帮助他人顺利就业，减少了就业的竞争者，同时也增加与他人信息交流的机会，说不定你也会从别人手中获得对自己十分有益的信息，帮别人就等于帮自己。

五、避免大学生求职“信息强迫行为”

一天反复查看邮箱，手机 24 小时不敢关，上课时也不时掏出来看看有无未接电话，发现未接电话就惊慌失措……高校心理咨询部门反映，随着就业高峰的来临，被称之为“信息强迫症”的现象在学生求职族中频频发生，许多大学生如果一天不带手机、不查看邮箱就坐立不安，生怕错过什么机会。

【案例】

一位学生：“我觉得自己快成精神病了。”

“只要有条件，我几乎每隔一个小时就会看一次电子邮箱看有没有新邮件，如果没有，还要忍不住检查是否把垃圾邮件的等级调得太高了。”某大学的应届毕业生小李说，自从投出第一份简历起，他就保持手机 24 小时开机，睡觉、上课时也不敢有丝毫懈怠，唯恐没有及时接听用人单位电话给对方造成不好的印象或者错过机会。“万一错过企业的面试通知，我会抱憾终生的。”同学之间还经常会问“有没有看邮箱，有没有新的通知？”

在一些高校的BBS上也发现,许多学生感觉自己患了"信息强迫症",总是强迫自己去查看邮箱、去查看手机信息。一位大四学生说:"最怕手机上有未接来电,我觉得自己简直快成精神病了,不知道该怎么调整。"

对策:毕业生应学会自我调节

"信息强迫症"是个人面对大量信息产生的一种不确定和不安全感,为了不错过可能有价值的信息,而逼迫自己不断关注搜集到的所有信息。由于就业压力太大,不少毕业生感觉任何就业信息都可能与自己相关,不愿意错过任何一个就业信息,会强迫自己去看邮件、手机。其实大多数人还不能算强迫症,最多是在求职这一阶段出现了"信息强迫现象"。专家提醒:"毕业生还要自己调节自己,确定就业方向和目标,对自己的能力有一个客观评价。另外,不妨有点阿Q精神,就业并不要求一次定位准确,给自己定上一年的求职时间,自己还可以选择考研,或自己创业等。"

第三节 企业常用的招聘方法

企业通常通过下列6种渠道发布用人信息,由简历等书面求职材料确定进入面试人选,最后由面试结果决定录用人员名单。

议一议

企业的校园招聘策略对你求职有何启示?

一、企业常用的招聘渠道

(一)现场招聘

对于现场招聘的不同形式来看,又可以分为3种:第一,一般的人才市场,即每一地区都会有一些人才服务机构在服务场所内定期举行现场招聘会,就是我们通常所称的各类各地区人才市场;第二,大型综合性人才招聘会,一般由一家或数家人才服务机构联合举办,具有一定区域影响力,能够吸引举办地周边城市企业单位和人才前来的大型人才交流会;第三,专场招聘,即某一专业或行业类别企业单位和人才参加,以及由某一企业独立开展的仅针对本企业岗位需求的招聘会。

(二)网络招聘

这也是随着信息技术的发展应运而生的一种全新的基于互联网络的招聘形

式，由于其具备招聘成本的低廉，不受区域的限制及招聘的便捷等优势，目前越来越多地被各个企业所采用，正逐步成为企业中最常用的招聘渠道。据有关数据统计显示，2002年，约有29万家企业在网上发布过招聘广告，2003年上升到48万家，2004年增至80万家，2005年达到130万家，2006年超过200万家，年平均增长率达到62.12%。目前国内知名的大型招聘网站包括中华英才网、前程无忧、智联招聘等，以及各行(专)业招聘网站。

(三)媒体招聘

可分为平面媒体，也就是通常在一些发行量较大或行业性的报纸、杂志上发布企业招聘信息；以及电视媒体，即在广播电视、移动传媒等渠道发布招聘信息。媒体招聘形式通常来说花费成本较高，时效性短，通常是企业大规模集中性招聘人才时使用。

(四)猎头服务

由专门的人才猎头公司针对企业中某些岗位推荐人选，并在人选上岗后收取一定的服务佣金的招聘方式。猎头一般用于企业高端及稀缺岗位的人才招聘，成本较高，招聘周期长，服务费用通常为到岗人选年薪的25%～30%。

(五)人才推荐

由企业内部在职员工及外部行业内人员针对企业招聘岗位需求而推荐适合的人选。应该来说，这种形式的招聘效果往往较好，成本又很低，又因为推荐人通常对被推荐人较为熟悉了解，因此也大大降低了用人风险，是各单位招聘主管的一种重要招聘渠道。

(六)竞争行业“挖角”

通过对行业竞争对手的人力资源状况进行充分的调查了解，通过与对方公司的目标对象联系，发出招聘邀请。但这类方式一般情况下多用于市场相对紧缺的人才，而且通常都会费时费力，招聘成功率相对会比较低。

当然，招聘的渠道应该远远不止以上所提到的6类，而且在平时的人力资源招聘工作中也并不只是单一的选择其中的某一类，通常会根据企业的招聘需求选择2～3种渠道并用地来开展招聘工作，以求取得最佳的招聘效果。

二、目前企业常用的3种校园招聘策略

(一)直接到相关学校的院系招聘

直接到相关学校的院系招聘，适合那些对人才专业性要求较高的企业。比如，

一家 IT 系统集成厂商今年计划从高校毕业生中招聘 50 个系统工程师，该企业就可以直接将人才需求通过毕业生就业指导中心转给该校的计算机系。这种招聘方式一来很有针对性，大大缩小了招聘范围；二来也节省了招聘费用。

（二）参加学校举办的专场人才招聘会

每年高校都会举办各种专业的专场人才招聘会，比如 IT 专场、经济专场、营销专场等。这种招聘方式的优点是有某专业领域人才需求的企业可以尽可能多地接触到该专业的毕业生，选择余地较大，还可以在招聘会现场展示企业文化与企业的实力。

（三）企业将校园招聘工作外包给专业的人才服务机构

目前，企业将校园招聘工作外包给专业的人才服务机构也已成为一种趋势。这又可以分为两种模式：一是外包为主、最后把关。这些企业绝大多数都是其所在行业的领军者，成本控制意识强，对服务商的要求也非常高。他们宣传攻势强大，对优秀毕业生的渴望十分强烈，目标直指“象牙塔”中最优秀的部分。他们的校园招聘活动多集中在几所名牌大学，社会影响力较大。这些企业如果与某家服务机构有了很好的合作，一般不会轻易变更服务供应商，除非出现强大的竞争优势或者服务失误；二是立足本地、部分外包。这类企业对于校园招聘的成本控制非常严格，较少购买外包服务，大部分工作都由企业内部人员来完成。特别是一些地域性强的企业在这方面很明显，他们多和当地高校建立长期合作关系，在宣传方面不会有过多投入。但是，这些企业有时在权衡之下会选择把挑选简历这种繁琐的工作部分外包给人力资源公司。

招聘应届生是企业人才的储备而不是为了满足现有岗位的急切需求，是和企业的长远发展战略结合在一起的。

在校园招聘中，企业在选择学生，学生也在选择企业，这是一个双向选择的过程。一些优秀毕业生会有多个机会。

如果招聘到的学生不来工作，企业怎么办？

济南某汽车改装公司的人力资源部王经理说：“我们就遇到过这种情况。有时出去招聘，收的简历不少，面试情况也不错。但最终的录用方案是回公司后定的，不少学生被录取后却没有回音了，打电话也联系不上。所以我们只能选择一些没有去过的院校，再进行一次招聘，费时又费力。”这几年虽然毕业生多，工作岗位少，但这种形势对优秀大学生的影响并不大。与前几年相比，他们的选择面反而更宽了，因此，他们往往这山望着那山高，脚踩几只船，接到录用通知后迟迟不愿签约。少数人签约以后，又有了更好的选择，往往会违约，严重影响到入职率。个别人甚至会利用《劳动法》中的试用期条款，采取先入职然后马上辞职的办法来规避违约责任。在这种情况下，要做好应届高校毕业生的定岗定员工作肯定相当困难，也势必影响以后的新人培训、工薪成本等一系列决策。

王经理说："后来，我们调整了招聘定位，综合考虑公司所处地域、行业知名度和薪资竞争力，把校园招聘的目标锁定在公司周边省市的院校。在招聘面试中，强化了测试求职动机和入职可能性的问题，对于家庭、亲友以及发展方向等会影响高校毕业生入职，包括短期是否离职的影响因素进行详尽了解。同时要求对招聘的宣传资料进一步核实，对于有夸大和过度宣传公司条件，容易使入职高校毕业生反差感强烈的内容进行修改。在录用程序上，一方面给予毕业生一定的考虑时间和空间，在录取通知书上提醒他们选择公司的一些注意事项；另一方面要求他们配合工作，倡议求职诚信，尽早通过电话等方式与公司确认是否入职，在录用通知书上增加了协议签订的截止时间。"

第四节　毕业生适者为用：几种求职方式

一、校园招聘

对于应届毕业生，尤其是对于学校位于大城市的应届毕业生，最为常见的求职方式就是校园招聘，这是学生独享的求职"专卖店"。每年都会有很多公司到各大高校开展校园招聘，而且越是著名公司越会主动进入校园大张旗鼓地招聘，因为他们认为这不仅是广纳良才的好机会，更是宣传公司形象的极好平台。

一般情况下招聘公司会在校园举办招聘会，向毕业生介绍公司情况、岗位职责和应聘条件、人力资源政策以及招聘程序等应聘中必须掌握的重要信息。千万不要以为这是在搞"形式主义"，这是含金量很高的信息发布会。如果你没去招聘会，或去听了但没认真听，没记笔记，那么在面试中被招聘经理问及招聘会上的内容而无言以对时，他会怀疑你是否真的对这份工作充满热情。公司代表在招聘会上发布的有关信息，不但有利于加深你对行业、企业、工作职位的了解，而且有可能在笔试、面试中派上用场。

由于校园招聘会是在校园中举行，这相对其他求职方式有着许多显而易见的优势。首先是地利的方便，避免了舟车劳顿的苦恼；其次招聘的职位直接针对高校毕业生，针对性强使成功的可能性也就相对较高。

如果说校园招聘会有什么害处，那就是参加多了会花费很多时间，这是对同学们在时间管理方面的一大挑战。如果可能，参加得越多越好，再忙也不过集中在1～2个月的时间。等你毕业以后，再也没有机会在短期内学习到这么多行业知识了，尤其是你将来竞争对手公司的信息。另外，招聘会中还常会有些博大精深、气度不凡的公司高级管理人员出讲，在现场感受名人甚至伟人的气场乃至与之进行零距离的对话，这将会使你受用终生。

二、招聘会

【案例】

"想起招聘会的拥挤心里就发憷。"联合大学的小王为了找工作，专场或者非专场，应届或者社会的招聘会都参加了不下十几场，他说找工作所坐的公交车次数都超过了大学四年的总记录了。虽然小王如此"勤奋"，但让他失望的是自己相中的大公司大企业交流之后让他等通知后就杳无音信了。此外还有接到一些单位面试通知时，他却由于没有记住单位信息，错失了几次机会。总结教训之后小王改变了战略，目前他正在等待一个面试结果。"心里忐忑，但是多个机会总比没有强。"

为了弥补校园招聘名额有限的不足，同学们要多辟通道，广开职路。如果说校园招聘是专门针对高校学生的求职"专卖店"，那么招聘会则是人才供需的"面试超市"。全国各大城市都会经常举办各种各样的招聘会，如大型的综合招聘会、中小型的专业招聘会以及专门为毕业生服务的专场招聘会等。

招聘会具有许多特殊的优势：招聘单位云集一地，招聘职位铺天盖地，是招聘经理与求职者无需预约的面试良机，因而具有"简历＋面试"的双重作用。

议一议

根据你所在的学校和你所在的专业，结合个人条件，选择哪种求职方式更合适？

有些同学认为招聘会是免费投递简历的最佳场所，一到招聘会现场就开始奔波于各个招聘展台前，忙着留下一堆求职材料，然后转身就走。结果是招聘公司会毫不犹豫地把不愿见面、扭头就走者的简历丢进垃圾桶。

最好的方法是先到招聘单位的展台前，看看招聘介绍材料，与招聘人员诚恳地交谈，问一些得体的问题，简单地介绍一下自己。当招聘人员表露出一定的兴趣时，你可以适时地留下你的简历。有时口头的交流比文字更有效、更有说服力。更为重要的是，由于招聘会具有面试的功能，招聘公司一般都会派出具备现场面试能力、能作判断和决定资格的人员，当场表态是否推荐你进入下一轮正式面试。因此，你应该尽量博得他们的好感，获得面试的机会。

三、网上应聘

【案例】

“大四下学期，我几乎跑遍了全国各大城市的招聘会。时间、精力、金钱花了不少，简历也投了一大堆，工作却始终没着落。”华北电力大学电气系毕业的小朱，今年7月毕业后辗转来到了北京寻找人生新的起点。“后来我索性就制作了电子简历，在求职网站疯狂投递。虽然最后有回馈的单位极少，但还是找到了工作，”小朱说，“我们班至少有95%的同学都通过网上投电子简历，找工作。”

由于网络的迅捷方便，网上应聘的优势不言而喻：快速、成本低、可以大批量发送求职信息。但是，由于网络病毒泛滥，很多公司对于网络安全的防范十分严格，为了不使你的简历在没有被阅读之前就被拦截在防火墙之外，最好保证编辑简历的电脑是安全、没有病毒的。同时通过电子邮件发送简历时，最好不要只跑“单行道”，即仅以附件形式发送简历，而是要以“正文＋附件”这样双保险的方式同时发送。

由于网上求职的简便，使得许多人连招聘公司背景及岗位需求都没搞清楚就发送了批量简历，而招聘经理一端，面对比邮局寄来的更多简历，眼花缭乱，应接不暇，很容易把盲目寄来的简历立即“删除”。基于这一特点，求职者应花些时间，对较适合的岗位和公司，通过网页做些调研，然后在前面写几句量身定做的求职语句，表现出你对该行业、企业的了解，对该工作的重视，以及对收件人的尊重。而且，“荒废”邮件“主题”实在可惜，简短地填入一句话，既表明求职岗位，又说明自己的应聘优势，这样入选的概率会大大提高。由于网上应聘很容易出错，在线填写报名表格，要按照招聘公司设计好的要求填写，同样要字斟句酌。如果把握不大，最好在线下事先写好，保证填写质量。

网上招聘是一种特殊的择业形式，它给用人单位提供了更广阔的选择空间，也使天南海北的求职者有了平等的表现机会。因此，网上招聘受到了越来越多的青睐。求职大学生如何通过互联网推销自己？如何提高网上求职的成功率？我们认为，毕业生网上求职应注意以下几点。

①选择适合自己的网上招聘会。有的网上招聘会针对的是有工作经验的社会求职人员，应届毕业生即使投了简历，也会因为不符合条件，而被用人单位退回。

②拓宽视野，将信息发布在一些点击率较高网站的招聘专栏上，或登录用人单位的网站，捕捉人才招聘网页上随时发布的招聘信息，直接与单位联系。

③参加网上在线招聘，向用人单位提问一定要简明、扼要，回答问题要突出个

人特点和优势，网上应聘最忌一开口谈钱。受网络时间、视频空间的限制，网上招聘给每个求职者的时间是有限的，应聘大学生要问最想知道的内容、最关键的问题。获得用人单位首肯后，一定要留下明确的联系方式，为下一步的面试做好准备。

④网上应聘，不要急于一时，在人少的时候求职，效果反而更好。通常网上招聘会会持续一段时间，大可不必赶在最初的几小时、一两天应聘。不要因为网络拥挤，而放弃求职机会，在人少的时候应聘，更容易引起人事主管的注意。

⑤根据个人的专业、爱好、特长，有目标地向用人单位求职，不要简历“满天飞”，无目的地投简历等于没投。特别不要应聘同一单位的不同岗位，容易给用人主管留下随意、不专业、缺少诚信的不良印象。

⑥求职的自荐材料内容应突出专业、学校、社会实践、自身性格，是否具有工作经验等重点内容。面面俱到、内容太多、太花哨的简历往往最容易被淘汰。

⑦求职者发送简历的同时，应该发送一封求职信，这是求职者常常忽略的。为了人事主管阅读方便，避免在电脑上多次翻页，求职信、简历都应该采用文本格式。求职者应注意求职信的措辞和语气，不要出现错别字，可使用标点符号突出求职重点。

⑧发送求职简历使用附件的形式，可能会因技术的原因，导致一些用人单位的电脑无法打开附件，而让大好的工作机会白白溜走。

⑨发出求职资料后，要主动与用人单位联系。在网上招聘会结束后几天，要主动通过 E-mail 或打电话询问情况，向用人单位表示诚意，也让自己心中有数。

⑩网上参加招聘活动，要提高警惕，小心受骗。网上招聘存在不少局限，求职者并不能全面了解用人单位的情况。为了防止受骗，大学生网上求职应参加由学校、教育部门、人事部门组织的正规网上招聘活动。

⑪大学生网上求职，可以化被动为主动，利用自己的技术优势，在互联网上建立自己的个人主页，充分展示自身特色，吸引用人单位的目光。个人主页应该图文并茂，内容包括自己的求职信、简历、论文、实习报告、日记、个人论坛以及见报文章等。

网上求职也要保持平和的心态。网上招聘会提供的岗位有限，应聘者又多，求职的大学生要做好心理准备，即使有了困难，也要坦然面对。

四、亲朋介绍

【案例】

小陈是某重点大学环境工程 06 届毕业生，父母均担任外省某煤矿企业重要领导，从小受到良好教育的他却有一股倔脾气，自己父母早在他上大二时，便商量为其选好出路，可都被他拒绝。从正式毕业的前3个月起，他就摩拳擦掌地来到北京准备找工作，简历是请专业设计师策划的，然而投递出去却也都石沉大海。“好不容易撞上一家小公司肯给我面试机会，最后还是出局，理由是专业太冷门。”最后还是父亲亲自出马找到了“老交情”，而小陈的工作也就尘埃落定了。

刚走出校门的大学生人际关系非常有限，所以通过亲朋好友等各种社会关系找工作就成了有效的途径。招聘名额有限的同等条件下，可能被优先录用。但是，靠关系找到的工作往往不被很好珍惜，求职范围较窄，而且今后竞争越来越公平，还是自己去求职可以有较宽的选择空间。

五、用 QQ 群求职

【案例】

烟台大学计算机专业的应届毕业生小赵这几天特别开心，因为他刚刚找到一份在广告公司做设计的工作，而且这份工作是通过上网聊天得来的。小赵说，他平时比较喜欢上网聊天，前几天，有名网友告诉他，现在不少毕业生和招聘单位通过建立 QQ 群进行求职和招聘，于是他就加入了一个名为“烟台大学生求职同盟”的群，在群里通过和招聘人员几天的交流，并经过一次视频“面试”，他顺利地找到了工作。

与传统的赶场参加招聘会求职不同，一种加入固定的 QQ 群与用人单位在网上一问一答进行“面试”的求职新方式目前在悄然流行。借助这一新兴的求职方式，不少应届大学毕业生找到了中意的工作。

一家公司的招聘人员表示，在 QQ 群里招聘不受时空限制，不需要额外付出费用，而且招聘很有针对性，需要什么样的人马上会有回应。而一些求职大学生也表示，QQ 上参加招聘，既免去了到处赶场的奔波之苦，又能够与用人单位进行一对一地沟通，十分方便。

通过 QQ 群求职应注意安全问题，毕业生与用人单位达成意向后，一定要通过其他渠道方式进行核实，谨防上当受骗。

思考与练习

1. 社会对大学毕业生的普遍要求标准是什么？你有哪方面的差距？如何缩小？

2. 就业信息运用的前提是什么？

3. 求职方式怎么综合考虑？

第六章　求职礼仪

学习目标

明确求职礼仪在于平时修养，了解求职礼仪，从现在、从身边的每一件小事来加强自己的修养，为成功面试奠定基础。

求职礼仪，实质上是求职者的修养在求职过程中礼节礼貌方面的体现。求职是大学生步入社会的必经阶段，面对当前人才的流动越来越频繁、求职竞争越来越大的现实，求职者除了具备相当的专业知识和潜力外，言行举止——也就是修养也成为一个重要条件。已经成为习惯表现的良好教养是我们求职过程中的最佳润滑剂，大学生一定要重视求职过程中的礼仪问题。

第一节　求职礼仪在于平时修养

议一议

求职礼仪与我们以往形成的礼仪习惯有什么关系？

【案例】

小张去政府机关应聘公务员，她特意穿了一身高贵的时装，小李应聘益智玩具公司推销员，他很庄重地穿了一身黑色西服。结果两个人都没被录用，也都没被告之原因。

同样是计算机应用专业毕业的小孙和小赵，同样应聘于一家计算机公司。小孙对自己的面试比较有把握，就蛮有信心地等录用通知了。小赵在面试时有的专业问题没答上来，他回来查阅资料，还是没弄明白。虽然预计应聘的事没戏了，他还是给计算机公司打了个电话。首先感谢公司给了他一次面试的机会，其次表达对自己知识欠缺的遗憾，同时讲了自己查阅资料的未果的情况，并且请教对方，自己该怎么弄明白这个问题。两周之后，小赵被录取而小孙落选了。

尺有所短，寸有所长，可关键是，我们知道招聘单位所在意的长短吗？无论是交往礼节、着装打扮还是待人接物，平时我们都在按照潜藏在内心的标准行事。交往中没有矛盾，我们都不理会这个标准，一旦遇到礼仪冲突的时候，我们就会拿这个标准衡量自己、衡量别人，所以这个标准的规格非常重要。我们平时惯于握手，讲究不同场合的恰当着装，注重与人交往的善始善终，注意让遇到的问题有个答案……上面的情况都是我们展示修养的机会，反之就是礼仪陷阱。

礼仪体现了我们在长期社会生活中的交际交往习惯、思维定势与行为定势的最高层次。求职礼仪是在求职阶段对以往形成的礼仪习惯的一次检点，而不是另有一套求职的礼仪。如果我们从来不讲究高尚优雅的礼仪形式，我们就很难在求职过程中有得体、优雅的表现。礼仪常常体现在我们生活中最细微之处，甚至小到一个眼神、一个手势。在求职过程中，我们每时每刻的微细动作，都是我们长期积淀下来的礼仪习惯的体现。聘用者总是于最细微处观察和认定我们的礼仪层次以推断我们的修养。所以，我们必须平时注重细节，关键时刻才能让每一个细节表现为最自然的流露。

一、大学生的教养和礼仪

求职礼仪是指大学毕业生在求职过程中恰当自然地表现出自己的教养，表达对周围人的尊重和友好。求职礼仪在某种意义上就是指导我们在求职过程中最大限度地表现自己良好的修养，最准确、最恰当地表达我们对招聘者、周围人以及我们自己的尊重和友好。

(一)大学生教养

教养，指的是文化和品德的修养，尤指在家庭中从小养成的行为的道德水准。大学生的教养自然强调的是在大学期间我们所得到的文化和品德修养。大学生的教养是求职礼仪的重要基础。我们的修养水平将在求职中受到检验，检验的形式之一是我们表现出的礼仪。所以，求职礼仪体现的是大学生的教养，还反映出中小学时期教育、家庭教养、朋友氛围的影响。所以，求职过程虽然只是人生的一个阶段，但是就礼仪而言，是“厚积薄发”，是平常的积淀在短暂瞬间的展示。所以，趁着还来得及，让我们审视一下自己在文化和品德方面的修养。

中国从计划经济向市场经济转轨，独生子女在家庭乃至社会教育中的先天不足，东西方文化的激烈碰撞，网络虚拟空间的影响，对物质的追求与对政治的淡漠，是当代大学生在文化和品德方面的真实状况。人人为我还是我为人人、承担责任还是享受权利、物质是第一的还是精神是高尚的？当代大学生文化和品德方面的修养状况最典型的特点就体现在这类矛盾中。反映在求职上，重薪酬而较少考虑自己能为企业创造多少价值；重环境而较少考虑国家的需要。

良好的文化和品德修养帮助我们树立正确的人生观和价值观，准确地指导我们作出选择。作为即将谋职的大学生，如果我们还不能明确付出与回报、个人发展与社会需要的关系，最好先补上人生观和价值观的课。

（二）大学生礼仪

文明礼仪是一个人修养的综合体现，是社会生活的要求，也是一个人甚至一个民族文明程度的体现。礼仪落到实处是文化和品德修养渗透在我们一言一行、一举一动中，通过怎么做和为什么这么做表达出来。不同的文化和品德修养，形成不同的礼仪文化。大学生礼仪是一种行为规范，由大学生的文化和品德修养决定，体现的是大学的教育。大学生礼仪就是展示大学生的文化品德修养，体现接受过高等教育的人对他人的尊重和友好。大学生求职礼仪是要求我们用文化和品德修养的最佳状况帮助我们实现从学生身份到职业人员顺利地转换。

求职过程中对求职者的礼仪规范有比较特殊的要求。大学生在求职中需要遵循的礼仪规范，主要表现的是大学生的礼仪规范，是大学教育使学生达到的修养。要想在求职过程中表现出恰如其分、尽善尽美的礼仪，就要在平时养成良好的礼仪习惯。

二、注重行为习惯，养成优雅的礼仪风度

播种行为，收获习惯。我们强调优雅的礼仪，重要的是习惯成自然，优雅的礼仪风度要靠平时养成。

我国是东方礼仪之邦，然而，随着时代的发展，社会的进步，我们却丢掉了很多优秀的文明礼仪。看看街道上的口香糖、图书上的“天窗”、楼梯上的果皮、乘车时的蜂拥而上……我们必须而且敢于承认，在这方面，我们已与发达国家有了较大差距。

作为现代文明摇篮之一的大学校园，情况也不容乐观。不知从何时起，校园的文明现象也在渐渐衰退，当我们用冷静的目光审视大学校园时，很多现象在印证着这一点：有的学生衣服穿得很漂亮，风度翩翩，仪表堂堂，但当你走进他们的宿舍时，进入眼帘的是一桌桌沸腾的牌友，还有烟民，坐的、站的围了里外三层，喊声、杀声、吆喝声、拍打声此起彼伏；如果你在室内坐一会儿，就会感觉到怪味刺鼻，你再朝四周搜索，就会发现原来床下、洗衣盆里塞满了换下来的鞋袜、衣裤；有的学生在

教室里正襟危坐，不苟言笑，一出课堂便举止失态，言语粗俗；有的学生在自我鉴定上大谈自己思想品质如何端正，私下却偷偷看不健康的口袋书、点击黄色网页等；假如你饭后在校园散步，就会发现僻静的树底下、小道旁、墙根下，一对对男女学生在旁若无人地进行着"爱情展览"，那动作、那神态，简直"目不忍睹"；还有"内容丰富"的"课桌文化"、"厕所文化"；还有旷课、作弊、夜不归宿、随地吐痰、乱扔废物……一些大学生一面在探索着现代文明，一面又对身边的不文明现象视而不见；一面在传播着文明，一面又在摧残着文明。面对现实，我们应该怎么做？

有上述现象的同学，要从我做起，从现在做起，自觉规范自己的行为。养成好的生活习惯，按时起床、上课、就寝、整理内务、清扫卫生。增强公德意识，不随地吐痰、吐口香糖、乱扔垃圾，不在公共场合大声喧哗、接打手机等，珍惜时间，努力学习，不旷课、不沉溺于网络等。

穷则独善其身，达则兼济天下。没有这些现象的同学，除了进一步学习、实践，提高自身修养外，还要帮助有不良习惯的同学修正不文明做法，养成好的行为习惯。

随着信息时代的到来，地球村的出现，作为祖国建设栋梁的当代大学生，必须抓紧时间提高自身的综合素质，做有教养、懂礼仪的现代人。只有这样，我们才能在与人交往中更好地树立起自身的形象，成功地走向社会，走向世界。

第二节 面试礼仪

在整个应聘过程中，面试无疑是具有决定性意义的一环，事关成败。同时，面试也是求职者全面展示自身素质、能力、品质的最好时机，面试发挥出色，可以弥补先前笔试或是其他条件（如学历、专业等）的不足。在应聘的几个环节中，面试也是难度最大的一环。

一、面试测评的主要内容

面试是通过当面交谈对应试者进行考核的一种方式。它不仅能考察面试者的业务水平，还可以观察其口才和应变思维能力等。对多数大学生来说，由于面试经历少，面试时心里打憷，常常不知所措。了解面试测评内容，有助于学会面试。

1. *仪表风度*

这是指面试者的体型、外貌、气色、衣着举止、精神状态等。像国家公务员、教师、公关人员、部门经理等职位，对仪表风度的要求比较高。研究表明，仪表端庄、衣着整洁、举止文明的人，一般做事有规律、注意自我约束、责任心强。

2. 专业知识

了解面试者掌握专业知识的深度和广度，其专业知识是否符合所要录用职位的要求，以此作为对专业知识笔试的补充。面试对专业知识的考察更具灵活性和深度，所提问题也更接近空缺岗位对专业知识的需求。

3. 工作实践经验

面试考官一般根据查阅应试者个人简历和求职登记表中了解的情况，作相关提问，查询应试者有关背景及过去工作的情况，以补充、证实其所具有的实践经验。通过对其工作经历与实践经验的了解，还可以考察应试者的责任感、主动性、思维灵敏度、口头表达能力及应变能力等。

4. 口头表达能力

看应聘者是否能将自己的思想、观点、意见和建议顺畅地用语言表达出来。考察的具体内容包括：表达的逻辑性、准确性、感染力、音质、音量、音调等。

5. 综合分析能力

面试中，考察应试者是否能对主考官所提出的问题抓住本质，并且说理透彻、分析全面、条理清晰。

6. 反应能力和应变能力

主要看应试者对主考官所提的问题理解是否准确贴切，回答是否迅速，对于突发问题的反应是否机智敏捷、回答恰当，对于意外事项的处理是否得当等。

7. 人际交往能力

在面试中，通过询问应试者经常参与哪些社会活动，希望同哪些类型的人打交道，在各种社交场合所扮演的角色，了解应试者的人际交往倾向和与人相处的技巧。

8. 自我控制能力和情绪稳定性

自我控制能力对于国家公务员以及许多其他类型的工作人员（如企业的管理人员）显得尤为重要。一方面，在遇到上级批评指责、工作压力大或是个人利益受到冲击时，能够克制、容忍、理智地对待，不致因情绪波动而影响工作；另一方面，工作要有耐心和韧性。

9. 工作态度

第一是要了解应试者对过去学习、工作的态度；第二是要了解应试者对现报考职位的态度。过去在学习或工作中态度不认真，做好做坏无所谓的人，在新的工作岗位也很难说会勤勤恳恳、认真负责。

10. 上进心、进取心

上进心、进取心强的人，一般都有事业上的奋斗目标，并为之积极努力。具体表现在会努力把现有工作做好，不安于现状，工作中常有创新。

11. 求职动机

了解应试者为何希望来本单位工作，对哪类工作最感兴趣，在工作中追求什么，判断本单位所能提供的职位和工作条件能否满足其工作要求和期望。

议一议

面试礼仪仅指面试中的行为规范吗？

12. 业余兴趣与爱好

从应试者休闲时间喜欢从事哪些运动、喜欢阅读哪些书籍以及喜欢什么样的电视节目、有什么样的嗜好等，可以了解他的兴趣与爱好，这对录用后的工作安排非常有好处。

二、面试的种类

面试主要考察应聘者随机应变的能力。有的人心理素质比较差，看到一个新的面试环境，心里也会七上八下。这种情况下，如果对面试种类有所了解会有助于缓解不必要的紧张情绪。面试方式灵活多样，常见的有：

（一）按出场人数分类

1. 一对一面试

招聘人员与应聘者一对一的“过招”是最常见的面试方法，通常用于第一次面试。面试问题较有规律，求职者的注意力也容易集中，面试对求职者造成的压力也较轻。

2. 多对一面试

两个或两个以上的招聘经理共同面试同一个应聘者，也比较常见。采取这种面试方法多是出于节省时间的考虑，招聘单位可以在很短的时间完成多项面试内容，几个面试考官一轮下来就可以对面试者进行现场综合评定。在这种情况下，容易造成紧张气氛，你要保持沉着冷静，避免紧张。注意谁是最主要的面试考官，这在中资机构中很容易看出，在外企中通常也能通过察言观色猜测出来。面试者应该对主要的面试考官有所重视，目光应主要集中于该人身上，但也不能忽略其他人员，要和在场每个人进行良好的目光交流。

3. 小组面试

面试考官同时考察一组人，这时招聘人员的人数是不确定的。这么做的目的通常有 3 个：一是可以横向比较面试者，统观全局，大致地了解每个人的特色；二是考察小组成员的团队合作精神；三是节省时间，因为招聘工作时间紧，常常来不及一个个面试。基于前两种原因这种面试会配有程序化的设计，往往会要求大家分析案例或者要求大家共同参与一个小游戏。

有些同学对于这种小组游戏式的面试感到很拘谨，不知如何应付。其实，这样的小组面试也没有什么特别困难的，要注意把握一个“度”，也就是说，应对这种面试需要注意的是如何在群体中表现得当，既要积极活跃，又不能抢尽风头，对别人构成压力或威胁。要摆正自己的位置，使人觉得你是集体中的一员，容易相处，并能为公司做出贡献。

(二)按阶段分类

1. 筛选型面试

初轮面试称为筛选，更直接地说就是把不合适的人先筛出来。被面试者众多，每人分得的时间有限，一般是 10～30 分钟不等。这种面试作为多轮选拔的开始，既可能在学校进行也可能在用人单位进行。在校生一般只有两轮面试，很有可能首轮面试你会见到不止一个面试人员。但面试人员的级别不会很高，因为筛选的目的是为了筛去多数应聘者，只留下那些符合条件的求职者。在把你列人“审查通过”的名单以及让你进入下一轮面试之前，他们只在乎完成一项基本任务：确保你基本符合条件。

2. 进阶选拔型面试

在经历了万马齐“鸣”的第一轮筛选之后，不少应试者会接到进阶选拔的通知，这是开始面试的最关键阶段。此时不再是大把大把的筛人了，而是一个精挑细选的过程。通常都是由级别比较高的人来主持面试，面试的时间也会更长，程序也更复杂，往往要经历两个以上考官的评估，只有少数的应试者会脱颖而出。

有些人自以为资质很好，又是名校的高才生，他们乐观地认为在这种低层次的面试中会稳操胜券，因而掉以轻心。盲目的自信会在不经意间带出一种咄咄逼人的气势，一旦给面试考官造成这种印象，即便你的硬件再优秀他也不会让你通过，因为面试考官会觉得你与人相处的能力很差，恃才傲物。

3. 决策型面试

这是一种很重要的面试方式，往往由主管人员、部门负责人或者有权决定是否录用你的人来对你进行当面试验，对你进行面试的人有数名，有时要花费一整天的时间。有时，主持面试的人并不一定熟悉这项业务。这对你既是好事，又是坏事。你可能不得不回答一些古怪的问题。但是，如果你已做好了充分的准备。你就能通过提出一些关键性的问题，并在适当的时机恰到好处地介绍自己的情况从而在面试中占据主动。

(三)按照面试中主考官采取的方式分类

1.模式化面试

由主试人根据预先准备好的询问题目和有关细节,逐一发问,其目的是为了获得有关应试者全面、真实的材料,观察应试者的仪表、谈吐和行为,以及沟通意见等。

2.问题式面试

由主试人对应试者提出一个问题或一项计划,请应试者予以解决。其目的是为了观察应试者在特殊情况中的表现,以判断其解决问题的能力。

3.讨论式面试

即主试人海阔天空地与应试者交谈,让应试者自由地发表议论,尽量活跃谈话气氛,在闲聊中观察应试者的能力、知识、谈吐和风度。

4.压力式面试

由主试人有意识地对应试者施加压力,针对某一问题做一连串的发问,不仅详细,而且追根问底,直至无法回答,甚至有意刺激应试者,看你在突如其来的压力下能否做出恰当的反应,以观察其机智程度和应变能力。

5.综合式面试

由主试人通过多种方式综合考察应试者多方面的才能。如用外语同应试者会话以考察其外语水平,让应试者写段文字以考察其书法,让应试者讲一段课文以考察其演讲能力,也许还会要求你使用计算机或打字机等。

在实际面试过程中,主试人可能只采取一种面试方式,也可能同时采用几种面试方式。

(四)非常规的面试方法

【案例】

某知名企业招聘。所有的简历初审合格者,被通知在同一天下午来面试。那天,20 多位求职者坐满了会议室。奇怪的是,这么多人怎么可能一一面试得完呢?

这时候,一位捧着很多材料的工作人员,进会议室艰难地拿了其他东西以后,出门的时候一不小心把材料掉到了地上。然后他极不方便地想弯下腰捡地下的东西。在他周围的这些求职者谁也没动,好像没看到一样。这时候,离这位工作人员最远的一位求职者过来帮他捡起了东西并开了门。

约半小时后,除了刚才那位帮忙捡拾东西的求职者被通知外,其余人都可以回去了。

所以，作为一个求职者，首先就要在求职过程中，注意自己的行为举止，以表现出自己良好的修养，以迈出成功的第一步。

现在有不少用人单位在面试时还大量地采用一些非传统、非常规的面试招法。

1. 不考即考测试

就是在没有言明或没有任何迹象表明是在考试的情况下，考试早已开始了。

【案例】

有一次，大学毕业生小牛前往三星公司应聘。他到场后，发现除自己是普通大学的毕业生外，其余都是名牌大学的毕业生。当他与最后20多名候选人进入会议厅准备接受公司经理最后面试时，老板迟迟没有出现。小牛突然意识到：这也许就是一种考试。于是他马上对在场的应聘者说："同学们，我们相互认识一下吧，难得有这样一次相识的机会，不管我们中间谁被录用，我们仍可以多加联系。"接着，他开始介绍自己，并主动与人交谈。当时，有些应聘者对他的举动还不以为然。最后，三星公司录用的唯一一名大学生就是小牛，而且进公司不久，他便被任命为部门主管。

2. 即席发言测试

就是考官给应试者一个题目，并在发言之前向应试者提供有关的背景材料，让应试者稍做准备后按题目要求进行发言。即席发言的内容可以是公司面临产品销售的暂时困难，向全体员工作一次动员，要求大家齐心协力共渡难关；可以是就新产品的推出在一次新闻发布会上的发言；也可以是在新年职工联欢会上发表祝词等。通过即席发言，可以测试应试者的快速反应能力、理解能力、思维的逻辑性及发散性、语言表达能力以及风度举止等。

【案例】

先正达是一个主要以生产经营农药为主的跨国公司，2007年末来农职院的园艺专业招聘市场支持员。其中一个环节是发给应聘者各不相同的公司新产品的宣传单，3分钟后，应聘者开始自愿到前台即兴演讲宣传单上的内容。有一位曾经获得全院演讲比赛一等奖的女学生干部出色的表现，令所有的在场者折服，人力资源部的负责人当即决定，在辽宁分公司为这位女同学设一个总经理助理的职位。

3. 明暗结合测试

就是在当面测试的同时进行暗中的测试。例如：

【案例】

某企业到一所大学中去招聘毕业生，考官要求学生就"从我做起，从小事做起"进行两分钟的演讲，许多学生侃侃而谈，言辞动人。就在演讲的同时，另外几名考官逐一到这些学生的宿舍中检查他们个人平时的卫生状况。演讲一完，考官当场公布了卫生检查的结果。有一位演讲时还神采飞扬的女生，听考官说到她宿舍中被子未叠、衣服未洗等情况时，眼泪顿时夺眶而出。

4. 与人谈话测试

就是通过让应试者与他人谈话的方式来考察应试者。与人谈话测试常有以下3种类型。

(1)接待来访者。来访者可以多种多样，根据特定的需求，或者是来谈生意的，或者是来推销产品的，或者是来叙旧的，或者是来纠缠的。这些来访者都是由考官来扮演的。

(2)电话交谈。这方面的面试考题可能是让你接电话，或者让你按提供的几个号码打电话，而对方就是面试的考官。

(3)拜访有关人士。这些人士当然也是由考官扮演的。通过拜访有关人士的测试，可以考察应试者待人接物的技巧、语言表达能力、有关的专业知识、应付各种困难的能力等。

5. 设计路障测试

就是在应试者面试时必经的道上或在面试过程中故意设计一些有路障的题目，通过观察应试者经过路障时的各种表现来测试应试者的素质的一种方式。例如：

【案例】

考官要求应试者用最快的速度跑到楼顶大厅观察，然后尽快返回，用英语描述自己的所见所感。楼道里有的地方横着拖把，有的地方堆放着杂物。一些应试者只顾上楼，见了拖把一脚踢开，或者横跨而去，只有少数人弯下腰来将拖把或杂物拿开。考官们跟在应试者身后，给那些俯身扶好拖把或清除杂物的应试者加了分。

6. 事实判断测试

就是给予应试者少量的有关某一问题的资料，要求他做出对这一问题的全面分析。应试者可以通过向考官提出一些问题，从而获得更多的信息。事实判断测试的目的是测试应试者搜集信息的能力，特别是从那些不愿意或不能提供全部信息的人那里去获取信息的能力，以及把握事实做出正确决策的能力。

7. 角色扮演测试

就是设计一系列尖锐的人际矛盾与人际冲突，要求应试者分别扮演不同的角色，去处理各种问题和矛盾。例如：

【案例】

如果在工作中，你的上级非常器重你，经常分配给你做一些属于别人职权范围内的工作，对此同事对你颇有微词，你将如何处理这类问题？

考官通过对应试者在扮演不同角色时所表现出来的行为进行观察和记录，测试应试者如下的能力：一是角色把握能力；二是处理人际关系的技能，如缓和气氛、化解矛盾的技巧、行为策略的正确性、情绪控制能力等；三是对突发事件的应变能力等。

8. 编组讨论测试

就是将应试者编成一个或几个不同的小组，每组 4～8 人不等，考官要求他们讨论某些有争议的问题或实际经营中存在的某种困难。例如，征收利息税问题、房改问题、移动通信单向收费问题等。要求讨论最后形成一致意见，以书面形式汇报讨论结果，每个组员都要求在书面汇报上签字。

考官或者坐在一边，或者坐在讨论室隔壁的房间里，通过电视屏幕或单向玻璃屏观察整个讨论过程，倾听讨论发言。考官将根据每一个应试者的表现，从以下几个方面进行考核：领导欲望、主动性、说服能力、口头表达能力、抵抗压力的能力等。评分的依据是发言次数的多少，是否善于提出新的见解和方案；是否敢于发表不同的意见，支持或肯定别人的意见，坚持自已的正确意见；是否善于消除紧张气氛，说服别人，调解有争议的问题，创造一个使不大开口的人也想发言的气氛，把众人的意见引向一致；是否尊重别人，是否倾听他人的意见，是否侵犯他人的发言权。还要看语言表达能力如何，分析问题、概括和总结不同意见的能力如何等。

9. 随便聊天测试

表面上看似乎与传统的一问一答面试方法相差无几，但实际上却有很大的区别。随便聊天测试，最大的特点就是看上去很随和，应试者几乎感觉不到是在面试，而是在拉家常。考官就是在这种拉家常的轻松气氛中，将你考察个透。

(五)外企招聘常用的方法

【案例 1】

分蛋糕

有一家外企面试时，出了这样一道题，要求应聘者把一盒蛋糕切成 8 份，分给 8 个人，但蛋糕盒里还必须留有 1 份。面对这样的怪题，有些应聘者绞尽脑汁也无法分成；而有的应聘者却感到此题实际很简单，把切成的 8 份蛋糕先拿出 7 份给 7 人，剩下的 1 份连蛋糕盒一起分给第 8 个人。应聘者的创造性思维能力就显而易见了。

考试应聘者意志、吃苦耐劳精神，常是外企招聘面试要出的题。

【案例 2】

在烈日中长跑

有一家外企从应届技校毕业生中招一批员工，面试时，要求应聘者顶着烈日，跑到近郊的一座山再返回。测试结果，有的应聘者投机取巧，未跑到目的地就返回;有的应聘者虽跑到目的地,但在返回途中搭乘出租车;也有的应聘者按规定跑到目的地后再跑回。外企公布录取名单时,前两种人榜上无名,后一种人被录用为员工。

【案例 3】

在雨中打伞

面试时,要求应聘者冒雨到附近指定地点然后返回,但只有一半的应聘者发到伞。应聘者在这场面试中出现这样的情况:有的发到伞的应聘者主动与无伞的应聘者搭档,风雨同伞;有的无伞的应聘者则与有伞的应聘者协商合用一把伞;还有的有伞的应聘者只顾自己不顾别人,独自撑一把伞。结果,独自撑一把伞者被淘汰,而风雨同伞者被录用。

三、面试前的准备

常言道,不打无准备之仗。对于大学毕业生来说,关系到初次就业的面试,可谓是一件大事,更应认真对待。除了通过恰当得体的服装服饰、优雅大方的言行举止塑造良好个人形象外,还需要做好各方面的准备工作。

(一)准备好面试时可能会用到的物品

携带身份证、个人简历、学校统一制作的推荐表、大学期间成绩单、各种证书等,以便主试人查阅,并留意把这些文件有条不紊地折叠起来,以免临场慌乱,给主试者造成不好的心理感觉。值得注意的是,用人单位可能只要应聘者的简历,而没有要其他详细资料,所以上述材料除了原件以外,还应多备几份复印件,如有必要就可以留一份详细的资料给主考官,以便主考官有一个更为全面的了解。当然,还要准备好钢笔和一些空白纸,以用来做记录或进行可能的笔试。同时还要带上手机,以方便联系和把握时间。还有现金、地图和面试单位的地址、联系电话号码等都是不可缺少的。

(二)了解招聘企业、应聘岗位的现状,做到知己知彼

主试者提问的出发点,往往与招考单位有关。一般而言,主考官不太愿意录用那些对他的单位一无所知的应聘者。相反,如果在面试时应聘者对招聘单位的情况比较了解,说明他对这个单位重视,有好感,将来工作会有较高的积极性。只有多了解单位性质、业务范围、发展情况和工作岗位对知识技能的具体要求,例如公司创立的年代、总公司所在地、公司规模、公司产品及企业文化和发展目标等,才有利于有针对性地展示自己的所长,在面试时就可迅速地进入状态。你可以通过如下渠道了解情况:学校辅导员以及为你推荐的有关的专业教师、亲友、所欲谋求工

作的从业人员、行业资料等。

(三)准备随时回答有关自己的问题

主试者往往以询问求职者的有关情况作为面试的切入点。预测考官可能提出哪些问题,准备一个简短的自我介绍复稿是必要的,以便将自己较完整地介绍给对方。求职信或简历表的个人资料应非常熟悉。

(四)做好面试的心理准备

1.建立自信

自信是求职者在面试时必备的心理素质,也是面试成功的先决条件。试想一个自卑胆怯,自己都对自己缺乏信心的求职者,在面试时战战兢兢,怎会被用人单位录用呢?当然,由于第一次参加面试或性格比较内向,面临重要的场合难免会紧张。可以在面试前对面试的进程进行一定的预测,例如,自己是否是这个职位的有力竞争者,面试成功的把握有多大,调整好情绪,克服怯场心理,使自己具有饱满的精神状态,力争取得面试的最佳效果。

2.要有不怕失败的平常心

寻找一份理想的工作需要时间和经验积累,不可能每个人每次求职都能一帆风顺、心想事成。这样,求职者在面试中,就不会过多地计较得失,不会因为遇到突如其来的情形而不知所措,及时调整好自己的心态。

此外,还可以先进行有关面试的场景模拟。应届毕业生由于缺乏面试经验,可事先找朋友相互练习,模拟应聘,以改进面试技巧。

四、面试中的服装服饰

曾经有一位人事总监说过这样的话"我认为你不可能仅仅由于戴了一条领带而取得一个职位,但是我可以肯定你戴错了领带就会使你失去一个职位。"显然,这位总监谈论的并不是领带的问题,而是面试者的着装问题。合理的着装不一定帮你拿到职位,但糟糕的着装绝对会为你减分。在面试时,一定要注重服饰礼仪,恰当的着装能够弥补自身条件的某些不足,树立自己的合适形象。

(一)装束是身份的体现

"人靠衣装,佛靠金装"。人类的进步使穿着不仅为御寒和遮羞,而且为享受和审美,为体现身份,展示品位和修养。参加面试的毕业生,装束既要体现学生的清纯和质朴,又要体现将要走进职业岗位的郑重和端庄,所以我们应当穿着与职业岗位协调的正装。

男生可以选择西装,女生则可以选择套装。选择这样的装束的好处就在于既可以表示出你对这份工作的看重，对招聘单位的尊重，又可以使自己显得成熟、稳重，更具有职业化气质。在服装的选择上有3点需要特别注意：一是服装一定要剪裁合理、合身。穿一套过大或过小的衣服，自己觉得别扭，同时也会令面试官觉得别扭。二是服装的质量不能太差。服装的面料尽量选择不容易起皱的，否则同样会令自己的整体形象大打折扣。三是女生选择套装时，裙子不宜过短或过长。一般而言，膝盖以上10厘米是比较合适的。

同时还要注意色彩的搭配。职业装一般是以"黑白灰"等较暗的颜色为主的，然而这些暗淡的颜色常常会让人觉得没有生气与活力。合理的色彩搭配可以调节这种令人不乐的感觉。如果是深色的外套，则可以选颜色亮一点的衬衣；而如果外套的颜色比较浅，则要选择深色或白色的衬衣进行调节。另外，男生在西装的搭配上必须要遵循"两单一花"的原则，即如果西装和衬衫的颜色都是单色的，则要选一条花领带进行调节。女生同样可以选用色彩亮一些的丝巾作为调节和点缀。面试者合理搭配色彩，要达到的效果是严谨而不失活泼，青春而不失稳重。但是出现在你身上的色彩不要超过5种，也不要运用过于跳跃的色彩搭配。因为不管是怎样的工作，面试方都希望你能够严谨而负责地对待它，过于花哨的搭配会给人留下不严肃的印象。

(二)注重装束是求职者对面试单位的尊重

参加面试时，衣着上整洁大方、得体，既能体现大学生良好的精神风貌和审美素养，也是我们对面试单位的尊重。招聘单位给了我们一个机会，一份邀请，面试就是双方更真切地感觉对方，谋求走到一起的更大可能。因此在面试时我们看重自己的装束，是对招聘单位的一份谢意，也表明我们很在意这次机会，把面试当作一次郑重的活动。作为礼仪的体现，我们穿正式服装参加面试，还要注意穿着的其他方面。因为细节是礼仪最细致的体现。首先是服装干净整洁。服装不必崭新，但是要洁净。其次事先要检查服装是否整齐完好。开线、皱皱巴巴、少纽扣等都是着装邋遢的表现，是在郑重场合的失礼。此外，面试者还应该在鞋子、袜子、发型等细节上多注意。千万不要穿一双黑色的鞋子搭配一双白色袜子。

(三)如何装束要看面试单位的工作需要

参加面试时如何装束，还要考虑我们应聘的具体职业岗位。举例说，会计和市场营销员，虽然都是经济类职业，但是营销人员的着装要求肯定比会计讲究。如果是计算机程序员，可能服装要求就相应淡化些。有的职业如工商、税务、银行业等工作中是有职业装的，更看重我们体现在着装中的气质、风度，这就要注意与服装相配的服饰打扮。像围巾、领带、胸花、别针、发卡和首饰等佩戴物，能体现我们的品位，间接表达对人的礼仪。佩戴恰当既体现高雅的审美修养，又让对方悦目，因此在面试前要精心选择。得体的装束装饰体现我们对招聘单位以及主考官的尊重，也是对未来职业的尊重，无形中体现着优雅的礼仪。

根据招聘单位与应聘职位的不同调整着装。

1. 正统着装

职业装是比较正统的着装方式。应聘行政文秘类的岗位，外企、法律、金融、国家机关等单位机构时，正装比较符合这些企业的企业文化和特质。在色彩搭配方面做好处理，可以使面试者看上去干练稳重又不失活力与亲和力，同时也能够恰当地体现出面试者与企业氛围的融洽度。

2. 创意性着装

这类着装主要适用于新闻、娱乐、广告、平面设计、动画制作、形象造型等工作，针对单位是一些传媒公司、影视娱乐公司、广告公司等。面试者如果应聘这些工作，单单以传统的正装示人就未免显得太过拘谨缺乏新意了。因此，这个时候面试者在避免呆板与随意的同时，可以穿着一些体现个性特质的服装。

3. 内敛性着装

技术类人才面试时可以采用这种着装方式。技术类工作虽然看重的是面试者的技术能力，招聘方对着装也无太多的要求，但招聘方还是想通过面试者的着装来对其进行初步判断，看看面试者在严谨、稳妥、含蓄等方面的特质。因此，这种方式不必对着装过于讲究、准备，只要表现出干净、大方、舒适即可。

(四)礼仪禁忌的求职装束

首先不要过于时装化或刻意盛装。尽管想表达我们对面试的重视，但是刻意盛装容易让人觉得我们把面试当成表演，误会我们华而不实。也不要过分地装束随意，以平常心对待重要事固然有益，但是我们如何向招聘单位表示对他的尊重和礼貌呢？还要注意装束装饰不要过于扎眼。例如，有的男生课余参加摇滚乐队，所以留长发、戴耳环和鼻环，在面试中屡屡被主考官问及为什么这么打扮；有的女生把头发染成金色、红色，甚至白色；有的学生面试中穿设计怪异的衣裤。对于这样扎眼的打扮，考官也许不问，但是如果不是艺术类招聘，他会自然推断我们个性怪异，其他条件同等情况下，我们容易落选。有必要告诫女生，面试服装禁忌过于暴露。现在有的女生以袒胸露背、露肚脐、露长腿为美，面试也这样打扮，一般来说不会成功。具备女性魅力不是坏事，但在面试时过分展示只能帮倒忙。男生求职面试时，领带不能太花哨，不要戴领结，尽量少带装饰品(如戒指)，也不要佩戴光彩夺目的皮带或扣环。求职面试要展示的是知识、能力、品德、修养。

如果路途较远，应该提前赶到面试地点。先去休息室待几分钟，整理整理头发、领带，仔细检查一下着装的每一处细节。

以下15个问题是年轻人衣着服饰中常见的通病，我们在日常生活中要注意这些着装细节，提醒注意：

①任何时候请保持衣服和鞋的洁净。

②女生着短裙配凉鞋时可不着袜或着长筒丝袜，切忌短丝袜。

③男生穿西装时，必须配皮鞋。

④男生穿西裤时，哪怕是休闲西裤，都最好不要配旅游鞋，应该配皮鞋。

⑤男生不要穿过紧的裤子以及T恤。

⑥男生不要穿西装打领带而配穿牛仔裤。

⑦女生不要着男式的衬衣或西装。

⑧男生着牛仔裤时，最好配上皮带。

⑨男、女生都切忌穿看起来明显是假冒的伪名牌服饰(这一点很重要)。

⑩女生穿紧身牛仔裤时，最好不要配松糕鞋。

⑪男生最好不要穿任何女性化的服装，特别是牛仔裤。

⑫男生穿皮鞋时，最好不要穿运动袜。

⑬男生不要穿运动休闲服却打领带。

⑭女生不要穿套装或套裙却配双肩背包。

⑮女生切忌穿长、短裙时却配穿一件外套。

五、面试时应掌握的技巧

(一)自我介绍技巧

在求职面试中，自我介绍是其中的第一步。自我介绍时，应面带温和、友善的微笑。一开始，主要介绍自己的概况，如姓名、专业名称、生源地等。然后是实质性的自我介绍，要将你求职的愿望、打算、所具备的条件向招聘者作系统的阐述。如果应聘者较多，应及时送一份自荐信，请招聘人边看边听，以加深印象。如果招聘者已看过你的自荐材料，你应重点介绍自己的优势和特长。自我介绍时，还要注意既不要过分谦虚，也不要过分炫耀自己的博学多才，否则会显得锋芒毕露和华而不实。

(二)语言交谈技巧

交谈是求职者与招聘者相互间心灵沟通的过程。要采用规范的礼貌用语，说话客气、彬彬有礼会使对方感到舒服、愉快，能融洽气氛；语言要形象生动富于情趣，谈话要情理交融，语言贴切、幽默，将给对方留下精明强干，精力充沛的良好印象；遇到主考官提出的古怪难答的问题，要沉着冷静，要意识到他是在考察你的“适应性和处理随机问题的应变性与机敏性”。应试者表达思想应该做到简洁、直率、清晰、准确，要讲普通话。

（三）聆听的技巧

应届大学毕业生在面试中常犯一个通病，就是喜欢过于表现自己。其实面试除了要表现自己的才华，更要学会倾听主考官的意见。善于倾听，是面试成功的又一个要诀。首先要专心，面试时应聘者的身体应保持向主考官方向微微前倾，面带微笑，不时以点头或简短的“是”、“对”等词语表示对主考官话语的认同和肯定。其次要耐心，不要随便插话，如确需插话，应先征得对方同意，用商量的语气问一下：“我提个问题好吗？”第三要细心、要具备足够的敏感性，善于从对方的谈话中理解他没有表达出的意思。

（四）集体面试技巧

这里是指求职者多人，而面试者可多可少。这种方式对于我们大家来说较为常见，因为往往是企业等用人单位到学校招聘。多人同时面试，欲想取胜，就需显示出自己与众不同，但要严格遵守集体行动的规则，除了表现自我之外，要绝对避免和他人发生争执。在集体面试讨论发言中，求职者的表演一定会五花八门。最出色的面试者，最喜欢的是那种在有限时间内，有效发表自己见解的人；那种在局面混乱，大家抓不住重点之时能挺身而出，三言两语切中要害的人；特别是那种能将问题整理得清清楚楚，融合先前合理意见，而领导他人意见的人。

六、面试中的注意事项

（一）提前到达

面试一定不能迟到，不准时的人会给人留下没有责任感的印象。如果是因为堵车或者地方不太好找，应该立即与招聘公司取得联系，讲明情况。如果有事不能参加面试，要尽早向招聘单位讲明情况。如果无故不参加面试，招聘单位会认为求职者对该职位没有兴趣，一般不会再与其联系。面试时最好提前5～10分钟到达，先去洗手间放松一下，整理一下思路，还可最后检查一下自己的仪容，整理因挤公车而弄乱的发型，女生还可趁机补补妆。在面试等候的时候，应聘者不要东走西瞧，也不要大声喧哗。

（二）正确称呼

与主试者见面后，首先面临的是如何与面试人员打招呼的问题，从现在起你应当立即进入角色。招呼离不开对方的称呼，而且在面试过程中及结束告别时都会多次涉及。在面试这种场合，称呼必须正确而得体。如果主试人员有职务，一般采用姓加职务称呼的形式，如“李经理”、“王厂长”等；如果职务较低，可不采用职务称呼，以“老师”相称为好；如果对方职务是副职，从目前社会上流行的称呼习惯和社交心理来看，一般最好略去“副”字，就高不就低，以正职相称。

（三）巧用眼神

俗话说，“眼睛是心灵的窗户”。在面试时与主考官的目光对视显得尤为重要，一方面可以通过眼神展现聪明自信，另一方面可以察言观色，避免面试出现尴尬。面试时不要东张西望，不要垂首低目。如果眼光游移不定，逃避主考官的目光。这除了表明应聘者的拘谨之外，还表示应聘者对主考官的问题没有把握，缺乏自信。应聘者留给主考官什么印象也可以从主考官的眼神中看出一些。如果对方很满意，他的眼神一定会有所反应，比如说注视时间延长，凝神的眼光突然闪亮等。如果主考官露出这样的眼神，应聘基本可以说是成功了。

（四）调控声音

交谈时要口齿清晰，控制好语音的高低和语气。声音大小适度，声音太大显得缺少修养，声音太小则别人听不清楚，也会给人留下胆怯的印象。同时语言表达要明确，停顿要分明，语速不要太快也不要太慢。要注意说话的语气，不论在什么情况下，都应当避免用让对方感到不自然的语气说话，说话时要有礼貌，给主考官以愉快的感受。

（五）注意小节

在交谈时要注意身体的小动作或者手势，避免出现不妥之处。说话时要和对方保持一定的距离，不能太靠近对方，如果离得太近，就容易把气呵到对方脸上，甚至把唾沫喷到对方脸上，这是令人不悦的行为。坐着时上身要挺直，头正对前方，双臂不可交叉，也不能跷起二郎腿，要避免一切不雅观的动作。双手保持安静，不要搓弄衣服、纸片、笔或其他分散注意力的物品。随身携带的皮包、物品等不要压在或放在桌子上，东西应拿在手中，或放在膝盖上面。

（六）当问则问

在面试时，经常在提问题即将完毕时，给应聘者这样一个问题：“我的问题问完了，你有什么要问我的吗？”通常会出现两种情形：一是不少求职者往往以为“时机已到”便不着边际地频频发问；二是不少求职者往往显得很局促，不知该从何问起，也不知该说些什么，只是泛泛地提一些类似医疗、保险、上下班时间的问题，然后就是一句话——“我没有什么要问的了。”显示出较为缺乏经验和起码的自我意识。

事实上，接受面试者想对面试单位提的问题应该有很多，而在面试时不提则会给有经验的面试者留下你太欠缺职业素养的印象。试想，面对就业这样的严肃事件，你都可以不负责任地不闻不问，那么你还能对该单位的工作抱着什么样的态度呢？如果单位知道你是这样的求职者，怎么敢用你呢？在回答这一问题前应聘者要先进行大致的判断，即根据整个面试的过程大致判断自己被录用或进入下一轮的机会有多大。如主考官饶有兴趣地询问工作(实习)经验，介绍待遇情况，了解上下班路途等，则说明机会较大；反之，如三言两语结束面试，很少提及工作，从未提到薪水待遇等，则说明机会不多。如果觉得对方对自己印象不错，求职者不妨先问一两个有关工作岗位的问题以证实自己的判断；反之则只要出于礼貌提一个问题即可。初试时最好不要提有关薪金、待遇的问题，而应该询问有关工作职责、企业发展之类的问题；复试时虽可讨论诸如薪酬福利、进修培训等同个人利益比较相关的问题，但一定要注意谨慎适度，凡是主考官介绍过的或已通过其他渠道了解的就不必多问。总之在回答“你还有什么问题要问吗?”这样的问题时，既不能冷淡漠然，也不能急于表现，而应审时度势，随时应变，适当提问，理智回答。

下面列举了只要看一眼就被人力资源管理者否决的9种求职者。①纠缠不休者；②沟通不畅者；③开口言钱者；④面试迟到者；⑤穿着邋遢者；⑥自吹自擂者；⑦没有诚意者；⑧弄虚作假者；⑨简历啰嗦者。

七、面试结束，求职未完

有些人认为，面试一结束，应聘就已结束了，求职者就可以袖手以待聘用通知的到来。其实则不然，面试结束后，应聘者还有很多重要的事情要做。

(一)耐心等待面试结果

在一般情况下，面试结束后，用人单位都要进行研究或讨论，然后送人事部门汇总，最后确定录用人选。这一过程短则3～5天，长则半个月，在学校的供需见面会可能在会议结束前就可确定下来。求职者在这段时间内不要打电话询问录取结果，一定要耐心等候消息，千万不能心急，不要过早打听面试结果。如果老是频繁地打电话或上门询问，只会招人嫌。一般来说，如果在面试两周后或在主考官许诺的通知时间到了，还没有收到对方的答复时，就应该写信或打电话给招聘单位或主考官，询问是否已做出了决定。

(二)表示感谢

面试结束后两三天内应聘者最好给招聘人员打电话、写信或发信息表示谢意，感谢他(她)在面试过程中对自己的教益。即使对方表示不予录用，也应表示感谢，使你的求职善始善终。这些举动一方面体现良好的个人修养,也可以加深主考官对应聘者的良好印象,增加了求职成功的可能性。当然,感谢电话要力争简短,一般不要超过4分钟。感谢信也要力求简洁,最好不超过一页。在感谢电话、感谢信或感谢短信中应提及自己的姓名及简单情况,并提及面试时间,同时对主考官表示感谢。有必要的话也可再次强调对该单位相应职位的浓厚兴趣。最后可以表示你对自己的素质能符合公司要求的信心,愿意提供更多的材料。

(三)面试后做好两手准备

面试只是完成了求职的一个阶段,求职是一个双向选择的过程,单位可以挑选应聘者,应聘者也可以挑选单位。一般来说,求职者会同时向几家单位求职,所以在一次面试之后,就应该马上调整心态,振作精神,全身心投入应付第二家的面试,因为在没有录取之前,还不算成功,你不应放弃其他机会。应聘中不可能个个都是成功者,万一你在竞争中失败了,也不要气馁。这一次失败了,还有下一次,就业机会不止一个,关键是必须总结经验教训,找出失败的原因,并针对这些不足重新做准备。在我们不得不接受面试这种也许并不公平的应聘方式时,必须注意总结经验,调整自己的思维方式,"吃一堑,长一智",全力争取下一次机会。

成功的面试只是毕业生迈向社会的第一步。未来的发展需要毕业生不懈的努力,你能否成为自己心目中的优秀者,要看你能否坚持住自己的人生信念,把握住自己人生中的每次重要机会,并付出自己孜孜不倦的努力,这是毕业生在犹豫与彷徨中不能忘记的。

八、拟定答题思路,让你从容不迫

在面试时,主试人常常会问到一些常见的问题,如果能够事先了解这些问题,并且懂得如何回答这些问题,那么就可以使自己及时有效地回答,这是非常有益于面试成功的。虽然不同的主试人所问的问题也许会各不相同,但是,有一些是比较常见的。

(一)"请简单介绍一下你自己。"

很多面试都是从这个问题开始的。它实际上可以诠释为:"告诉我,为什么我应该录用你?"主试人的用意有几个方面:一是让应试者从最熟悉的自己谈起,可相对放松;二是借此全面了解应聘者的情况,尤其是个人素质,如价值观、人生观、特长和爱好等;三是考察应试者的语言表达能力和逻辑思维能力,看能否在几分钟内简明扼要地介绍自己的主要情况。许多主试人都认为:如果一个大学毕业生连自己都无法清晰地表达出来,那么很好地阐明其他问题就更难;如果东谈一点,西谈一点，对方将难于整理出有意义的答案来，也不要问主试人你应该回答什么；如果由对方来告诉你一个话题，你将很被动，就不能充分地表达自己的才华。所以要事先准备两分钟的回答，前一分钟谈有关的事业，后一分钟谈有哪些能力使你具备胜任这份工作的条件。特别要注意避免流水账般谈生平经历，一定要谈对他们有用的东西。

(二)"请谈谈你的工作经验。"

大学生普遍从学校到学校，除了一些简短的社会实践外，还谈不上有什么经验。没有经验的大学生在回答面试问题时注意多强调自己的工作能力和专业知识，强调这些知识和能力能够适应所应聘的工作岗位。如可以这样回答："我今年毕业，对这项工作还没有什么经验。但是根据在学校时所学的知识，以及我在假期的社会实践的体验，我自信有能力做好这项工作。"而有一些有社会工作经验的人，则应多谈与这项工作有关的工作经历，如从事过的工作种类，使用过的仪器设备，对专业的认识等，强调这些经验对所应聘的工作有积极的作用。

(三)"你为什么要应聘这份工作。"

回答时注意说明你应聘这份工作是因为你具备胜任这份工作的能力。阐述应聘的理由时必须强调你能贡献什么，而不要强调你能获取什么，应从用人单位的工作性质、工作意义、发展前景和有利于为单位多做贡献，能够发挥自己聪明才智等方面回答。让主试人认为你喜欢这份工作是因为你具有他们所要求的技能，而不是那份工作能给你带来所需要的物质的东西。如能达到这种效果，主试人自然会另眼相看。还可以谈一些对这份工作的认识，但是，如果不是很了解，还是少说为好，以免出差错、闹笑话。切忌谈因为这个工作的待遇好、工资高、奖金多。总之，一要谈具备胜任这份工作的能力，二要谈自己能对单位的事业发展有贡献。

(四)"你喜欢你们学校吗？你的老师怎么样？"

大学生对这个问题一定要持积极肯定的态度。这个问题往往是主试人考察应试者的个人品格的题目。作为一个具有高度思想觉悟和良好道德品质的现代大学生，尊师爱校是应有的品质。此外，人们普遍认为，一个不热爱母校、不尊敬老师的大学毕业生，也很难谈得上热爱就业单位，很难谈得上尊重单位的领导和老同志，这种人是不会受到用人单位欢迎和赏识的。应充满激情地简单说明喜欢自己母校的原因。回答后一点时，应着重讲喜欢的老师对自己在学业和能力上的帮助和影响。

(五)"你在学校学了哪些课程？这些课程对所应聘的工作有些什么帮助？"

回答时注意只将所学过的重要课程以及与所应聘工作岗位有关的课程说出来

就行了，不必面面俱到地把每一门课程都罗列出来，可稍为详细地介绍一下与应聘岗位有关的科目，但不要强调这些科目会对今后的工作有极大的作用，只着重强调打好了理论和技能基础。

(六)“你为什么选读此专业?”

这是一个可以让应试者自由发挥的问题，也是一个大学生面试时遇到的非常普遍的问题。这是一个宏观的问题，如果回答得好，就能在面试开始时就处于有利地位。这个问题主要是考察你对专业以及将来从事该项工作的态度，了解你对事业的远景规划，同时了解你在思想和行动上的思考能力和独立性，看你是否善于自己做出决定，弄清你的学习动机和你的家庭对你的学习及未来的工作的影响。一般来说，不管专业与工作有无关系，都不应回答不热爱专业、讨厌所学专业之类，可以谈谈除了热爱本专业之外，还热爱其他的一些相关的专业。

(七)“你有什么特长和爱好?”

对这个问题的回答要直接如实，不可过分谦虚，可适当地介绍自己在文娱、体育、书法、美术等方面的业余爱好和成绩，如某项特长与应聘工作有关，可以谈得详细一些，因为这项爱好可能对应聘工作有所帮助，如自己确实没什么突出的爱好特长，一般也不应回答什么业余爱好也没有，可谈自己比较喜欢什么，比较爱好什么，以免给人以呆板的印象。

(八)“请你介绍一下自己的优点和不足。”

在面试中，这是一个常常被问及又比较难回答的问题，难就难在一般人都难以对自己有一个客观的评价，何况是自我评价比较高的青年学生？而主试人常常又以此来考察应试者是否诚实，或者以此来观察应试者会不会因为这个问题局促不安起来。一般情况下，要如实地讲出自己的优缺点，这并不会减少被录用的机会。事实上，回答这个问题时的态度比回答这个问题的内容更加重要。介绍自己的长处时，不要过分谦虚，不应谦卑地说自己还在学习阶段，没什么长处之类。如果你对自己的长处都毫无信心，那么又怎么让别人对你有信心呢？可把优点整理成几条，并加以证明。也不要回答说自己没有缺点。因为，每个人都知道，金无足赤，人无完人。不过回答自己缺点时可以婉转表达，也就是说，可以尽量把缺点说得好听一些：如你是性急的人，可以说自己有时耐心不够，所有的工作都恨不得一天就干完；如你是性格内向的人，可以说自己有时不够活跃，星期天也整天躲在宿舍里看书或干活。此外，这也是你发表一分钟演说的好机会。在准备这个演说时，你可以参考你的个人简历，可以从中看出你到底是个什么样的人，以及你到底可以做出什么成绩。

在阐述你的每一条优点时，都要举一个简短的例子。

至于缺点，最保险的方法就是回答一些实际上可以是优点的缺点，例如："我有时不注意休息，干活太卖力"，或"我有时不太耐心，总是希望在尽可能短的时间内把工作干完"。此外，不要主动向主试人提供对自己不利的消息，至少在初试时不要提及。等到你已经得到了工作后，那么如果你愿意的话，你可以坦白你曾经酗过酒等。当然，如果对方已经掌握了你的底细，那你就该明智一些，坦率地承认错误。但一般来说，主试人不会在缺点问题上太认真的，因为他们本来就不指望谁会傻乎乎地坦白自己的缺点。

(九)"你曾犯过的最大错误是什么?"

这个问题如果能有所准备，也是完全可以应付好的。不论你说的什么，一个重要原则就是要对自己有好处才行。没有必要追溯以前本来可以避免的错误，也没有必要把自己遭受的打击和灾难重新提出来。你可以把没有继续升入高一层次的学习当作是一个错误，但如果即使没有继续升学，这也能让你表现出色，那么这个错误反而更突出了你的长处。此外，也可以在缺乏经验上做做文章，把它当成一个反面因素，实际上却可以变成一个有益的因素，这就需要你动动脑筋了。

(十)"你择业考虑的主要问题是什么?"

回答时注意应该多谈自己所应聘的那份职业对自己的事业有利的一面，谈单位的氛围能够发挥自己的专业所长，符合自己的志向和兴趣。凡是与物质利益有关的条件，如工资、福利、环境等，最好少谈，即使主试人问到这个问题，也要把握好分寸，适可而止，不要让主试人觉得你脑子里只想着钱，一般可回答自己认识到待遇问题是次要的，而且要相信用人单位会按国家政策和单位的制度办事。一般来说，随着对单位的贡献逐渐增多，报酬和待遇也会慢慢提高。

(十一)"你谈恋爱了吗？你如何看待大学生谈恋爱?"

主试人一般通过这个问题来考察毕业生的成熟程度和处理生活事务的能力，考察你的人生观和价值观。有的人在回答这个问题时大谈大学生谈恋爱的好处，如何相互促进学习，不会压抑人性等，这是不够妥当的。应提高认识的层次，从用人单位领导的角度思考问题。因为有的用人单位领导认为，一个被爱情搞得昏昏沉沉不能自拔的毕业生，是很难使人相信其工作精神及工作能力的可靠性。不应强调爱情至上，可从大学生的不成熟角度来谈这个问题。

(十二)"这份工作压力很大，你能承受得了吗?"

这个问题的答案与回答的技巧同样重要。在主试人提出这个问题时，不要急于表示什么压力也不怕，应先请主试人进一步说清楚这种压力指的是什么。因为，也许这种压力真的很沉重，也许你不希望承受这种压力。如果是这种情况中的一种，那你也可不必直接说出，可以婉转告诉对方，你在压力之下会表现得更突出，压力对你不会构成问题，你有多种方法承受压力。如果能有你经历过的承受压力的实例那就更好。有一位应聘某公司的大学生，当主试人问到这个问题时，他平静地回答说："我觉得没有压力就无法提高。"

（十三）"你最喜欢什么样的领导，什么样的工作？"

这是一连串问题，你要事先准备好你的回答。在回答最喜欢什么样的领导或工作时，最好回答说："我喜欢我碰到过的每一位领导和每一项工作，因为他们当中的每一个都给了我一个专业上发展、提高的机会。"

（十四）"你觉得自己有足够的资格干这项工作吗？你觉得自己干这项工作是大材小用还是小材大用？"

如果你是个管理人才，对推销工作丝毫不感兴趣，而这项工作偏偏又是与推销有关的，那你就跟他们说实话吧！如果你觉得自己有能力干这项工作，那就向他们解释你以前都是如何成功地战胜各种挑战，成功地解决各种问题的。如果你对这项工作确实很感兴趣，那么不管情况怎样，你都应该说："我相信我能干好这项工作。我觉得自己既不是大材小用也不是小材大用，它正好适合我干"。

（十五）"你能为我们做些什么贡献呢？"

你在回答时可以先说说你的能力、知识、经验和为人处世原则，如果他们要求具体地谈，你可以从所学专业知识、身体素质，对工作的认真态度、吃苦钻研能力、在未来几年对事业的追求等方面做进一步的介绍。

（十六）"你觉得你愿意进我们公司吗？为什么？"

你应该按照主试人向你介绍的关于公司发展前途的情况，做出肯定的回答，把专业对口作为愿意进公司的理由。当然，也可以说因为你喜欢这儿的领导，喜欢这儿的工作，或喜欢公司本身等。

值得庆幸的是：一般来说，这个问题往往是在面试快结束时才提出的。如果主试人在提这个问题时表现出极大的兴趣，而且语气肯定，那么你十有八九已经被初步选中了。如果他只不过是出于形式才提出这个问题，那你就该做好落选的思想准备，所以，主试人说话的语气是很关键的。

如果主试人问话时带着一种急切的兴趣，而你又对这个工作很满意，那你就可以回答说："是的，我对这项工作很感兴趣，因为……。你认为我有可能得到这项工作吗？"这样的回答不仅说出了你的心里话，同时也表达了你对成功的自信心。

九、请展示你的个性

最近，笔者在与部分用人单位主管交谈时发现，用人单位对大多数应聘人员在面试时，“就像小学生一样——腰背挺直、表情要严肃、态度要认真，从不插话”的现象颇有异议。或许这与目前书刊、报纸中如何应付求职的大幅度文章有关，求职人员生搬硬套，不能深入理解，未领会其要旨。

当笔者问及这些文章介绍的经验究竟是否符合用人单位的口味时，一位三资企业的人事科长直截了当地说：“我们不喜欢模式化的面试技巧。我觉得，人的个性应在面试中充分展现，千篇一律的面试技巧，我不敢苟同。如果有人在面试时自始至终地微笑着注视我，我一定会后背发麻。”

某民营企业的老板则实话实说：“在面试中要自信，有礼貌，这是求职人员应该知道的，最起码的要求素质，但自信、有礼的表现必须自然，而不应矫揉造作。例如，我们在招聘营销人员时就很喜欢既讲社交礼节又不拘小节的人，因为这种人，随和而让人容易接近。”

一位颇富经验的人事主管认为：“求职人员应该把面试当作是用人双方相互了解的机会，而不是考试。作为招聘人员，应尽量把公司的真实形象传达给求职人员，求职人员也应当尽量将个人的真实情况传达给用人单位。”

由此看来，求职者在求职过程中不卑不亢，充分展示自己的才华、涵养、个性，显示自己的真情实感才是理智的最佳选择。

别忘了，面试中真实、自然的显示才是最具有感染力的。

第三节 笔试

笔试主要适用于应试人数多、需要考核的知识面广或需要重点考核文字能力的情况。大企业、大单位大批量用人，国家机关选聘公务员，往往采用此种考核形式。与大家关系最大的是国家公务员录用考试。

一、常见的笔试种类

1. 专业考试

这种考试主要是为了检验求职者文化知识水平和相关的实际能力。一个合格的大学毕业生经过大学四年深造，各门功课都取得了一定的成绩，所以一般都可免

于笔试,只要看看成绩单就可大致了解其知识能力基本情况。但也有一些特殊的用人单位,需要通过笔试的方式对求职的大学毕业生进行文化专业知识的再考核。值得引起注意的是,这种考试方式已被愈来愈多的热门就业单位所采用。

2. 心理测试

心理测试是用事先编制好的标准化量表或问卷要求被试者完成,根据完成的数量和质量来判定其心理水平或个性差异的方法。

3. 命题写作

这种考试目的在于考察文字表达能力以及分析问题和逻辑思维的能力。比如限时写出一份会议通知、请示报告或某项工作总结,也可能提出一个论点,请予以论证或批驳等。

4. 国家公务员考试

中央、国家机关的各招考职位按性质和权责的不同分为A、B两类。"A类"职位主要包括在中央、国家机关和中央国家行政机关派驻机构与中央垂直管理系统所属机构中,从事政策、法律法规、规划等的研究起草工作和政策、法律法规、规划实施的指导、监督检查工作,以及从事机关内部综合性管理工作的职位;"B类"职位主要包括在中央、国家机关和中央行政机关派驻机构与中央垂直管理系统所属机构中,从事机关内的专业技术工作、对机关的业务工作提供专业技术支持的职位,实行中央垂直管理的行政机关中直接将各项具体规定施于公民、法人和其他组织的行政执法职位招考职位。由于A、B两类职位对考生素质和能力的要求有所区别,两类职位的考试科目也会不同。报考"A类"职位的考生笔试公共科目为《行政职业能力测验》(A)和《申论》两科。报考"B类"职位的考生笔试公共科目为《行政职业能力测验》(B)一科。与以前相比,最大的变化是两类考试都取消了较为死板的《公共基础知识》科目,并取消了考试指定用书。为方便考生,在全国31个省会城市全部设置报名、考试点,实现考生就近考试,国家机关考试录用机关工作人员和国家公务员的报名时间定在每年11月的第一个周六进行。

二、笔试的准备

良好的笔试成绩来自于平时的努力学习。在大学期间刻苦学习,将所学专业及基础知识弄懂学会，这样在考试时就能信心十足，得心应手。

笔试前应进行简单的复习。复习已学过的知识是笔试准备的重要方式。一般说来笔试都有个大体的范围，可围绕这个范围翻阅一些有关的图书资料。有些课程内容，因学过时间已久，可能淡忘，经过简单的复习，有助于恢复记忆。

要保持良好的身心状态。临考前，一要适当减轻思想负担，保证充足的睡眠；二要适当参加一些文体活动，从而使高度紧张的大脑得到放松休息，以充沛的精力去参加考试。

三、笔试的技巧和答卷方法

笔试的主要内容是基础知识和专业技能知识，其次是同专业有关和同招聘单位有关的某种知识。在参加笔试时主要应注意以下几点：

1. 增强信心

笔试怯场，大多是由于缺乏自信心所致。客观冷静地对自己进行正确评估，能克服自卑心理，增强自信心。应聘笔试同高考不同，高考是“一锤定音”，而求职应聘考试则有多次机会。

2. 做好准备

提前熟悉考场环境、掌握注意事项，有利于消除应试时的紧张心理。除携带必备的证件外，一些考试必备的文具也要准备齐全。考试前要有良好的睡眠，以保证考试时有充沛的精力和良好的竞技状态。

3. 掌握科学的答卷方法

拿到试卷后，首先应通览一遍，了解题目的多少和难易程度，以便掌握答题的深度和速度。然后按照先易后难的原则排出答题顺序，先答相对简单的题，然后再攻难题。要尽可能留出时间对易出错的地方进行复查，特别注意不要漏题。卷面字迹要力求认真清晰，书写过于潦草，字迹难于辨认会影响考试成绩。认真的态度、细致的作风，则会大大增加被录用的可能性。

思考与练习

1. 准备一份有特色的自我介绍。
2. 面试前从哪些方面做好准备？
3. 面试中怎样克服紧张情绪？
4. 面试结束后，还应该做些什么？

下篇　涉世之初篇

我们通过自己的努力，应聘得到我们想要的职位，接下来就是去自己所应聘的岗位上去工作。现在各企业单位对新招录进来的员工都设置了实习期，在实习期间同样有我们需要了解的相关知识内容，我们了解了这些知识，就能利用好实习期，把握住自己争取到的预就业机会，而试用期的表现同样也可能让我们失去这来之不易的工作机会，所以我们不可忽视试用期。在正式参加工作之后，也可能会面对各种各样的机会和挑战，因而我们在走好踏入社会的第一步的同时，对身边的机遇和挑战也要学会选择，懂得放弃。

本篇就初进职场需要了解的知识进行介绍，分为大学毕业生如何闯过试用关、走好踏入社会的第一步和学会选择，懂得放弃3个部分，下面将分章节进行详细介绍。

第七章　大学毕业生如何闯过试用关

学习目标

了解实习在就业中的作用，把握实习机会为求职增加砝码；明白试用期不可忽视，以免功亏一篑。

从大学毕业生到一个合格的行业职工，有一个转变过程。实现这个转变，是大学生成才的必经之路。目前，这个转变过程一般有两个阶段：一是高校安排学生就业顶岗实习，进行企业与毕业生的“双向”选择。企业对新到岗的大学生结合实际进行岗前训练，让毕业生跟班实习，或让熟练工人当师傅，带班劳动，帮助毕业生熟悉环境、熟悉岗位、熟悉工作，使毕业生在较短时间内就能完成从学生到熟练职工的转变。毕业生在这个过程中，了解企业文化，掌握应职岗位能力。许多毕业生在企业的培养下，将上岗后的第一步迈得很稳健，为就业奠定了坚实基础。但也有一部分毕业生一时还不能适应新的环境，出现一些问题。二是毕业生毕业后，求职应聘到用人单位，报到上班后，进入试用期。那么，作为一个实习生，究竟要在实习过程中获得什么？怎么才能把握实习机会为自己求职增加砝码？作为大学毕业生如何顺利地闯过试用关呢？

第一节　把握实习预就业机会

下面3个不同的实习案例或许能给正在准备实习的学生们一点启发。实习生在实现这个转变的过程中，应该注意把握好以下几个方面。

【案例 1】

实习为我求职增加了机会

人物:Peter,企业管理专业实习

实习岗位:某 500 强企业私人助理

议一议

为什么要参与实习?选择实习单位与实习工资有主要关系吗?

我的专业是企业管理,大三那年暑假,我没有去导师公司做项目,决定自己找实习单位。后来看到网上某 500 强企业招聘实习生,就去试了试,结果被录取了。

我的职位是经理助理。过去的 3 个星期,我一直努力适应新角色,尽量做好每件事。在实习中,我第一次学着给人打印、复印、发传真、订机票和酒店。对我来说,每一次实习我都很认真地从小事做起,当然并不是每一次都能等来机会,但大多数的时候就算没有更好的工作机会,我也会在每一个公司和某些人保持良好的关系。我没有想过这些关系以后是不是一定能用到,但我相信多认识些人,多取得一些人对你的好感总是不错的。

果然实习结束后,公司里很多同事向他们的一些客户公司推荐了我,我自己也收到了不少大公司的面试通知。最终我选择了同事推荐的一家和我专业对口的公司就职。公司的 HR 说,当初他们就是听说我做事认真踏实才决定录用我的。

点评:选择 500 强大公司进行实习,确实可以为你今后就业增色不少,这从我们身边成功的例子不难看见。工作过程中,有时并不在于你做的事情大小,例如,帮其他同事拿传真或是接电话、订酒店等,这些在磨炼你意志的同时,也可以让你与公司的老员工近距离接触,尽管有时最后你不一定留在这家公司,但或许他们也会伸出援助之手,给你推荐一份工作。找一家自己心仪的公司实习是每个大学生的梦想,而在某家公司实习也并非最终就在这家公司就职,关键是这段实习经历能带给你什么。

【案例 2】

实习经验成了我的跳板

人物:小华,法律专业　　实习岗位:某律师事务所

春节过后经朋友介绍,我到了浦东一家很有名的合伙人律师事务所实习。简单、繁琐的工作就这样朝我压来,实习生在律师事务所根本不可能单独接案子或者会见顾客,都是做些幕后支持性的工作。我一开始就做法律条款的研究,一个案子过来,我先看过,然后向老板提出个人意见,接下来把这个案子可能涉及的相关法律条款找出来;还有一部分工作就是校对他们翻译过的合同文本,这是件非常枯燥

但考验你是否细心的工作。

这样的工作虽然满足不了自己先前预想的“成就感”，但实习嘛，就是学习的过程，我觉得怎样的态度对于怎样的实习效果是很重要的。我不赞成有些同学来回窜在大公司捞取“简历经历资本”，那只是一个表面的东西，而对待工作的态度不是一蹴而就的，不只是脑子里的想法，还需要在实际的工作过程中去坚持，而坚持的过程就会有收获。每天，我到得比老板早，走得比老板晚。后来所里接了一个国际仲裁案，我参与的比较多，工作的过程也很刺激，一人多高的资料由我读完，整理、分类、装订，熬了实习以来的第一个通宵，第二天跟着老板开庭，庭上我找出的法律条款几乎都被用到了，老板也大大夸奖了我一番。

实习结束，这家律师事务所想录用我，而更好的一家公司也同时给我发来了offer，正式聘用我为公司的法律顾问。权衡利弊，我还是选择了现在的这家公司。

点评：实习是一个大学生走向社会的阶梯，如果实习好了，机遇也就会随时光顾你。要知道不管什么用人单位，他们都需要一个谦虚谨慎、好学上进的员工；而如果你是一个贪图享乐的人，那么尽管机会降临你也不会察觉。案例中的小华勤奋刻苦，对待实习兢兢业业，最后留在了实习单位。在现实生活中，有些学生自以为不会留在实习单位，于是就敷衍了事地对待实习工作，领导安排的工作不能完成，可想而知，他们最后走上工作岗位会怎么面对人生的种种挫折。

【案例3】

毕业了，我仍然被当作实习生

人物：小韩　　实习岗位：公司文员

从大四开始，我就到现在这家公司实习了，工作岗位是公司文员。我要给老板起草文案，每次大小会议我也要参加，然后将会议材料整理成文件。有时公司搞活动我还要奉献自己的企划，不仅要有创意而且还要注意可行性。当然，在进公司之初，我有一位实习老师，他专门带我，他做不完的工作就由我来帮他一起完成。而没过多久，这位老师就跳槽了，于是他的工作便落到了我的肩上。我很想留在这家公司，于是毕业后也就一直待在这家公司，但身份一直是实习生。去年，部门领导还偶尔提过马上和我签订劳动合同，可是到现在又没了眉目。听别人说，公司这两年业绩滑坡，已经裁掉好几个人了，而我是否能被录用又成了空中楼阁，让我倍感焦急。

看看身边的同学都找到了正式的工作，我却有些茫然，到底是继续留在现在的公司，还是去找另外一份工作，我真有些不知所措。我总自我安慰，说不定公司不久就要和我签订合同，我很快就可以领工资了。

点评：对于一家自己向往的公司，作为实习生当然应该全力以赴地做好自己的工作,争取最终能被录用。但是我们也要警惕,一些用人单位是不是侵犯了我们自己的权益。在毕业以前,我们作为在校生,无法享受《劳动法》的保护,但一旦我们毕业了,我们就要懂得维护自己,以防一些不法的公司将自己作为廉价劳动力使用。作为小韩,你首先要做的事,不是在那等待,而是找公司老板谈谈自己的想法和困惑,了解自己至今仍未签约的原因,不管是公司想逃避责任,还是觉得你业绩仍不够,它至少会为你今后道路的选择提供参照。

怎样把握实习预就业的机会呢?

一、注意自己到职后的第一印象

每逢单位进来一个新的员工,都会引起单位其他人的观察注意,从领导到同事,无不对其进行评头论足,做出一番评价。因此,大学生从到单位工作的第一天开始,就应该注意自己的第一印象。树立良好的自我形象,这是走向事业成功终点必要的"外包装"。怎样才能给人以好的印象呢?

(一)衣着得体,展示出自己的品位

得体的外在衣着不仅可使你在人际交往中获得良好的印象,更在于它可以潜移默化地在心中树立成功的信念。穿着打扮体现年轻人的朝气,服装配色要以稳健为基准线,衣服不必是昂贵的名牌,但要注意整洁,同时要考虑与同事及工作环境相协调。当然,这种衣着,应随场合的变化而变化。比如,进行生产时你要穿劳动服,在单位举办的职工联欢会上要着一身干净的西服等。否则,效果会适得其反。

不管时间多么匆忙,上班前千万别忘了再仔细端详一下周身的细节,头发是否梳理整齐,衣着是否整洁;女性的面部化妆是否淡雅,上衣的领口是否过低。总之,千万别把幼稚当做时尚带给你的领导和同事。注意自己的形象,也就是关注公司的形象。

(二)举止文明,虚心求教

初到工作单位,一定要注意举止文明,彬彬有礼,不要认为这是小事而满不在乎。大方简要的自我介绍,谦虚诚恳地请教有关工作,必将会有助于你在同事中树立良好的第一印象。切忌冒失莽撞。

(三)守时守信,遵章守纪

遵守时间,讲求信用,这是工作纪律要求,又是人际交往的一种美德。初到工作单位,提前上班,严格遵守单位的规章制度,积极主动地做好本职工作,不失约,不失信,无疑有助于树立良好的第一印象;相反,将会失去别人的信赖和尊敬。

(四)为人处世,谦虚谨慎

少说多做,说话要谨慎。平时该说什么,不该说什么,都要心中有数,不要信口开河,随心所欲,力求做到"讷于言,而敏于行"。因为话多有失,言多易伤人。古人云:"谦受益,满招损。"此外,对人要有礼貌,要善于倾听,不要锋芒毕露,目空一切,过分争强好胜。不合时宜地去表现自己,显示自己的能力,会给人以反感。总之,要通过自己的一言一行,一举一动,表现出个人的人格魅力和良好教养。

(五)注重细节

工作中应注意一些细节,不能长时间地接打私人电话,尽量不要在办公室接待亲友同学。不要随便串岗,影响他人工作,不要随意翻看他人办公桌的公文、信件,不传闲话,不随便打听别人的事情,尤其专利技术等商业机密更是不能"打破砂锅问到底"。

二、尽快缩短自己与同事的感情距离

良好的人际关系是做好本职工作的基础,也是在一个单位站稳脚跟的不可缺少的重要因素。

走出校门,离开熟悉的校园、老师、同学,远离家乡和父母,来到一个陌生的环境,面对新的人群,多数毕业生会有一种陌生感、孤独感,个别人还会有一种无所适从感,总感到难以找到知心朋友。有的甚至会在工作上出一些纰漏,发生一些不愉快的事情,出现一些矛盾,闹一些笑话。这些都是很正常的,不必大惊小怪,也不必背上思想包袱。

刚刚走上工作岗位的毕业生,由于从小学、中学到大学,十几年生活在一个环境相对稳定、相对单纯的校园中,自然而然地形成了一种"学生习惯"。因此,有的毕业生上岗后,单位的老员工会感到他们有一种"学生气",看着不顺眼,不愿多接触他们;而毕业生也往往感到新的人群没有往日的同学老师好交往,许多事情不尽如人意。这种感情上的隔阂使自己不知不觉地与周围员工筑起了一道"屏障"。要排除这种障碍,必须从感情上尽快缩短与周围员工的距离,善于使自己自觉融身于新的人群之中,尽快实现从大学毕业生到在职员工的转变。

中国有句俗话"上什么山唱什么歌",它所体现的为人处世原则是随着外在环境的变化,人的行为也应做相应调整。因此,毕业生到一个新的工作岗位之后,要充分认识新的环境。新的岗位就是你成才的舞台,你必须去认识、了解和适应新的环境,熟悉将同你朝夕相处、共创未来的同事。因而不是大家如何适应你,而是你如何适应大家的问题。"万物相竞,适者生存",谁适应得快,谁就被大家认识得快,谁就成功得快。

感情距离的缩短，关键在于交流。人与人之间的关系和感情，是在相互认识、相互交往、相互了解的基础上形成的。

（一）以诚相待，尊敬尊重

作为一名初来乍到的新员工，应该注意：尊敬领导，尊重他人。“敬人者，人恒敬之”。对人的尊敬态度，是同人接触的基础。建立良好的人际关系，首先要服从和尊敬领导；其次，要尊重他人，尊重他人的劳动，尊重他人的人格，学习他人的长处，一视同仁。要互相帮助，平等竞争。同事之间应相互扶持、守望相助。同事间的竞争只应停留在以工作为尺度的标准上。任何时候都要记住，不能踩在别人的肩膀上，通过毁掉别人来谋求自我发展是不道德的。要诚实守信，培养友情。有一位先哲说得好：“生活离不开友谊，但要得到真正的友谊真是不容易；友谊总是需要忠诚去播种，用热情去灌溉，用原则去培养，用理解去护理。”也许你听过别人形容如今社会上的尔虞我诈，然而在你本人没有亲身经历、没有涉足的情况下，与人相交的法宝莫过于以诚相待。我国著名翻译家傅雷曾谆谆教诲自己的子女，一生与人交往真诚老实是最重要的，欺诈的人一次两次或许能投机取巧，但总有一天会有更高明的骗术把你骗到——这个时候的痛苦往往是不可言状的。

（二）平等待人

在同事及上下级之间应平等待人，不要以职务的高低加以取舍，更不要卷入是非矛盾，拉帮结伙，搞小团体。处事待人要做到诚实守信，实事求是，不口是心非，不言过其实。做到不利于团结的话不说，不利于团结的事不做，不挑拨是非，不背后议论人，不猜疑嫉妒人。在自己受到委屈或误解时，胸怀大度，克制感情，冷静处理，勇于剖析自己，主动承担责任。

（三）关心他人

要做到与人为善，不斤斤计较，不苛求他人，要多一些理解，多一点帮助。有一位心理学家讲，“与别人交往时首先想到自己的人，很少能建立良好而持久的人际关系。当你开始把注意力集中到别人身上时，建立良好人际关系的可能性就大大增加”。事实上，人作为一种感情动物，当他知道你是关心他之后，他就开始注意为你服务了，这是一对“伴生力”。这方面，历史上较好的例子是拿破仑与其下属军官的关系。拿破仑平常喜爱在军营中来回走动，遇到军官时就主动与他们打招呼，并谈论这位军官参加过的某场战斗或军事调动，并不失时机地询问军官的家乡、妻子和其他家庭情况。时间久了，每个军官都从拿破仑的谈话和所提问题中感到皇帝对他们个人情况知道得一清二楚，进而军官们感到皇帝对自己有兴趣。这也就促进了每位军官对拿破仑的忠心耿耿。

(四)热心帮人

关心别人只是为建立和谐人际关系奠定了一个基础，更主要的是要学会怎样帮助别人。世界著名领导才能训练大师约翰·麦克斯韦博士曾说过"为别人服务有一个积极的结果，就是建立良好的人际关系。人们很自然地亲近帮助过自己的人。大多数人都愿以德报德。"因此，当走上工作岗位后，如果别人遇到困难，主动伸出热情之手，而不袖手旁观，落井下石，那么你将加重在别人心目中的印象砝码。记住，只有热心帮助别人的人才会得到别人的帮助，也只有热心助人的人才会得到人们的认可和赞扬。

三、放下架子，甘当员工群众的小学生

社会是人群的集合，个体的力量与整个集体的力量相比较，只能是沧海一滴、高山一草。"三人行，必有我师"，孔老夫子 2 000 多年前就道出了这一浅显的道理。毕业生无论是到事业单位，或者是到企业单位，切不可自恃清高，夜郎自大，要老老实实拜群众为师，做到嘴勤、眼勤、手勤，才能学到真本事。

有些新人到用人单位后，对于看似与自己关联不大的事，往往采取"视而不见"的态度，比如，临桌的电话铃响了，他理都不理。某外资企业的人力资源经理说："这样的人，缺乏现代企业所必须具备的团队合作意识，即使再优秀，我们都不会留用。而有些新进的大学生就很好，他们会主动地接起电话，询问对方有什么事，要不要转告或回电话等。其实，这也是一个新员工进入公司后与老同事进行沟通的一条很好的途径。"

"嘴勤"，就是毕业生来到一个新单位，作为"小字辈"，不要摆架子，处处将自己看得小一点，主动与别人打招呼，道一声温暖，说一句谢谢，事情虽小，却体现了一个人的素养，还会无形地把彼此的距离拉近。工作中，要多问，不要不懂装懂，既要有不耻下问的勇气，又要有敢于求教的耐心。

"眼勤"，就是要做到"眼里有活"。新上岗的毕业生从主观上讲希望多干一点工作，可往往是领导让干什么就干什么，没有分派或分派不具体，就不知该怎么干了。还有的毕业生，眼高手低，看不上细小的活，常常是小的不愿干，大的干不了，影响了自己的成长和提高，这些都是不可取的。眼里没有活，正说明毕业生还没有全身心投入到工作中去，只要善于观察，勤于思考，你就会发现要干的活太多，而不是没有活干。"千里之行，始于足下"，眼前细小的活都不愿干或不会干，又怎么能干大事呢？任何单位的领导和同事都赏识工作主动性强、有思想、有点子的年轻人，而不是那种推一推、动一动的人。

"手勤",就是做到不迟到、不早退,上班后主动干一些打水、扫地或生产准备性工作。假如领导有意要考验你的工作能力,你不仅要按时完成任务,而且应尽力去完成好,绝不要拖沓。拖沓,是领导最反感的事。

四、做好每一件小事

【案例 1】

一个年轻人应聘到一家公司工作,试用期 3 个月,同时应聘的其他几位学历都比他高,为此他很低调。离试用期满只剩 1 周了。一天晚上,他下班正欲回家,忽然发现眼前的地板上零零碎碎洒着自己撕碎的纸片,他连忙找来扫帚扫了起来。此时,一个擦窗户的人问年轻人:"你是新来的吗?""是。"试用期满了,他被正式聘用了,而同来的大学生只留下了他。原来,擦窗户的人就是公司的董事长,是年轻人做好一件小事的优秀品质打动了他。

"小事不愿干,大事干不了",是刚参加工作的大学生最容易犯的毛病,应注意纠正。

一个实习生总结道:很多人认为小事情不重要,我以前也是这个样子。但随着经验的累积,有成功也有失败,当然,犯的错比较多之后才开始慢慢了解小事情也很重要。小事情有多重要? 小事情就是一切。

事业是由小事做起的,要重视每一件事情的细节。很多时候,失败都是因为错在小事。小事是最不被重视的,所以有那么多人失败。

比如说,公司的接电话态度可能是件小事,可是顾客却可能会因接电话人的态度不好而拒绝与你做生意。送货的包装可能是小事,但外表的破损会失去顾客的信任。邮寄的时间可能只是细节,但顾客可能怪你不准时而退货。损失金钱都是因为小细节不正确可能会影响整体的结果。你不能总找借口说:"货物正在路上,过几天就到","包装工人没注意才会破损","负责接电话的人正好不在,那是别人接的"。这些理由别人都不想听,别人只想确定你是一个负责的人,别人只希望你能达成事情的结果。

【案例 2】

孙凯到一家公司实习。一天,他看到公司定制的圆珠笔、复印纸异常漂亮,便时不时地带些回去,给他上学的侄女儿用。这些东西被侄女儿的老师看见了,而该老师的丈夫恰好是与这家公司有业务来往的高级主管。

当他了解到这件事后,生气地说:"这家公司的风气太坏了,公司的员工只想着自己而不是公司! 这样的公司怎么能有诚意做好生意呢?"于是,他中止了与该公司的合作计划。

谁会想到计划的中断，竟然是由一些复印纸造成的呢？因此，不要小看这些小事，工作中的许多不良习惯，哪怕再小，造成的危害，也常常超出人们的想象。

刚刚步入工作岗位的大学生可能很难直接参与一些重要的工作，往往承担些比较琐碎的杂事、小事，如果都能做得很好，就能体现一个职业人严谨的工作作风，也会得到领导、同事的好感与信任，从而顺利地完成职业角色的转变。

资料卡

首因效应也叫第一印象，是在短时间内以片面的资料为依据形成的印象。心理学研究发现，与一个人初次会面，45 秒钟内就能产生第一印象。这一最先的印象对他人的社会知觉产生较强的影响，并且在对方的头脑中形成并占据着主导地位。

五、扑下身子，用工作实绩赢得上司和同事的信任

俗话说，“货以质论价，人以才能划分”。任何用人单位都不是慈善机构。作为一名新员工，想在一个单位站稳脚跟，必须靠汗水去创造工作成绩，才能得到领导和同事的认同、赞誉和信任。一位现已走上基层领导岗位的大学毕业生曾讲过这样一个例子：他被某生物肥料公司聘任为业务员后，大家对他的初步印象是小伙子随和、勤快、表现不错。但当他有一次随业务经理到车间时，因考虑到一身西服会弄脏还得回去洗，干起活来就蹑手蹑脚。虽然衣服保住了干净，可他从别人的眼光中也看出了一种异样。下一次再去车间时，脏活累活他抢着干，虽然一天下来腰酸腿痛，但从同事的赞许中心里觉得特别舒畅。现在他深有感触地说：“自己的今天是干出来的。”作为新时代的大学生，干不是盲目蛮干，而是要自觉地把所学知识与工作实际紧密结合，苦干加巧干，才能发挥自己的优势。毕业生刚到一个单位工作，各方面情况还不熟悉，埋头工作，苦干实干，是必要的，容易得到大家的认同，打下良好的基础。但这样还不够，还必须在苦干的同时，多动脑子，勤于思考，善于发现问题，提出新的观点和措施，特别是能够结合实际，提出改进方案，取得显著成绩，周围的员工才会对你刮目相看，这时你已不仅将自己融身于员工群体之中，更重要的是树立了一个新的形象，成为单位的“焦点人物”，赢得了领导同事的肯定。

六、一个优秀实习生的报告

成功者永远会自信地抓住今天

有时候，当成功作为遥远的枝头上的苹果，还没有成熟的时候，我们取得成功并不是第一位的，重要的是我们要有一种成功的欲望，有一种志在必得的决心。成功首先来自我们对自己的充分自信。一个对自己没有信心的人，很难想象他可能会获得通向成功的钥匙，而成功者永远会自信地抓住今天，获得成功！

时光飞逝，6个月的顶岗实习生活结束了，工作中有许多艰辛，也有许多欢乐；有使人沮丧的失败，也有令人骄傲的成绩；在饱尝辛酸的同时，我更加欣慰的是工作中的巨大收获，那才是谁也拿不走、谁也抢不去的资本。工作让我懂得了什么是责任，什么是压力，什么是团队，什么才是真真正正的工作。实习工作不仅让我学会了为人处事，同时也丰富了文化知识与专业技术，磨炼了我的意志与品质，更使我积累了许多经验。

有句俗语："谁说女子不如男。"2007年1月5日，我到伟嘉公司报到。仅仅一天简短的企业文化培训后，就把刚出校门的我们安排到铁岭昌图的训练营。公司规定无论任何原因都得参加实习，身为女生的我也欣然同男生一起接受公司的安排，像模像样地做起了业务员。在部门经理与老业务员的带领下，我们开始体验了昔日的"二万五千里长征"，有时穿农地，有时爬山丘，有时深一脚浅一脚地走过雪地，有时伴着西北风吃着沙中餐。因为我始终坚信我能行，所以这些克服困难的决心，都成了激励我前进的动力。

我们的工作主要是负责开发各市、乡镇的饲料经销商，为公司推销饲料。在无经销商的乡镇，我们主要向大型养殖户进军。刚开始时我们每个实习生都由一位老业务员带领，学习他们如何与饲料经销商商谈；如何向大型养殖户推销自己，推销公司和公司的产品。对于大型养殖户，主要靠技术打入市场，帮助他们，为他们养殖的动物看病并开出治疗相应疾病的药物，用技术服务获得他们的信任，达到我们所预期的目的。如公司一个技术人员给一猪场诊断出了伪狂犬猪病，并用本公司的药将猪场的疾患解除。在短短的一个月时间里，他相继开发了9个大型猪场使用我们公司饲料。可就在我们刚学点皮毛之时，公司就开始了人员调动，所有的实习生都分别开发单独的市场。初来乍到的我们因为经验不足，只好苦背公司简介、饲料产品说明书，死搬硬套地去商谈。不过，一回生二回熟，经过几天的锻炼，我们都能毫不胆怯地去参加商谈了。可是市场的不景气也使我们处处碰壁，例如：有的经销商不换料也不看材料，而且说只与大企业合作，不与小企业合作，一边说还一边连推带搡地往外打发我们。还有些更可气的，对我们冷嘲热讽，让我们的业务工作难以进行。可是心中完成任务的信念激励着我，不要放弃，要坚强！为此，我更加虚心地向书籍、向老业务员学习，反复推敲工作洽谈中的语言，向他们重新解释，让他们重新认识公司及公司产品。在工作上，我不把自己当作一个柔弱女生，始终相信其他人能够胜任的工作、能够完成的任务我一样能做到。但是作为女生，一切不利条件向我袭来。如住旅店时的安全问题、工作时的环境因素、压力因素等。可是这些并没有打消我做业务的信念。我把委屈、泪水、劳累带来的苦涩都通通咽进肚子里。我始终坚信先苦后甜的信念，功夫不负有心人，我一个月独立开发了两个经销商，经过4个月后的调查，其中一个经销商的销量已经达到15吨，比普通经销商销量增长一倍。

在公司实习一个月后，我开始收获成功。我被派到了辽阳给经销商开发养殖户。可是刚到不久，春节临近，部门要开联欢会。经理让我来组织联欢会，因为团队中就我是女业务员。在学校时，我组织过系专业技能大赛，我毫不犹豫地答应下来，白天正常工作，晚上我利用自己的休息时间安排节目，如歌曲、小品、游戏、双簧……由于部门同事的支持，每个节目都有条不紊地进行了。机会永远给有准备的人，因为我抓住了这次机会，展示了自己的才华，另一个机会又向我招手。2月9日是公司每年一度的表彰大会，庆功宴主持人的机会留给了我。浓浓的喜庆气氛中，我又圆满地主持了庆功宴，最后东北基地的总经理夸奖我们这批实习生，表扬我们积极踊跃参加活动，肯吃苦，在工作中更有魄力。

接着"五一"黄金周的来临，公司为调动每个员工的积极性，调节员工疲惫的心态，开展了演讲比赛、拔河比赛、乒乓球比赛。为展示辽农职院实习生的风采，我顶着压力，带着每个人的希望参加演讲比赛，最终不负众望地以最高成绩毫无争议获得一等奖。因为演讲赞颂了顽强拼搏、兢兢业业创业的精神，同时也赞颂学校培育有魄力的英才，演讲稿被发回北京公司总部，准备刊登在公司的月报上。这一切一切的成绩让伟嘉公司的所有经理都高看了辽农职院的一个小女生，同时高度评价了农职院的毕业生，东北基地总经理还说了一句让我非常自豪的话："以后要多多招农职院的毕业生。农职院的毕业生，从各个方面都让我满意，很满意。"

总之，半年的实习生活不仅锻炼了我，也锻炼了农职院校培养出的每一个毕业生。在实习生活中，我受益匪浅，我寻找到了自己的不足与长处，今后我会弥补不足，发扬长处。在这里我想鼓励实习生和在校同学抓住机会施展才华，放飞理想，更重要的是我要赞颂母校——辽宁农业职业技术学院。母校培养了我，我的成绩也是母校的成绩，母校让我这棵小树长成材，我也不会让母校失望，我一定会让母校以我为荣的。

谢谢您，亲爱的母校！

第二节 不可忽视试用期

大学毕业生离开学校，与雇主签订《劳动合同》后走上工作岗位。然而，大学生们还是不能松懈。下一站，迎接你们的是或长或短的试用期。往届毕业生们普遍表示，不可忽视试用期，万一试用期里出点小差错，前面的努力都将功亏一篑。

【案例 1】

夸夸其谈

小 Q 毕业后，进入一家民营企业。他学市场营销，满脑子新观念、新理论。当初，这家民企的老总也是看好他学院派的出身，希望给企业注入新活力，带来头脑风暴，开拓思维。

刚到单位，小 Q 就开始了他的“传经授道”。试用期间，凡他参加的会议、讨论、策划等活动，都少不了要讲国际上最新的做法、最新的理念。他讲得头头是道，滔滔不绝。

议一议

试用期用人单位主要考核我们什么？试用期只是用人单位考核我们吗？

最初，同事们还真觉得小 Q 知道得很多。几次接触后就发现，小 Q 的本事，似乎就在嘴上。那些理论、理念如何与公司的实际情况结合？在公司对产品进行营销时，如何把这些新方法用上？这些小 Q 从来没提过。

试用期结束时，HR 部对小 Q 进行考核。这一个月内，他一份完整的方案、计划都没有拿出来过；没有一条意见和建议被真正采纳。结果，小 Q 不合格。企业与他解除了合同。

点评：脚踏实地才是真的。小 Q 犯了大学生在工作最初容易犯的错误，只说不做。他们比前辈有着更新的知识背景、结构，有着更新的理念和观念，但多处于纸上谈兵阶段，没有实战经验。这就造成他们常常夸夸其谈，眼高手低。小 Q 必须意识到：自己学到的再先进也得要用于实践才有意义；单位招聘新人，为的是有人干活，并不是听人说教。脚踏实地地干出成绩才是最重要的。

【案例 2】

只做不说

和小 Q 的夸夸其谈相反，小王是个埋头苦干型的主儿。生性内向的他，本来话就不多。试用期的时候，在单位更是话少到不能再少。每天，他早早地去上班，晚上，又自觉加班到深夜，全身心地投入工作。主管说什么，他立即执行。老板说什么，他二话不说就去做。

3 个月的试用期结束后，小王并没有因为自己的苦干而顺利度过试用期。相反，他的努力换来的却是企业与他解除合同。HR 经理告诉他，他工作的积极和认真并没有得到主管的认可。主管认为他想法太少，做了什么事，作为主管都不清楚，更不用说团队的其他成员了。他的埋头苦干成了求职路上的绊脚石。

点评：适时发言表现自己。小王犯的又是大学生容易犯的另一个毛病，只干不说。和小 Q 的夸夸其谈正相反，小王注重实干，干的成绩也不错。他似乎希望用事实来说明问题。但是，在职场中，适时表现自己是非常需要的。有不少大学生都知道在试用期内不要锋芒毕露，高谈阔论是不合适的。他们以为自己闭嘴，按老板说的做就可以了。殊不知，过于沉闷的表现也会招来反感。老板引进新人，大多希望新人有些想法，提出有创意的点子。

另外，对自己的工作也要及时向老板汇报。他不可能在试用期内整天跟着你，看你和谁打过电话了，注意你每天都干了什么。所以很多时候，需要直接向老板汇报成绩，解释你为这些策划内容做出了哪些具体的贡献。及时和上司沟通、交流，对未来工作的展开也很有帮助。所以适时地汇报自己的成绩也很重要。光干不说，把夸夸其谈的毛病矫枉过正了。

【案例 3】

马虎了事

大四开学，丽就在某报社实习，一待就是 5 个月。5 个月里，她兢兢业业，不敢有丝毫怠慢。

找选题，分析竞争对手，学习先进媒体，该做的都没有延误。写了不少有分量、有深度的文章，受到了主编的肯定。终于，在实习的第 6 个月月初，报社和她签订了《就业协议》。

签了协议的丽松了口气，回到了学校。正式毕业后，她才到报社上班。想到已经有 5 个多月的实习，丽觉得试用期不过是走过场的形式，没放在心上。熟悉的环境，熟悉的工作，丽完全没有新人的拘谨。本来坚持早到晚退的她，也学会偶尔迟到早退。条线新闻的写作，已经驾轻就熟，丽也没了当初的热情和积极。2 个月试用期，她写的稿子和评上的好稿都没有实习时一个月的量多。

试用期结束，丽怎么也没想到报社居然变卦，不要自己了。部主任抛给她一句话，“你是越来越懒，越来越不认真了。”

点评：敬业爱岗到永远。丽的毛病，对那些已经长时间实习的大学生来说容易犯。长时间的实习，使得他们对工作内容和环境都非常熟悉，为人处世的时候也容易因麻痹大意而出错。实习的漫长战线，使得他们的所有注意力都集中在实习过程中。一旦实习通过，签订《就业协议》，他们就感觉万事大吉，对试用期没有足够的重视，结果马失前蹄。而长时间的实习，使得他们对工作的倦怠提前在试用期里表现出来。如果你决定从事某份工作，那么就要学会接受它的枯燥和不可避免的重复，保持敬业爱岗到永远。

一、用智慧和汗水度过试用期

要想顺利地度过试用期，从往届毕业生反馈的信息来看，应该做到如下几点：

（一）了解企业发展文化，促进自身有利发展

大学生进入企业后要迅速地了解企业文化及发展理念，明确自己的角色。因为只有充分了解了企业文化之后，才能掌握公司的工作尺度。大学生初来乍到，工作、处事要掌握分寸。每个公司都有自己的发展史和企业精神，都有一些成文或不成文的规矩，平时要抓紧时间，多翻阅一些公司的资料，多注意观察，这样会使自己少犯错误，少出纰漏。另外，还要在一些事上严格要求自己，早到晚走，不要轻易因私事请假。在自己的穿着上避免太流行时尚，最好是与企业的要求相符。如果想要顺利留在用人单位，首先要做的便是学会遵守用人单位的规章制度，摒弃在学校里养成的一切不良习惯，只有这样才能逐渐了解自己所在单位的机制和企业文化。

（二）脚踏实地才是真，适时发言表现自己

大学生初到企业时一定要勤快，做事要脚踏实地。多做一些打扫卫生、整理报纸文件、接听电话等为其他同事服务性的工作，既给人留下勤快的印象，又易于融入同事圈中，得到人家的提携帮助，这对你以后在公司的发展是有好处的。但不可一味地埋头苦干，要适当地表现自己的优点，适当地表达自己新的想法和观点，让上司认识到你能够为企业带来新的活力。试用期间最忌讳的就是只说不做或只做不说，而要做到说做结合，总结起来有八个字：眼快、嘴快、手快、腿快。无论你做什么工作，无论你面对的工作环境是松散还是严谨，你都应该勤勤恳恳工作，不要老板一转身就开始偷懒，没有监督就没有工作。你只有在工作中锻炼自己的能力，使自己不断提高，加薪升职的事才能落到你头上。反之，如果你凡事得过且过，从不勤勤恳恳工作，你就会被老板毫不犹豫地排斥在他的选择之外。

现在的老板非常青睐勤勤恳恳工作的员工，并给予很多的机会。老板往往会这样鼓励员工："认真干吧！把你的能力都发挥出来，还有更多的重任等着你呢！"他的意思就是说："勤勤恳恳工作吧，我会给你增加工资的。"当老板让你做更多的更重要的工作时，你的工资自然会提高，你的职业机会大门也就徐徐拉开了。

(三)接受工作任务要高姿态

接受工作任务的态度是对刚报到的新员工的考验。作为一名新员工要愉快地接受领导分配的工作任务，有困难自己去克服解决，不要挑挑拣拣，更不要工作还没有干，就提出这样那样不切实际的要求和条件；如果分配的工作自己完成确有某些实际困难，既可以说"让我试试看"，也不妨心平气和、婉转和策略、有理有据地把困难如实向领导提出来，有话好好说，千万不要发火或激动，接受工作要以大局为重，不要只考虑自己的利益，不考虑领导的难处和单位的实际情况；当然，如果当时分配的工作不太适合自己，为了不给领导添麻烦，也不妨先接受下来，干一段时间后再提出调整的要求，这样会更恰当些，而不要不讲理由就一口回绝。

(四)左右逢源，搞好人际关系

如果要想在试用期间评价一名员工是否合格，仅有专业知识或技能还不行，人际关系也是考察的重要方面。特别是一名新员工，处理好人际关系，对将来工作的开展必然起到良好的促进作用。在企业里同事之间存在着利益关系，因此同事之间不能过分信任，初来乍到时，最好不要对同事讲自己的隐私和弱势。另外，在老板面前不要锋芒毕露，要表现得谦虚点，要让他觉得你不如他，有时候领导喜欢单独找人谈话、吃饭，这时候说话一定要注意分寸，既要坦诚、不能太过拘谨，也不要口无遮拦。对于一些非原则性的小事尽量从领导的角度出发，注意领导的感受。

在试用期时一定要摆正心态，要把自己的优点表现出来。在企业里团队合作精神很重要，所以要有意识地培养这方面的能力。对于应届生，由于是刚刚步入职场不具备经验的新人，企业会重点看他是否具有培养潜力，是否有积极地工作态度。而对于以前有过工作经验的人，则主要考察他工作能否很快上手以及经验是否属实；其次，还要看他到达新的企业环境后，与同事的合作能力。了解了这些，新人或许就能对如何顺利度过试用期多一些心理准备。

二、注意考察用人单位

试用期是一个双向考察磨合的过程，用人单位可以考察新进人员并决定辞留。作为新进用人单位的大学毕业生，如何考察用人单位呢？

一般来讲，公司会在试用期的最初几天对新人进行初步的培训，这是新人对公司正面了解的极好机会。培训主要讲解公司文化及历史，公司制度(例如行政管理制度，业务操作制度等)，部分工作的业务流程等。在培训期间，毕业生要多问，并且保存写有公司承诺的书面材料。看企业领导对待工作是否热情、勤勉，是否公正、公平地对待工作及下属，对公司的发展是否有脚踏实地的计划，有没有凝聚力，职位安排上是否任人唯亲等；看员工是积极工作还是消极散漫，团队是否团结一心、乐于帮助新人，同事之间是否拉帮结派；看工作内容能否发挥自己的才干，公司的内部管理制度规定得是否明确并被严格遵守，晋升通道或学习培训的机会是否平等；工作环境是否稳定，待遇是否满意等。公司的发展主要依靠管理层的领导，因此领导者的才能是十分重要的。某些公司在处于创业初期时，工作环境及待遇可能不尽如人意，但只要领导者有远大的理想、脚踏实地的工作态度，能使员工自觉最大限度地发挥才干，使公司的业务蒸蒸日上，那么这个公司就有希望。反之，若领导者偏听偏信，奖罚不分，那么即使该公司有具体制度，也可能没有遵守，即使有良好的待遇，也可能是明日黄花。所以，新人一定要睁大眼睛仔细地审视你目前供职的单位。

1. 听

听不同的同事对领导、对工作、对工资待遇等方面的评价。同事们工作久了，对公司了解更深刻，他们的评价会体现公司的价值观，是非常有用的资讯参考。同时，还要听其他渠道反馈的信息，包括公司的客户、竞争对手、关联单位等。一个有魅力有价值的企业是值得它的竞争对手尊敬的。

2. 想

在试用期结束之前，还要多“想”。考虑该单位是否符合自己的职业规划，是否自己真的适用在该单位工作，是否能提供公平的晋升空间，自己是否晋升机会。

通过以上几个步骤的考察和自己的深思熟虑，就可以决定是否留在该单位工作了。如果决定留下，那就把无限的热情投入到为之奋斗的事业中去；如果觉得彼此不合适，那就可以在试用期尚未结束时，请求辞去，不要勉强过了试用期后再辞职而付出高额的违约金。

三、规避试用期风险

对职场新人来说，职场风险可以说是无处不在，每走一步都要倍加小心。那么，初入职场的大学生如何规避试用期风险呢？

1. 尽快熟悉企业文化，避免试用期淘汰风险

好不容易在众多求职者中脱颖而出，却可能因为不了解企业文化，言行不慎招来试用期被淘汰的风险。一般来说，试用期内，企业会从职能部门和人事部门两方

面对新人考核，职能部门重点考核新人的专业水平是否能满足岗位要求，人事部门则重点考核新人的新环境适应能力、人际交往能力、协作能力等。

对新人来说，试用期就是考核期，多听、多观察、多问、多学，是职场新人平安度过试用期的最好办法。一方面要掌握岗位所需技能，一方面还要尽快熟悉企业文化，切忌言行举止与企业文化发生冲突。

2. 人际关系失和，遭遇团队冷遇风险

一些新人性格内向或过于孤立，容易被同事疏远，工作业绩难以被认可，也不会被企业重用。

现在企业都非常注重团队精神，不论性格内向还是外向，一定要保持良好的人际关系，尽量不要把自己孤立在同事圈外，凡事不妨多请教同事。试用期也要签合同，避免无理由解雇风险。

一些大学生找到工作后，企业并没有与之签订劳动合同，而只有口头协议，一旦遇到人员发生变动，就会因为没有劳动合同被解雇，得不到任何保障。

即使是试用期，也应该签试用期的劳动合同，规定双方权利义务。职场新人必须学会保护自己，如果企业不提，自己也要主动询问签订合同相关事宜，尤其要留心用人单位的合同是否符合法律规定。

思考与练习

通过学校老师或上几届校友介绍，利用假期到母校的校企合作单位实习，体会：

1. 我们参加实习的主要目的是什么？

2. 试用期以准员工还是员工的心态工作？

第八章 走好踏入社会的第一步

学习目标

懂得怎样工作，学会做合格员工；了解怎样取得上司的信任，使自己尽快成长为优秀的企业人。

踏入社会，是人生的一个重大的转折点，每一位毕业生要想顺利完成从学生到从业者的角色转换，在工作岗位上实现自己的人生价值，就要树立从基层做起的思想，踏踏实实地从工作中吸取经验，不断累积从业竞争资本，为自己能够真正立足社会打下坚实基础。

第一节 一位企业家的话

每年都能看到从校园毕业的莘莘学子跨人企业门槛的那份认真、好奇和努力的神态，想想自己也是从那份略带混沌的幼稚中度过来的，很想和青年朋友们交流自己的一点心得体会，以期将要走过那段道路的人不走我们重复的弯路，尽快成长为企业人。

一、不能让鱼吃梨

涉世不深时，我们常常渴望以真诚换取真诚。书本上告诉了我们太多太多的理想模型，我们脑海里常常会有诸多的假设，有太多太多应该的东西了，结果常常事与愿违，自己碰壁受到伤害，还会怪罪别人怎么不理解、不支持、不合作。实际上是学生的心智模型和企业人的心智模型差别太大所致，你认为应该的东西，在别人眼里可能是不应该的，于是就会产生误解和抱怨。所以我们不能做一厢情愿的事情，不能想我们爱吃梨，池塘里的鱼儿就会爱吃梨，那样你拿梨到池塘里钓鱼会一无所获的。关注客户的需求，是我们校园人首先要学会的，我们的客户是广义的，包括上司、同事甚至自己。这样下一步才能考虑怎样使客户满意。“人生是一项项交易”，得用经营的心态来处理事物。没有一成不变的东西，学校书本上讲的所谓“真理”只不过是现实世界的理想描述。你得学会灵活地处理它，深刻地理解它，巧妙地运用它。

议一议

对学生角色到员工角色的转变，你做了哪些准备？

二、不能追求完美

社会人常常面临追求短期效应和长期效应的两难选择，这里面有个度的问题。上司交待给你一个具体任务，任务本身常常带有短平快的性质，这时候，切忌犯“简单任务复杂化”的毛病。青年常常想一鸣惊人，上司初次交给的任务常常想高标准完成，以显示实力和才干，追求完美到每一个细节，殊不知细节是魔鬼。企业强调的是合适的时间，合适的成本，合适的人物，合适的价钱来办到合适质量的事情，是“合适”不是“完美”，适可而止。凡事有取舍，事事时时追求完美不是优点反而会变成缺点，其实优点和缺点之间就是一个度的问题。初入企业，要学会了解任务的基线，即及格水平，既不能调上司的胃口太高，给自己增加不必要的负担，也不可为自己设定太过雄心不切实际的目标。了解事情或任务的基线，就会能留出一定余地，同时不能放弃自己的挑战目标，这样就能游刃有余。实际上作为企业希望看到的是一件事情已经落实张罗起来，并为周围大多数人接受，这已经足够了。追求完美，常常使人迈不开步子，白白贻误战机。机会不等人，事情不是非你莫属，所以到企业里一旦开始接受任务做事情，就要想办法尽快迈开步子。

三、尝试孙子兵法

年轻人做事情常常年轻气盛，喜欢与人一争高下。实际上初入一个领域，我们真得是一个小学生，不管你是什么学历，人得一个行当，从头到脚都是新的，我们得放下那副不值钱的臭架子，乖乖地做几回“孙子”吧！把自己定位太高，常常不能学到企业文化真正的内涵。不少企业的老员工，抱怨新学员“孤芳自赏”、“清高”，认真得像个“书呆子”。社会上三教九流，什么人都得打交道。不如意十有八九，得有一个乐观的心胸。同样是半瓶水，乐观的人说是“半满”，悲观的人说是“半空”。同样一件事，乐观的人看到的是机会和希望，悲观的人看到的是风险和绝望。谦虚低姿态为人，别人非但不会小看你，反而是一种成熟的表现。不然一味地逞强，难免陷入老员工设计的圈套中，试想老员工都伤脑筋的事情，交给一个毛手毛脚的新手，胜算的概率小多了。后发制人，以静制动，了解清楚缓急和其中的是非曲直，该出手时就出手。否则一味地讲条件或一味地猛冲烂打，实际上最后吃亏的总是自己。

牢记“团队”、“角色”和“职责”这几个关键词。现代企业不可能单打独斗，IBM中国区总裁讲，现在是打群架的时代。加入企业，如果想把事情做好、做成功，就要学会尽快融入一个团队，在这个团队找到自己的角色和职责。找来公司的制度、流程和职位说明书，明了这些看得见的规矩，马上虚心地向老员工请教那些看不见的规矩。想要被一个团队所接纳，就得想办法接受和认同他们的价值观念。有团队必然有文化和它自身的一套规矩，个人英雄主义行不通。找到自己的角色，扮演好，才能把一出戏唱完。演好戏，挣到钱，怎么都好说，企业的首要任务是把饼做大，其次才是分饼的问题。没有演戏前，角色之间的争风吃醋难免，但一旦导演角色选定，一场大戏正式开始，角色之间最起码的职业道德是要讲的，不能串角，更不能将后台的恩怨带到台前。顾全大局，识轻重，是体现个体和团队价值的重要原则。

四、技能、性格和人品

最后一条我想和大家谈的是个人修养与职业生涯设计问题。不断学习和掌握新的技能，能够促进我们在人才市场上不断增值。但是一味地猛掌握技术也是不足取的，企业不是学校。从某种意义上来说，它强调的是等价交换。增强技能的同时，要加强自己性格和人品方面的修炼。良好的人品是大家认可、协作的长期依托，性格是我们扮演角色、完成任务、树立自我品牌的重要筹码。企业的问题到处都是，烦恼到处都有，性格和人品决定了我们的取舍价值观，而技能只能说明我们这把刀到底锋利到何种程度，但你是拿这把刀割猪肉还是拿它去威胁别人，完全视性格和人品决定。性格和人品的修炼是一生的课题，而技能是伴随你的职业生涯不断发展的。愿青年朋友们早日成为潇洒轻松的企业人。

第二节　懂得怎样工作

一、做事有条有理

做事干净利落，不拖泥带水，该做的事尽早去做，该了结的尽快了结，有这种工作和生活习惯的人，处处会受到别人的信赖和喜爱。

我们的工作秩序要处理得有条不紊，就该知道自己每天该干什么，怎么去干；不该干什么，不能干什么；先干什么，从哪下手，需要的时间，达到的程度。这不但能提高工作效率，使你不但掌握自己的生活，也会有更多的学习和休闲的时间。

议一议

干工作与会工作结果能等同吗？

【案例1】

有个性急的人，不管你在什么时候遇见他，他都表现得风风火火。如果要同他谈话，他只能拿出几秒钟的时间，时间长一点，他会伸手把表看了再看，暗示着他的时间很紧张。他公司的业务做得虽然很大，但是开销更大。究其原因，主要是他在工作安排上七颠八倒，毫无程序。他做起事来，也常为杂乱的东西所阻碍。结果，他的事务是一团糟，他的办公桌简直就是一个垃圾堆。他经常很忙碌，从来没有时间来整理自己的东西，即使有时间，也不知道怎样去整理、安放。

另外有一个人，恰恰相反。他从来不显出忙碌的样子，做事非常镇静，总是很平静祥和。别人不论有什么难事和他商谈，他总是彬彬有礼。在他的公司里，所有员工都寂静无声地埋头苦干，各样东西安放得也有条不紊，各种事务也安排得恰到好处。他每晚都要整理自己的办公桌，对于重要的信件立即就回复，并且把信件整理得井井有条。所以，尽管他经营的规模要大过前述商人，但别人从外表上总看不出他有一丝一毫的慌乱。他做起事来样样办理得清清楚楚，他那富有条理、讲求程序的作风，影响到他的全公司每个员工。于是，他的每一个员工，做起事来也都极有程序，公司生机盎然。

分析：你工作有程序，处理事务有条有理，在办公室里绝不会浪费时间，不会扰乱自己的神志，做事效率也极高。从这个角度来看，你的时间也一定很充足，你的事业也必能依照预定的计划去进行。

今天的世界不是思想家、策划家的世界。唯有那些做事有程序、有条理的人，才会成功。而那种做事没有程序、没有条理的人，无论干哪一种事业都没有功效可言。

工作安排要有条理，按照事情的轻重缓急、进行合理地安排，一个人即使能力差一点，但他的事业也往往有相当大的成就。如果东一锤西一棒，看上去忙忙碌碌，但结果什么工作都是不痛不痒，不深不透，还会因小失大，丢了西瓜捡了芝麻。

【案例 2】

公司职员程小姐一下班就向老妈诉苦，说自己每天从一进公司门就开始忙个不停，一会儿干这，一会儿干那，忙得晕头转向。

一起进公司的同学兼同事小刘虽然和自己是同样的工作，看起来总是从容不迫的样子。更让程小姐有些心理不平衡的是，到月底工作量一统计出来，自己还不如小刘高。

或许你读了这个例子，就颇有找到知音的感觉：每天忙忙碌碌，却老是忙而无功；感觉付出很多，却总是得不到老板的满意；没有一刻空闲，到总结时却说不出自己做出的成绩。这种现象太普遍了。如果你正处于这样的状态，这时的你就需要提高警惕了：也许你不是工作不努力，而是需要掌握正确的方法提高工作效率了。因为，如今可不是讲求“慢工出细活”的时代，效率总是与工作业绩、奖金，甚至晋升挂钩，每天费尽心思琢磨的应该是如何有条理做事，提高工作效率。

（一）为工作制订计划

工作计划必不可少！这种计划并不是为了向某人汇报，也不是为了给自己增加压力，而是为了让你记住有哪些事情需要去做。每天面对大量的工作，谁都不免产生丢三落四、忙而无序的状况；如果会工作，养成定时作计划的习惯，效果是大大不一样的。

某公司部门经理罗女士，就非常善于管理自己的工作，尽管每天需要应付大大小小的许多事情，但她总是显得很从容，该做什么，什么时候做，自己心中非常有数。她说自己随身携带的必不可少之物就是一个工作本，上面密密麻麻地写着自己的工作安排。每月之末，她会抽出一定的时间思考一下下个月的工作重点和计划安排。制订工作计划，关键是要会分解目标，把制定的月目标分解到一个周，一个周的目标再分解到每一天。也许看上去是一个很庞大的，担心完成不了的工作目标，经过这样的层层分解后，结果发现，原来要实现这个目标并不是很难；这样工作起来才不会感到有很大的压力。

将工作计划和进度记在身边的台历上。当接受到工作任务后，自己分析一下这个任务的难度，要分几步来完成，然后用铅笔记在桌上的小台历上。平时的工作安排和计划都可以这样简单地记录下来。这样，一是比较方便，二是这个台历就在你的旁边，随时可以看到，可以督促自己按照进度完成任务。哪天要完成什么任务都可以简单地用铅笔写在台历当天的空格中。然后，自己每天实际完成的进度用钢笔或者圆珠笔写在当天的台历空格中，这样可以比较进度安排与实际进度直接的差距，从而可以更好地调整工作进度。而且，这个实际进度可以作为下面写周间报告的参考，使你知道这周完成了什么。每天向着目标前进，工作会更有充实感。

(二)进行工作计划的总结

很多人把工作总结想得很复杂,仿佛需要把所有完成的任务的完成情况和没有完成的任务的未完成原因都详详细细地书写出来。这是一个天大的误解!其实,工作总结随时都在进行,方法简单之极:用粗笔把你做完的事从时间表中重重地划去!另一种总结是在我们制订每日的时间表和每周的计划表时完成的,方法也十分简单:把当日或当周没有完成的工作抄写到下一日或下一周的计划中去!

你一定要明白,制订计划的根本目的不是给你施加任何压力,而是给你一个有序的、有准备的工作安排。因此,不要为未完成预定的任务而懊恼,而是记住这些任务,并且尽快安排去进行!同时,工作计划还会给你带来自信和成就感:当一个人看到面前成堆的任务被狠狠地划去,象征着这些敌人被征服和消灭,那就像是军人看到自己肩膀上的金星在一颗颗增加一样,是何等地畅快淋漓!

(三)安排好随时可进行的备用任务,不浪费你的时间

没有利用不了的时间,只有自己不利用的时间。零散的时间可用来从事零碎的工作。例如坐车、等人时,可以学习、思考、阅读、更新工作日程、简短地计划下一个行动等。

(四)每天定时处理一些日常事务,不要被它影响主要工作

你每天都需要做一些日常工作,以和别人保持必要的接触,或者保持一个良好的工作环境,这些工作包括查看电子邮件,和同事或上级的交流,打扫卫生,等等;这些常规的工作杂乱而琐碎,如果你不小心对待,它们可能随时都会跳出来骚扰你,使你无法专心致志地完成别的任务,或者会由于你的疏忽带来不可估量的损失。

处理这些日常工作的最佳方法是定时完成:在每天预定好的时刻集中处理这些事情,可以是一次也可以是两次,并且一般都安排在上午或下午工作开始的时候,而在其他时候,根本不要去想它!

除非有什么特殊原因(例如你在等待某个人发来的紧急邮件),否则,强迫自己在预定时刻之外不要查看邮箱,不要去找领导汇报工作,这样,处理这些事务的效率才会提高,并且不会给你的其他主要工作带来困扰。

如果每天你都有这种日常事务需要处理,那就定时尽量集中来完成。把这些工作一次性完成就可以专注于主要工作上。

(五)养成整洁的好习惯

保持桌面整洁。据统计,一般公司职员每年要把 6 周时间浪费在寻找乱堆乱放的东西上面。桌面上只放当天要用的文件和物品,其他所有文件,物品按固定位置存放,要用时才拿出来。建立良好的文书档案系统,方便存档及查阅。

(六)专心致志,有始有终

不要让突然而来的想法、主意,影响手头上的工作,应把它记录下来,在方便的时候再考虑。

尽量完成一项工作才开始另一项,切忌有头无尾。需时较长的重要项目,应安排大块完整的时间,避免时断时续的工作方式。一是停顿下来费时;二是重新工作时,还需要花时间来调整情绪、思路和状态,才能在停顿的地方接下去干。

(七)学会工作中说"No"

当你正专注于手头的工作时,突然上司让你去做一些不太重要的事情,或者同事找你帮忙处理一些文件,如果放下手头的工作,那么思绪就被打乱,有可能要重新再来,工作效率显然就不会高。这时的你要学会巧妙地说"No",否则整天纠缠于帮别人处理事情当中,非但自己的工作完成不了,还有可能出力不讨好。

【案例】

某公司的杨女士就有这么一位同事,是做效果图的,为人比较随和,别人有事情都找她。打份文件、加个标头、做个表格……甚至电话响了,也要她接,结果自己的一份效果图被一拖再拖,上司一催再催,被骂了好多次,迫不得已加班完成,她现在已经成了公司的"加班专业户"。

其实,她完全可以说"No"。在工作中维持"老好人"的形象、令所有人满意是不可能的。杨女士说,在自己的工作和别人求助之间,也许持这样的平衡技巧是比较明智的:"先扫自己门前雪,再管他人瓦上霜"。当然在说"No"的技巧上,可以采取婉转、迂回的方式,避免直接拒绝。

二、倾听别人说话

乔·吉拉德被誉为当今世界最伟大的推销员,回忆往事时,他常念叨如下一则令其终身难忘的故事。

【案例1】

在一次推销中,乔·吉拉德与客户洽谈顺利,就要快签约成交时,对方却突然变了卦——快进笼子的鸟飞走了。

当天晚上,按照顾客留下的地址,乔·吉拉德找上门去求教。客户见他满脸真诚,就实话实说:"你的失败是由于你没有自始至终听我讲的话。就在我准备签约前,我提到我的独生子即将上大学,而且还提到他的运动成绩和他将来的抱负。我是以他为荣的,但是你当时却没有任何反应,而且还转过头去用手机和别人讲电话，我一恼就改变主意了！”

此一番话重重提醒了乔·吉拉德，使他领悟到“听”的重要性，让他认识到如果不能自始至终倾听对方讲话的内容，认同顾客的心理感受，难免会失去自己的顾客。

这个故事虽然简短，听起来却意味深长。

北京大学心理治疗课程的徐浩渊博士认为，倾听不是被动地接受，而是一种主动行为。倾听者不是机械地“竖起耳朵”，在听的过程中脑子要在转，不但要跟上倾诉者的故事、思想内涵，还要跟得上对方的情感深度，在适当的时机提问、解释，使得会谈能够步步深入下去。比方说看见妻子拖着疲惫的脚步下班回家，眉头紧皱，丈夫知道她肯定是遇到了不顺心的事，于是试图帮她消消气。但不同的对话方式产生了截然不同的效果。

【案例 2】

情景对话一

妻子：累死我了，一下午谈了 3 批客户，最后那个女的，挑三拣四，不懂装懂，烦死人了。

丈夫：别理她，跟那种人生气不值得。（给妻子出主意）

妻子：那哪儿行啊！顾客是上帝，是我的衣食父母！（觉得丈夫不理解她，烦躁）

丈夫：那就换个活儿干呗，干吗非得卖房子呀？

妻子：你说得倒容易，现在找份工作多难啊！甭管怎么样，每个月我还能拿回家 3 000 块钱。都像你的活儿，是轻松，可是每个月那几百块钱够谁花呀？

丈夫：嘿，你这个人怎么不识好歹？人家想帮帮你，怎么冲我来啦？

妻子：帮我？你要是有本事，像隔壁丈夫那样，每月挣个四五千，就真的帮我了。

丈夫：看着别人好，和他过去！不就是那几个臭钱嘛？有什么了不起！

情景对话二

妻子：累死我了，一下午谈了 3 批客户，最后那个女的，挑三拣四，不懂装懂，烦死人了。

丈夫：大热天的，再遇上个不懂事的顾客是够呛。快坐下喝口水吧。

妻子：唉，挣这么几个钱不容易。

丈夫：是啊，你真是不容易，这些年，家里主要靠你挣钱撑着。

妻子：话不能这么说，孩子的功课、人品，没有你下力，哪儿能有今天的模样？唉！我们都不容易。

在正常的人际交往中，不仅要有善于表达的能力，而且还要有善于倾听的行为和习惯。上帝赋予我们一根舌头，却赋予我们两只耳朵，寓意是告诉我们要多听少说。因此，沟通最难的部分不在如何把自己的意见、观点说出来，而是在如何去听取别人的心声。

善于倾听别人讲话是一种高雅的素养。因为每个人都有自我的欲望，没有人喜欢一个只会滔滔不绝地讲而没有耐心倾听、不给别人讲话机会的人，而且认真听别人说话也是一个很好地理解别人、学习别人的过程，表现了对说话者的尊重，人们也往往会把忠实的听众视作可以信赖的知己。所以，现代打破了以往只强调表达能力的做法，又提出了倾听力。因此，我们不仅要"会"说话，还要会倾听。

倾听，并不一定代表你对对方谈话的认同，它仅表示对对方的尊重。

1. 倾听的层次

倾听是一种积极的态度，意味着控制自身偏见和情绪，克服心理定势，做好准备积极适应对方的思路，去理解对方的话，并给予及时的回应；传达给他人的是一种肯定、信任、关心乃至鼓励的信息。

"倾听"往往被认为当作"听见"，这是一种危险的误解，会导致"有效的倾听是一种与生俱来的本能"的错误看法。结果，我们很少致力于学习发展倾听技巧，不知不觉地就忽略了这一重要的交流功能。平心而言，作为听者，人们只有35%的效率。缺乏有效的倾听往往导致错失良机，产生误解、冲突和拙劣的决策，或者因问题没有及时发现而导致危机。倾听有以下几个层次：

①听者完全没有注意说话人所说的话，假装在听其实却在考虑其他毫无关联的事情，或内心想着辩驳。他更感兴趣的不是听，而是说。这种倾听，导致的是关系的破裂、冲突的出现和拙劣决策的制定。

②人际沟通实现的关键是对字词意义的理解。听者主要倾听所说的字词和内容，但很多时候，还是错过了讲话者通过语调、身体姿势、手势、脸部表情和眼神所表达的意思。这将导致误解、错误的举动、时间的浪费和对消极情感的忽略。另外，因为听者是通过点头同意来表示正在倾听，而不用询问澄清问题，所以说话人可能误以为所说的话被完全听懂理解了。

③一个优秀的倾听者在说话者的信息中寻找感兴趣的部分，他们认为这是获取新的有用信息的契机。高效率的倾听者清楚自己的个人喜好和态度，能够更好地避免对说话者做出武断的评价或是受过激言语的影响。好的倾听者不急于做出判断，而是感同身受对方的情感。他们能够设身处地看待事物，询问而不是辩解某种形式。

你现在的倾听是哪一层次？

2. 倾听的技巧

倾听不仅是一种态度，也是一种技能。有效的倾听是可以通过学习而获得的技巧。不少社会学家和心理学家从人际关系角度进行研究，提出了以下几点：

①倾听别人讲话，必须做到耳到、眼到、心到，同时还要辅以其他的行为和态度，注视说话者，保持目光接触，不要东张西望。

②单独听对方讲话，身子稍稍前倾。

③面部保持自然的微笑，表情随对方谈话内容有相应的变化，恰如其分地频频点头。

④不要中途打断对方，让他把话说完。即使你认为它可能是错误的或与话题无关的，也可用点头或偶尔插进一声"嗯"或"我懂了"之类的话，以简单地认可，但未必是同意。

⑤适时而恰当地提出问题，配合对方的语气表述自己的意见。

⑥离开对方所讲的话题，可通过巧妙的应答，把对方讲话的内容引向所需的方向和层次。

谈话是一种艺术，听人谈话也是一门学问。现代的人们渴望被倾听，被了解。学会倾听别人说话，引申的意义是，不管你爱听或者不爱听，你要听完别人所说的话。你能学会听完别人说话，那么你就越来越会替别人着想了，思考和处理问题都会站在别人的角度上。这样，不仅仅是对别人好，你自己也是获益良多。

三、尊重上司和所有的员工

对人的尊敬态度，是同人接触的基础。

(一)尊重你的上司

不管你认为自己是如何优秀，你的上司又是如何地愚笨，但他能成为你的上司必有其过人之处，所以不要当面顶撞上司，也不要在背后飞短流长。如果上司确有做得不妥的地方，你可以委婉地向他提出建议，而不是去批评他及指责他，因为你毕竟只是执行者而不是决策者。如果事关重大，你亦可以越级反映，但一定要注意分寸，切忌弄巧成拙。

1. 要遵守游戏规则

接受上级与下属的从属关系，并在工作中遵守这项规则。这是最基本的问题了，却经常有人不能做到。原因常常是下属认为上司不如自己，因此在行动上不要出格，例如自作主张，封闭工作信息、不汇报，在上司面前逞能等。就算你的领导能容忍你，在他的心目中，你也不会是一位好的下属。成熟的做法是：新到一个地方，了解一下上司的好恶习惯，了解他评价员工的眼光，去主动适应；摒弃杂念，按规则对待上司。自觉服从上级的指挥，听从上级的工作安排。分配给自己的工作，能完成的要勇挑重担；难以完成的，最好单独找上级陈述理由，不要当众拒绝，要维护上级的权威。要善于向上级学习，在工作上和他们保持密切联系，尽快熟悉自己的工作，并力求得到他们的支持和帮助。

2. 要主动配合上司工作

好的下属要能善于配合各种状态的领导。人性很复杂，当一个人在群体中比较弱的时候，免不了遭人嘲笑、戏弄，甚至欺负。如果上司在某方面比较弱(比如年龄小于下属，技术能力不强，管理经验不足)，人们怯于权势，会收敛，但是容易相处随便，缺乏必要的尊重。你能在这种情况下主动去配合上司做好工作，就显出你的成熟和与众不同。任何风格的领导都会欢迎主动配合自己工作的下属，特别在他们觉得有难处的时候。

3. 讲究办事效率

人们在一起相处，有的人以关系为重，有的人以办事效率为重。前者的工作满足感容易依赖上司的肯定，当与上司关系相处好的时候，这样的员工算是顺利的；如果相处得有问题，就一定会被动。讲究办事效率的员工，满足于做好工作，内心不受与上司关系的影响，比较自在。只有在讲究关系的上司面前，这种风格容易产生麻烦。但是，只要这样的员工敬业，能出效率、出成果，一般能安然无恙。

4. 讲究处理矛盾、冲突的艺术

冲突现象在职场上是常见的，有时候，人们根本无法避免上下级之间的冲突。讲究处理艺术是必要的，这能帮你维护自己的权益，建立健康的上下级关系。很明显，不同层面的工作关系所带来的冲突，在解决的难度上有很大的不同。特别在文化背景不同的管理者面前，用什么方法能够解决问题有比较大的差异。当你遇到麻烦时，有一些处理冲突的方法值得借鉴，例如：

①下属对上司的鉴定不满意。这时需要有技巧的沟通。你可以主动提出与他谈一谈，了解他评价人的标准，以此来衡量自己是否符合标准。上司布置的任务过重，这时需要有商讨性的谈判。在你还没有完成前一项任务而上司又给你下达新任务时，你可以问清楚："是不是这个更重要？要不要把手上的工作拖一拖？"这就是在与上司谈判。这样，你可以主动将要完成的多项任务排序，保证自己有节奏地完成工作。

②上司对下属的工作监视过多，而下属喜欢独立工作。站在上司的立场上看，显然下属还没有让上司了解或证明自己是可以干好工作的。一方面要做出忍让；另一方面，可以定期与上司见面，同他一起讨论你的工作，以及你的工作是否与他的计划相符合。

③上司把下属的成果据为己有。如果你不吃这一套，那就表明自己的态度。对你的上司说："你喜欢我的创作（创新），我为此自豪。不过，我希望别人提起这项创作时，也提到我的名字。"

④上司不能起到领导作用，只等别人建议，从不承担责任。这个问题可以换个积极的角度看：领导可以站在后台指挥，这样的领导对要改革的下级有利。他会欢迎你的建议，同意你的方案，成为好说话的上司，你也会成为有影响的下级。

⑤下属不喜欢上司，关系有些紧张。只要是各自都能从工作利益出发，相互尊重，就有建立良好关系的基础，可以尝试改善。比如加强联系，让上司知道你在做什么。经常的联系和充分的交流是建立信任关系的关键。你也可以从上司那里学到不少的东西。在有难处的场合里照样表现出色，这本身就是一种成就。

还可以从另一个角度看从属关系。一般来说，高自主性的工作不需要太多的服从，例如做推销。而低自主性的工作需要更多的服从，例如文秘。了解自己工作岗位的性质，了解上司，也了解你自己，再给自己一个明确的目标（站得高一些，看得远一些），你一定能有创意地对待工作世界里的这种挑战。

（二）尊重他人

初到单位，尽管每个人秉性不同、爱好各异，但应当把每个人都当作自己的老师，因为他们都可能掌握了丰富的工作经验、娴熟的业务技能。要像尊重老师那样尊重他们，尊重他们的劳动和劳动成果，尊重他们的人格和感情，虚心向他们求教。对人的尊重，不要以职务的高低、工资的多少来决定对其的态度，不要认为某人对自己有用就打得火热，某人暂时不用就疏远不理；不要见了领导就低头哈腰、满脸堆笑，见到群众就视而不见，甚至冷若冰霜。不要卷入是非矛盾，拉帮结派、搞小团体，而应该尽量与所有同事发展平等互助的友好关系。尺有所短，寸有所长，不能以己之长比人之短，应该虚心向他人学习。如果自满而轻人，就会损伤他人的自尊心造成人际关系疏远。平等竞争，同事间的竞争只应停留在以工作为尺度的标准上。应该记住，不能踩在别人的肩膀上，通过毁掉别人来谋求自己的提升。因此，在互相交往中，尊重他人，也要尊重自己。自尊自重，才能在尊重他人的同时，也得到他人的尊重。

四、适应变化，具有灵活性

【案例】

被誉为"开启未来之门，影响人们一生"的《谁动了我的奶酪》一书，主要内容大家耳熟能详：两只小老鼠"嗅嗅"、"匆匆"和两个小矮人"哼哼"、"唧唧"。他们生活在一个迷宫里，奶酪是他们要追寻的东西。有一天，他们同时发现了一个储量丰富的奶酪仓库，便在其周围构筑起自己的幸福生活。但是某天，奶酪突然不见了！这个突如其来的变化使他们的心态暴露无遗：嗅嗅、匆匆随变化而动，立刻穿上始终挂在脖子上的鞋子，开始出去再寻找，并很快就找到了更新鲜更丰富的奶酪；两个小矮人哼哼和唧唧面对变化却犹豫不决，烦恼丛生，始终固守在已经消失的美好幻觉中追忆和抱怨，无法接受奶酪已经消失的残酷现实。经过激烈的思想斗争，唧唧终于冲破了思想的束缚，穿上久置不用的跑鞋，重新进入漆黑的迷宫，并最终找到了更多更好的奶酪，而哼哼却仍在对苍天的追问中郁郁寡欢……

我们在四个主人公身上可以找到自己的影子，我们面对变化的反应是什么呢?

人的一生会充满着变化甚至各种意料不到的变数，如果不适应这种变化，就无法适应这个社会，也就无法立足社会。不仅是自己的变化要自己能够适应，对于周围事物的变化，我们也需要有一颗容纳和理解的心，适应变化。

灵活性是当代大学毕业生应具备的基本素质。对一个初入职场的大学毕业生来说，最重要的一点就是要有灵活性，最重要的一种能力就是必须很快地适应变化着的环境。因为在很少的情况下，事情是会按着你的预期发展的，在很多情况下，事情都是出乎意料的。没有人能够预测 2015 年这个世界变成什么样，这就对我们的这种“快速的适应能力”提出了要求。

(一)存活下来是最能适应变化的

从自然选择的角度讲，存活下来的不是最强壮的或是最聪明的，而是最能适应变化的。持续百年的康乾盛世，曾以国力强盛、气势宏伟震撼一时。其时，国家统一，经济发展，文化繁荣。然而，当时的君主“妄自尊大、拒绝开放、因循守旧、反对变革、故步自封”，对同时期风起云涌般的欧洲资产阶级革命、工业产业革命、文化思想启蒙运动，这些世界性的历史大转折和国际环境形势的变化视而不见。于是，康乾盛世最终成了落日的辉煌，接踵而来的只能是长夜无歌，泱泱大国成为任人宰割的羔羊。大清帝国从鼎盛到没落，仅仅一百多年，魔术般的一百多年。一百多年，对于人的生命来说可能比较长，但对于悠远的人类文明史来说，那只是弹指一挥间。

【案例】

我国第一位女大学校长——吴启迪，1966 年考入清华大学无线电系学习。1970 年到云南省电信局电信器材厂工作。和她一同分去的，还有很多大学生。有的人开始抱怨自己的命不好，明明是个大学生，一夜之间成了工人。也有的人开始想方设法托门子、找路子，希望能离开这个“鬼地方”。吴启迪没有埋怨什么，她懂得蓄势待时的道理。她知道追求成功需要恰当地掌握节奏，时机没有来临的时候就全力出击，只能是无谓的浪费，这个时候需要为成功做准备，需要等候爆发的时刻。于是，从小具有责任心、干事就要干到最好的吴启迪，默默无闻地干了起来。从焊管子开始到担任团小组长、工会委员、技术员，从分管计划生育到分房到处理职工打架，她样样都干得有滋有味，相当出色。这段生活对吴启迪日后成为同济大学校长，处理各种矛盾，组织各种活动有着极大的帮助。

(二)如何适应变化

要适应变化，首先得预见变化，并随变化而动。只有不断地学习，我们才能迅速地预见、感知周围发生的变化，并最终适应、乃至享受周围发生的变化。

要学以培智。非学无以广才。获取知识，培育智慧，是学习的最大益处。只有善于从人类创造的一切有价值的文明成果中汲取营养，为我所用，才能不断提高适应能力。

要学以修身、陶情。是非明于学习，我们要把时间用在学习上，用在思考上，在学习中领悟科学理论的真谛，接受美好事物的熏陶，思想境界就会提高，精神追求就会健康。这样才能培育出高尚的品德和操守，从而不断增强人格的力量。

面对这个正发生深刻而快速变化的时代，我们如果像一开始的那两个小矮人，只是陶醉在已取得的知识和学历中而不刻苦钻研，只是沉溺于“得过且过”而不思进取，只是热衷于建立关系网而忽视品德修养，那么，我们就成为了那只在渐渐煮沸的水中慢慢死去的青蛙，终将被这个时代所淘汰。

最后，请同学们用心感悟一下奶酪墙上的那段话：变化总是在发生——他们总是不断地拿走你的奶酪；预见变化——随时做好奶酪被拿走的准备；追踪变化——经常闻一闻你的奶酪，以便知道它们什么时候开始变质；尽快适应变化——越早放弃旧的奶酪，你就会越早享用到新的奶酪；改变——随着奶酪的变化而变化；享受变化——尝试冒险，去享受新奶酪的美味；做好迅速变化的准备，不断地去享受变化——记住他们仍会不断地拿走你的奶酪。

五、不断学习

【案例】

李梅在某单位做了多年的财会工作，并几次获得公司“优秀员工”称号，是部门主管的热门人选，可最后公司领导没有任命她，而是从外面招聘了一个善于计算机操作，说得一口流利英语的年轻人。其实并不是领导对李梅有什么不满，领导早就想培养她，多年来几次提出送她去专业院校学习，可李梅总以工作忙并有家庭拖累为由，婉拒了领导的美意。由于李梅从来不给自己“充电”，她原有的知识已趋老化，难以应对新挑战，因此在公司的位置上至多也只能“原地踏步”了。

这个教训对我们都具有警示意义：因为随着科技的发展和时代的进步，不断出现的新知识新技能，需要我们不断“充电”、学习，这样才能使自己立于不败之地。

很多员工都知道公司的固定资产会折旧，但他们却不明白自己赖以生存、发展的知识和技能也会“折旧”，如果不继续学习，当自己的知识老化，跟不上公司发展时，就有可能被公司当“废品”一样处理掉。市场是无情的，公司要发展、壮大，要在激烈的竞争中获得生存，一般情况下，他们不会去留用一个落后于时代、跟不上公司发展的员工。因此，不论你在什么样的公司，从事怎样的工作，不管你的专业知识如何，你都应该在工作之余，继续学习新知识，因为你所具备的知识与技能的多少，决定着你在公司服务的年限和薪水的高低，才有可能避免被“淘汰”的厄运。

不过，由于工作性质的不同，很多人已没有足够多的时间去专门、系统地学习某一门知识，但是我们可以从工作中汲取新知识，你可以向同事、主管、前辈请教。当你不断地用知识“武装”自己的大脑时，也等于给个人的职业生涯上了一道“防火墙”，让自己有了更安全的保障系统，没有任何一位领导会无故地把一位好学、上进的员工开除出局的。

另外，你还要努力争取公司培训的机会。像麦当劳、通用电气公司、微软、强生等其他公司都有自己的员工培训计划，而且培训的内容都与工作内容相关，因此，争取成为公司的培训对象是非常重要的。不过在此之前，你要从各种途径了解公司的一些培训计划，如时间长短、员工数量，还要了解公司对培训的对象有什么要求，如果觉得自己符合条件，就应该主动向领导提出申请，表达自己的学习愿望。

第三节　做合格员工

在就业竞争异常激烈的今天，得到一份工作固然不容易，但想要保住一份工作则更难，不少人费了九牛二虎之力，好不容易找到一份工作，可是没有多久又失去了工作，重新成为失业者。究其原因大都是没有成为合格的员工。那么怎样才能做一个合格的员工呢？下列几点可能会对你有帮助。

一、合格员工的基本标准

在时代不断演变的过程中，对于合格员工评定的标准也是在不断地演变。现代合格员工的标准主要有以下 4 点。

(一)有事业心和责任感

对工作要认真、负责，有事业心和责任感，把企业的利益与自身的利益紧密地联系在一起；这是成为一名合格员工的首要条件。对于自己的本职工作一定要力求完美，尽职尽责，不能马马虎虎，随随便便应付了事。

（二）有很强的敬业精神

一个人仅仅满足于把自己分内的事情做好还是不够的，应该有更高的追求和更远大的理想。人们喜欢欣赏那种有很强的专业职能，并能不断地总结经验和不断地接收新的知识的人，而不会欣赏没有追求的人。如果一个人没有上进心，不思进取，在竞争中就会处于劣势，最终被淘汰。

议一议

做合格员工是一件容易的事吗？

（三）积极参加本职工作以外的活动

在做好本职工作的基础上，要积极参加单位的其他活动，包括公益劳动、文艺活动、志愿服务、为贫困地区捐款等。这些活动不仅体现一个人的思想素养和对生活的态度，也给周围的其他人带来愉快和欢乐，赢得其他员工的好感和赏识。

（四）有团队意识

做合格员工就要学会爱护自己的团队，并愿意为之付出自己的智慧和汗水。"皮之不存，毛将焉附"。我们应该明白，单位是我们的第二个家，每个人都是其中的一分子，所有成绩的取得，都是大家、都是团队共同努力的结果，这个团队的兴衰关系着我们每个人的命运走势。只有把个人的实力充分与团队形成合力，我们的工作才会取得更大的成绩，我们的生活才更具有价值和意义。爱护团队，与单位成为一体，才会成为一名优秀的员工。爱护团队重要的一点是尊重团队中的每一个成员，包括上司和员工。

由上面提到的标准可以看出，合格员工已经从以前简单专业技能的衡量，上升到了一种综合素质的体现，除了要求我们有突出的专业技能，勤劳务实的作风外，还要有其他方面的良好素质更好地来衬托，比如心理素质、身体素质、思想道德素质等。经常有人说，有才无德不为才，有德无才也不为才，只有德才兼备才是真正的人才，从侧面讲述了这样一个道理。因此，我们除了不断地加强业务素质外，其他方面素质的提高也不容忽视。

二、如何做合格员工

工作中，只有付出大于得到，才能让别人看到你的能力大于位置，才能让我们有更多的机会。作为一名员工，应该将做好自己的本职工作当作一个最基本的理念。

(一)重视工作岗位

一个公司或单位,是由不同性格、不同文化背景的人组成一个团队。不同的岗位形成不同的职责,履行不同的职责才会实现团队既定的目标。根据团队的组织设计,如果每个员工都能在自己的岗位上尽职尽责,从理论上讲,既定的目标就能够如期实现。因此,重视自己的工作岗位是做好本职工作的首要条件。

很多事业上成功人士的经验告诉我们,一个人要学会从最底层干起。有些志向高远的人可能会因为处在基层岗位很失望,一心想着如何往上走,在岗位上不研究岗位,做事情不研究事情,两个眼睛时时向上看,总想得到一个官位号令别人,这是非常错误和有害的。单位不是慈善机构,既然给你支付相应的工资,就自然认为你所承担的工作有无法替代的范围和作用,你的劳动成果的重要性自然会因为岗位而显现。小事不做大事做不来的大有人在,这种人说起事情起来夸夸其谈,做起事情来退避三舍,难以成就大事。

古有"一屋不扫,何以扫天下"之说,可以理解为不管做什么事,把当下的事情做好十分重要。重视自己的工作岗位,在自己的岗位上创新一定会成就大事。一个职业人只有对自己的工作非常重视,才有可能将工作做好。一个企业的内部,不同岗位的人拥有不同的岗位职责,不应该因为主管不在或者没有人监督,就放松了对自己岗位职责的要求。

(二)重视工作业绩

业绩是一个单位的生命,每一个企业都把注重业绩当作自己企业文化的重要组成部分,知名企业之所以知名就是以业绩为支撑,同时也把业绩当作考核员工的重要标准之一。

每个员工必须学会独立工作,独自去扩展自己的业务范围,必须想方设法节省他人的时间,从而产生效益。必须能够低成本、高质量地完成过去需要好几个人才能完成的工作任务。很多时候低效率的企业往往是几个人同时做一件事情。作为员工,应该是一个人能同时做几个人才能做的事情,这样都能让我们的企业产生更大的效益。

(三)重视工作成果

对任何员工而言,必须以业绩为自己的行为导向。员工能力差别的显著标志就是有没有较好的业绩支撑。没有绩效,再聪明的员工也会被淘汰出单位。

对个人来说,出色的业绩绝不是口头上说说就能得到的。要吃樱桃先栽树,要想收获先付出。出色的业绩就是热爱本职工作的人们在工作的每一个阶段,都能找出既有效率、又经济的工作方法。在工作的每一个细节，找到提升自己工作业绩的中心或节点。一个优秀的员工，不可能是个专拉关系的“马屁精”，也不可能是个只会“埋头拉车”的木讷之人。真正能做好本职工作的人是企业的宝贵资源，是一群睿智之群体，更是企业发展、业务拓展的希望所在。

(四)重视人际关系

正确处理自己与其他员工的关系。在工作上，尽量不要因为自己利益的得失而同其他同事斤斤计较；不要随便议论别人；与同事一起合作时，遇到观点不同时，应当面提出建议性的意见，尽可能不否定对方；与同事要友好相处，但不能搞小团体，不能做不受欢迎的人。实践证明，这样 5 种人不受用人单位欢迎：傲慢的人；缺乏自信的人；感情用事的人；教条的人；虚伪的人。如果你身上或多或少地有这些毛病，就要努力改变它。

正确处理与上司的关系。处理同上司的关系很微妙，因为你的“生杀大权”就掌握在他们的手中，所以跟他们相处你要学会不卑不亢。所谓“不卑不亢”就是对上司不能一味地逢迎，要勇于坚持自己的见解，但不固执。不要像一团软面一样任人蹂躏，当自己的利益明显受到伤害时，要敢于说“不”。在他人眼里，你该是个有思想、有见解，善解人意的人。

(五)重视岗位技能

在任何岗位从事工作的员工，都不是固定的。随着技术进步，工作岗位也会不断地发生变化。做好本职工作就要适应不断被淘汰的挑战。人的自身价值也会通过不断提升自己的岗位技能而体现出来。

做好自己的本职工作，不是墨守成规、不思进取。社会的进步和社会需求的变化，会促使社会机制发生变化和调整，每个员工也会面临知识更新和角色转换。做好本职工作是提升自己适应变化的基础。没有做好本职工作的过硬工作技能难以提升更高层次的技能水平，被社会淘汰的厄运在适当的时候就会不期而至，下岗、转岗、失业的转折之痛，也会撞击没有提升岗位技能的人。再好的岗位也不会偏爱不能胜任的人，更不会送给没有准备的人。

【案例】

一位本领高超的木匠，因为年事已高就要退休了。他告诉他的老板：他想离开建筑业，然后和妻子儿女享受一下轻松自在的生活。老板实在是有点舍不得这样好的木匠离去，所以希望他能在离开前再盖一栋具有个人品位的房子来。木匠欣然答应了，不过令人遗憾的是，这一次他并没有很用心。他草草地用劣质的材料就把这间屋子盖好了。其实，用这种方式来结束他的事业生涯，实在是有点不妥。房子落成时，老板来了，顺便看了看，然后把大门的钥匙交给这个木匠说："这就是你的房子了，是我送给你的一个礼物！"木匠实在是太惊讶了！当然也非常后悔。因为如果他知道这间房子是他自己的，他一定会用最好的木材，用最精致的工艺来把它盖好。

其实我们每个人自己正在做的活儿，归根结底都是在准备为自己建造一间房子。如果我们不肯努力地去做，那么我们只能住进自己为自己建造的最后也是最粗糙的"房子"里。

工作者是美丽的，奉献者是快乐的。工作的美丽并不在于获得了多少报酬，而在于体现了自己的人生价值；奉献者的快乐并不在于吃了多少亏，而在于用自己的智慧和汗水为人类、为社会做了一些有益的事情。并借以实现自己的人生价值。保尔的话说得最好：人最宝贵的是生命。生命对每个人来说只有一次。人的一生应当这样度过——回首往事，他不会因为虚度年华而悔恨，也不会因为碌碌无为而羞愧。

平凡孕育伟大，如果你真正的珍惜自己的生命，就甘于立足平凡，做好自己岗位上的工作吧！

三、不抱怨工作压力

【案例】

刚刚从原单位辞职，接手一个新的工作约 1 个月，老板说给我半年时间运作，现在却每天像个监工一样监视我的一举一动；还经常说他只在乎过程，不在乎结果，让我带动下面的人，一定要走出去，给他铺市场……我这样做了，他又说我不能老是蛮干；合作单位 1 周催我一次要业绩，活动一个还没搞好，另一个就来了，我的部门加我也就 3 个人！

我不知道工作该怎么开展了，完全不想再继续！

常听有的人说，工资是如何如何的低，而工作又是如何如何的重，又或者对上司交付的工作讨价还价，这是最不明智的。任何一个上司都不喜欢员工在未干工作之前，就提许多的要求，找许多借口。其二，如果上司经常给某一名员工交付很多工作，那就是说明该员工有较强的工作能力。上司在增加你压力的同时也向你表达和传递其对你信任的信息。可惜很多人往往不能理解，认为上司是故意与自己为难，这实在是大错特错。

与之相对应的另一个有趣的现象——在另一部分较高端的、身为公司部门经理或老总的咨询者中，他们中有很多人被他的客户、他的同事、他的下属抱怨得心力交悴——对于客户与普通同事可能有时还真的没办法，而对老抱怨的下属，最直接最常用的手段就是——想办法裁掉他！

生活中压力无处不在，压力本身就是生活的一部分。由于组织变革加剧，客户要求提高，工作节奏加快，员工的压力越来越大。

压力是人对发生在他周围或在他身上的事物的一种反应。从压力对个体行为的意义上分析，一些适度的压力可以给人以振奋，促进注意力的集中、提升工作的动机、引发正向情绪（如兴奋）、增加成功后的成就感等；而那些不适当的压力或者过度压力往往会带来负面影响甚至破坏性后果，例如，产生恐惧与逃避的心理、引起情绪与行为失控等。因此，我们需要调适自己，正确面对发展过程出现的各种压力，而不是抱怨。

抱怨是一种正常的心理情绪，当员工认为他受到了不公正的待遇，就会产生抱怨情绪，这种情绪有助于缓解心中的不快。

理智地说，一个人不管在什么环境下都不应该抱怨，因为抱怨其实没有什么作用。

（一）为什么要抱怨

【案例】

别盯着杯子

一次，我们几个同学去拜访大学时的老师，老师问我们生活过得怎么样。一句话勾出了大家的满腹牢骚和抱怨，大家纷纷诉说着生活的不如意。压力如此大，生活烦恼如此多，做生意如此不顺，仕途如此不顺……一时间，大家仿佛都成了上帝的弃儿。

老师笑而不语，从房间里拿出许多杯子，摆在茶几上。这些杯子各式各样，有瓷的，有玻璃的，有塑料的，有的杯子看起来高贵典雅，有的杯子看起来粗陋低廉。

老师说："都是我的学生，我就不把你们当客人看待了。你们要是渴了，自己倒水喝吧。"我们说得已经口干舌燥了，便纷纷拿起了自己中意的杯子倒水喝。

等我们杯子里都倒满水时，老师讲话了。他指着茶几上剩下的杯子说："大家有没有发现，你们挑选去的杯子都是最好看、最别致的杯子，而像这些塑料杯就没有人选择它们。"我们并不觉得奇怪，谁都希望自己手里拿着的是一只好看的杯子。

老师说："这就是你们烦恼和抱怨的根源。大家需要的是水，而不是杯子，而我们会有意无意选用好杯子，这就如我们的生活——如果生活是水的话，那么金钱、地位这些东西就是杯子。它们只是盛水用的工具。如果将心思花在杯子上，你哪有心情去品尝水的甘甜，不是自寻烦恼吗？"

的确，在现实生活中，我们常常只盯住杯子，所以，我们不停地抱怨对杯子的不满意。我们经常可以见到一些不停埋怨的人，"真不幸，今天的天气怎么这样不好"

"今天真倒霉,碰见一个乞丐""真惨啊,丢了钱包,自行车又坏了""唉,股票又被套上了"……这个世界对他们来说,永远没有快乐的事情,高兴的事被抛在了脑后,不顺心的事却总挂在嘴边。每时每刻,他们都有许多不开心的事,把自己搞得很烦躁,把别人搞得很不安。

其实,许多人所抱怨的事大多是日常生活中经常发生的一些小事情,只是明智的人一笑置之,因为有些事情是不可避免的,有些事情是无力改变的,有些事情是无法预测的。能补救的则要尽力去挽回,无法改变的要顺其自然,最重要的是要做好目前应该做的事情。

抱怨除了增加烦恼,不能解决任何实际问题。也许你会说:"不,我不想安于这样的工作,否则我可能一辈子都要为别人服务了,我宁可抱怨、郁闷、对客人发脾气,这样,我的怨气就会催我上进,或者另谋高就,只要不在这儿,在哪里都行。"但问题是,事情通常不会按照你的意志发展,你也许将注定在这里干下去。我常常告诉我的学生们一句话:走错的都是路!我希望他们永远将这句话铭记在心,世界上没有错路,只有你一直在抱怨而没有细心欣赏路边风景的好路。你是否注意到,习惯抱怨的人到哪里都会抱怨,哪怕他已经得到了世界上最好的工作,娶上了世界上的第一美女,他还是会抱怨。所以,如果你对目前的工作真的不满意,那就去换一个工作,但不要抱怨,不要和你的工作、客人过不去。如果你没有条件改变现状,那请你换个角度去享受它,而不是被动地适应它,享受是快乐的,所以我希望你能够去享受它。记住千万别抱怨!

假设你的工作无聊透顶,工资寥寥无几,同事关系冷漠甚至如同路人,你每天必须工作 11 个小时,老板不喜欢你,没人叫你共进午餐,客人的要求没完没了……总之,烦心事情说也说不完。

那么,首先恭喜你有一份工作!在这个还有贫困和饥饿的世界上,有工作可是件值得高兴的事。再次恭喜你身体健康!在这个还有战争和瘟疫的世界上,没有疾病是许多人的奢望。你还痛恨工作吗?你还抱怨生活吗?我们应该少一些抱怨,多一些努力将抱怨化作行动,你的世界将精彩纷呈。

工作的追求不同。工作中主要追求的是地位、薪水、福利等,而没有看到我们收获的独立、心理成熟、工作能力提高等。

职业压力。有些职业因为工作特性所致,作息时间相对不稳定,比如经常会遇到临时出差的情况,老板一声令下,你不得不拎包走人,打乱了原有的工作计划。这样的生活,就很难有规律。

看不到个人发展前景。公司的领导层多年不变,使整个公司变得沉闷,年轻人得不到晋升机会,施展自己才华的地方自然也就不多,所以难免会对现任老板有点意见。

性别压力。光看看领导的组成就知道他们是怎样看待性别问题的了。在相同学历、经历背景的情况下，领导们宁愿提拔一个和自己一样的同类，也不愿考虑女性的意见。当然，这也不能全怪某个老板，因为这确实也是普遍现象。

得不到预期的晋级加薪；对当前职业没兴趣；人际关系紧张；得不到信任等。

抱怨来自于失望和急迫的心情。员工的这种抱怨其实是家庭教育、学校教育、社会舆论共同影响的结果。遇到问题，大家习惯于抱怨。虽然现在就业形势不如从前，但有多少人更加认真地分析自我，分析环境，调整心态，真正地寻找解决问题的办法，而不是抱怨呢？

（二）抱怨是被裁员，被迫跳槽的直接诱因

抱怨让我们失去工作动力，心态消极，应付工作，结果业绩出不来，还影响团队的士气。员工的这种抱怨在一定程度上体现了对企业忠诚度的缺乏。因为抱怨，很多员工抵不住更多机会的诱惑，或者不能承受企业暂时的困境，所以消极对抗或者跳槽。若问一下身边的老总们，在他的团队中最不喜欢听到的是什么，他很可能会很爽快地回答你是"抱怨"。一旦有人可以替代你，或是不需要你了，把你裁掉就是他们最常用的手段。

【案例】

陈文所在的公司在业界小有名气，但公司还处在发展的初期，管理很混乱、老板经常临时做决定，最让陈文受不了的是老板只考虑把客户拿下，先收到钱再说，至于有没有能力真正地解决客户的问题老板向来不予考虑。虽然很喜欢所从事的职业，但在如此强的工作量和如此大的压力下，再加上受不了良心的谴责，这时抱怨就成了他的习惯之一。有同事劝过他，可他就是控制不了。直到有一天正在抱怨时，听到老板对他说，"你觉得我这里不好，明天就不要来了。"

抱怨，让你厌倦了企业，同时让企业厌倦了你。多数情况下是两败俱伤。

（三）改变过分抱怨工作压力的做法

也许你没有办法控制你的工作，比如你的工作时间或你的工作任务；有时你面对工作中扑面而来的一切感到束手无策；或是有一个轻视你工作的老板；或者从事一些与你的兴趣和技能不符的工作，甚至是你的价值观与公司商业运作员工制度相左，但还是停止抱怨吧，我们应该着重于能够怎样通过自己的努力去解决问题。

1. 闭紧爱抱怨的嘴

先从不要抱怨做起，抱怨永远解决不了问题，只会把事情弄得更糟。

【案例】

公司的老板针对员工上班迟到下令，以后谁迟到就扣谁的奖金，可是偏偏在这一命令生效的第一天，老板由于在上班路途中为了赶时间，连撞了几个红灯而被扣住了，不仅挨了罚，而且自己上班也迟到了。一肚子无明火不知道向谁发，又不好意思说。来到办公室以后，主管向他请示问题，这时老板将一肚子的无名火向主管发泄，把这个主管训了一通，主管被骂得一头雾水。老板把恶劣情绪传染给了主管，主管带着一肚子无名火回到部门，一进门，秘书来了，向他请示问题，主管把秘书当作出气筒。秘书不知道为什么挨了一顿骂，把一股恶劣的情绪带回了家，这时她儿子扑到她怀里，一边喊着妈妈一边撒娇，秘书把儿子往旁边一推，责骂她儿子。儿子受了委屈，只能向更弱者发火，正好，这时猫在小孩边上撒娇，小孩顺势踢了它一脚，可怜的小猫就成了这一系列无明火的受害者。

这就是著名的心理学上的踢猫效应，按照这一效应，服务人员的抱怨和不开心会引起一系列不开心的情绪传递，最后，谁会成为这一恶劣情绪的小猫呢？我们的客人！客人将得到不开心的服务，这样的服务将是不满意的服务。所以，服务的你要学会克制你的情绪，少一点抱怨。抱怨是一天，开心也是一天，何不开开心心过好每一天？多数人认为快乐是一种奢望，我们要么不再想它，要么就努力去追求。

2.把抱怨化作建设性的意见

抱怨的人其实心中早已有了对某些事情的看法或解决方法，可能是不被重视或自身不够主动，所以只能抱怨。如果把自己的想法从老板的角度着想，并且以老板能够接受的方式更主动地提出，老板应该是非常欢迎的。很多老板也都有这样的想法。

3.寻找自己的原因

对于人际关系紧张、工作疲劳、工作压力大、得不到信任等原因引起的抱怨，可从先从自己身上寻找原因。看看是不是工作方法上出了问题，沟通能力是不是很好，有没有找缓解压力的方法，以及多注重自己的人缘。

4.寻求更适合自己的发展道路

对于像看不到公司/个人发展前景，老板的承诺不能兑现，对当前的工作没有兴趣这类原因引起的抱怨，可就得考虑得更多一些了。这直接涉及目前的工作以及所处的工作环境是不是很适合你的问题。不同企业的发展规律、所在行业及领域的发展前景如何，以及自己适合什么样的企业文化及职业环境等，都是去与留的重要影响因素，也是寻求新工作时的重要参考依据，这些因素分析清楚后才可以多一些主动权，少一些被动，也少一些失望。特别是关系职业发展方向的时候，就应该更加慎重，这时就很有必要请专业的职业咨询机构帮助解决，这对自己的职业发展会更加有帮助。

或许你正在寻求改变，但又发现改变是那么难，那是你的惰性阻碍着改变。如果你克服不了，那么下次再想开口抱怨时，不妨先问一下自己：我准备好跳槽了吗？

我们都是成年人，面对各种压力，最有效的解决方法，就是调节好自己的心态。遇到压力应该要发泄，发点牢骚、说些怪话在所难免，但工作上却一定要认真去做，毕竟你的工作能力才是最有说服力的。要想清楚，自己想要的是什么？有些人要成就感，有些人注重薪水，还有人看重的是与人交往的乐趣。

"有得必有失"，这句话很老，但却很实用。任何有所得都要有相应的付出，关键在于你的所得是不是你最想要的。在想通这个道理后，如果你在工作中遇到挫折，比如挨老板的骂、受客户的刁难、计划执行有问题等，你可以尝试着接受面对的一切，甚至承认压力就是工作的一部分，那样可能就不会再有过多的抱怨了。下了班，尽量少去想工作的事情，把自己的业余时间合理安排，这些会有助于你有效地抵御工作压力，还你一个轻松愉悦的心情。

四、一位老员工的话——怎样做好本职工作

"义不容辞，责无旁贷"这两个词语，人人耳熟能详。"风声雨声读书声，声声入耳；家事国事天下事，事事关心。"明朝东林党领袖顾宪成的这副对联，很好地为其做了注脚。历史发展到今天，它显得尤为重要。身为新世纪新中国的一员，我们该如何做？2 000 多年前，大教育家孔子就曾提到"人管好自己就是对社会尽到了责任"。我们姑且不论其狭隘与否，单就个人发展的起始阶段而言，我们便不可否认：做好本职工作，是我们每个人"义不容辞，责无旁贷"的！

怎么做好本职工作呢？今天我想谈谈自己的看法：

1. 要树立正确的人生观、事业观

"思想决定行动"，正确的人生观、事业观是我们做好本职工作、促进个人发展、求得长足进步的取胜之匙。

任何地方、任何时候，我们都要树立"工作为个人"的思想，每个人生下来，都一样一无所知，都一样属芸芸众生之列，但其后却前途迥异、命运别样，为什么？纵观古贤今人的成长轨迹，我们不难发现：他们哪一个不是在千锤百炼之后才脱颖而出的？

"工作是施展自己才能的舞台。我们寒窗苦读来的知识，我们的应变能力、决断力、适应力，以及我们的协调能力都将在这个舞台上得以展示。"人生离不开工作，工作不仅能赚到养家糊口的薪水，同时，艰难的事务能锻炼我们的意志，新的任务能拓展我们的才能，与同事的合作能培养我们的人格，与他人的交流能训练我们

的品性。从某种意义上说，工作就是为了自己。

2.要不断学习，励精图治

世事沧海桑田，知识日新月异，我们不能有吃老本的思想，我们也没有多少老本可吃。要用发展的眼光去审视自己，要用与时俱进的素养去获得有形的翅膀。要自觉加强学习，提高工作能力。工作能力的提高，没有任何捷径可走，唯有靠刻苦学习，长期积累。深刻认识加强学习的极端重要性，增强学习的主动性和自觉性，树立终身学习的思想，把学习当作一种政治责任、一种精神追求，形成浓厚的学习风气，勤于学习，善于学习。不断掌握新知识，积累新经验，增长新本领，创造新业绩。

“水惟善下方成海，山不矜高自及天”，虚心求教，学而不厌，是方向、是动力、是生命力！

3.要善沟通、重协作

“只有团结才有力量，只有团结才会出战斗力”，工作中只有相互理解、相互支持、相互配合，才能使工作健康良性发展。

生活是一面镜子，你对它笑，它也会对你笑。在同事间要以沟通促进友谊，以谅解促进团结，珍惜缘分，增进了解，相互补台，奋发进取，充分发挥 1＋1＞2 的作用。

4.要勤奋地工作，创造性地工作

钢铁大王卡耐基曾经说过：“有两种人成不了大器，一种是别人非要他做，否则不会主动做事的人；另一种是即使别人让他做，也做不好事的人。那些不需要别人催促，就会主动做事，而且不会半途而废的人将会成功，这种人懂得要求自己多付出一点点，而且做得比预期的更多。”我们任何一个员工，都不能只是被动地等待别人告诉你去做些什么，而是应该主动去了解自己应该做什么，还能做什么，怎样才能精益求精，做得更好，并且认真地规划它们，然后全力以赴地去完成。懒散的人、等待吩咐的人只会在成功门外徘徊，要想有成功就要拿出我们的进取心。

5.要学会管理压力并科学释放压力

一个人无论多么喜欢自己的工作，工作多多少少都会给他带来些压力。面对压力，应该学会管理压力并科学释放压力，减轻对工作的恐惧感，心情轻松才容易重燃激情。

现实生活中我们每人都应弄清楚自己是谁、在哪里、该干什么。工作中平时难免要受点气、受些委屈，这需要我们站得高些、看得远些、想得深些，说到底是要有度量。在你的岗位上，有多大的胸怀，就有多大的事业。古人说，人要有气质，要大气。大气就是胸怀，心里要能搁得住事，容得下人。在具体工作过程中，既要有目标、方向，又要不怕受挫折、伤面子，应当把个人看淡些，把事业看重些，努力干成事。把握时机，掌握分寸，对纷繁复杂的事情应当细思量，寻找好切入点，把握好平衡点。

第四节　取得上司的信任

议一议

上司的信任与员工的发展空间有什么关系？

在你的职业生涯中，你的工作成就感、满足感差不多都与你与上司的关系有关。你的新课题是与你的上司交往中学会如何进步。

【案例】

大学毕业刚几个月的小李，在短短的时间里，便被企业提升为业务经理助理。那么，小李是怎样赢得上司器重的呢？

1. 不清高、主动干

与一些眼高手低的大学生不同。小李并不认为自己是大学生便了不起，相反他认为凡事应从小做起，脚踏实地干。因此，从第一天上班开始，小李每天提前半小时打扫办公室，下班后又将办公室整理一番。平时，他积极主动完成领导交给的任务，并热心协助同事做好工作。至于倒茶递水的琐碎事有些大学生不想做，他却主动去做。更可贵的是小李把公司的利益放在首位。有一次，德国专家到公司的工地检查钢筋混凝土浇灌的情况，小李如实向德国专家解释了厚度差 2 毫米的原因，结果得到德国专家的称赞。原本打算用 3 天时间进行检查，结果只用了 2 天便结束了，为公司赢得了时间，提高了效率，增加了效益。

2. 主动分担责任

有一次，小李跟随业务经理处理企业的发货工作，业务经理由于疏忽将一个字少写了一点，结果货发到另一地点。当公司总经理过问此事时，小李主动为业务经理分担责任，他说这虽然是业务经理写错了字，但自己没有认真细致检查，也有责任，并亲自将这批货追回。业务经理从这件事中发现小李是一个值得信赖、富有责任感的人，因此主动向总经理提出要小李担任自己的助理。

3.不要去烦上司

有一次，小李在进货时与货主因小事发生了争议，双方各不相让，小李便直接找业务经理出面处理，但却碰了一鼻子灰。业务经理说："这点小事都不能解决，再大一点的事怎么办？"小李从这事中吸取了深刻的教训。从此，凡自己工作范围的事，尽力想办法去解决。小李说："上司让我去处理是基于两个原因，一是相信下属的能力；二是锻炼下属处理、解决困难的能力。"

一、以积极态度对待工作

【案例】

阿诺德和布鲁诺同时受雇于一家店铺，拿着同样的薪水。可是一段时间后，阿诺德青云直上，而布鲁诺却仍在原地踏步。

布鲁诺很不满意老板的不公正待遇。终于有一天，他到老板那儿发牢骚了。老板一边耐心地听着他的抱怨，一边在心里盘算着怎样向他解释清楚他和阿诺德之间的差别。

"布鲁诺，"老板说话了，"您去集市一趟，看看今天早上有什么卖的东西。"

布鲁诺从集市上回来向老板汇报说，今早集市上只有一个农民拉了一车土豆在卖。

"有多少？"老板问。

布鲁诺赶快戴上帽子又跑到集市上，然后回来告诉老板说一共有40袋土豆。

"价格是多少？"

布鲁诺第三次跑到集市上问来了价格。

"好吧，"老板对他说，"现在请你坐到椅子上别说话，看看别人怎么说。"

阿诺德很快就从集市上回来了，向老板汇报说，到现在为止只有一个农民在卖土豆，一共40袋，价格是多少；土豆质量很不错，他带回来一个让老板看看。这个农民一个钟头以后还会运来几箱西红柿，据他看价格非常公道。昨天他们铺子的西红柿卖得很快，库存已经不多了。他想这么便宜的西红柿老板肯定会要进一些的，所以他不仅带回了一个土豆样品，而且把那个农民也带来了，他现在正在外面等回话呢。

上面的事例带给我们的启示：工作需要一种积极主动、自动自发的精神。只有以这样的态度对待工作，我们才可能获得工作所给予的更多的奖赏。知道自己工作的意义和责任，并永远保持一种自动自发的工作态度，为自己的行为负责，是那些成就大业之人和凡事得过且过之人的最根本区别。明白了这个道理，并以这样的眼光来重新审视我们的工作，工作就不再成为一种负担，即使是最平凡的工作也会变得意义非凡。

工作首先是一个态度问题，是一种发自肺腑的爱，一种对工作的真爱。工作需要热情和行动，工作需要努力和勤奋，在各种各样的工作中，当我们发现那些需要做的事情——哪怕并不是分内的事的时候，也就意味着我们发现了超乎他人的机会。因为在自动自发的工作的背后，需要你付出的是比别人多得多的智慧、热情、责任、想象和创造力。

应该明白，那些每天早出晚归的人不一定是认真工作的人，那些每天忙忙碌碌的人不一定是优秀地完成了工作的人，那些每天按时打卡、准时出现在办公室的人不一定是尽职尽责的人。对他们来说，每天的工作可能是一种负担、一种逃避，他们并没有做到工作所要求的那么多、那么好。对每一个企业和老板而言，他们需要的绝不是那种仅仅遵守纪律、循规蹈矩，却缺乏热情和责任感，不能够积极主动、自动自发的员工。

工作不是一个关于干什么事和得什么报酬的问题，而是一个关于生命的问题。工作就是自动自发，工作就是付出努力。正是为了成就什么或获得什么，我们才专注于什么，并在那个方面付出精力。从这个本质的方面说，工作不是我们为了谋生才去做的事，而是我们用生命去做的事！

成功取决于态度，成功也是一个长期努力积累的过程，没有谁是一夜成名的。所谓的主动，指的是随时准备把握机会，展现超乎他人要求的工作表现。

二、尽职尽责工作

大部分青年，好像不知道职位的晋升，是建立在忠实履行日常工作职责的基础上的。只有尽职尽责地做好目前所做的工作，才能使他们渐渐地获得价值的提升。

【案例】

一个年轻人颇有才华，但是工作散漫，缺乏敬业精神。一次报社急着要发稿，他却揣着稿件回家睡大觉去了，影响整个报纸的出报时间。

这种人会得到尊重和提升吗？人们往往会尊敬那些能力中等但尽职尽责的人，而不会尊敬一个能力一等，但不负责任的人。

一份英国报纸刊登一则招聘教师的广告："工作很轻松，但要全心全意，尽职尽责。"

事实上，不仅教师如此，所有的工作都应该全心全意、尽职尽责才能做好。而这正是敬业精神的基础。一个人无论从事何种职业，都应该尽心尽责，尽自己的最大努力，求得不断的进步。这不仅是工作的原则，也是人生的原则。

(一)尽职尽责让你出类拔萃

【案例】

"飞人"乔丹是 NBA 的"神"和灵魂。他曾率领芝加哥公牛队 6 次勇夺总冠军。不管是带球过人、跳投,还是飞身扣篮,他都能够完成得十分漂亮,如果说他的身体素质无人能及的话,他的敬业精神更是让人敬佩。一次,他发着高烧,被肠炎折磨着,一整天滴水未进,但是他仍旧坚持参加了比赛,并在客场独得 38 分。终场时他已经是筋疲力尽了,一头倒在队友皮蓬的怀里。所有看到这一幕的人,无不为之动容。正是凭借着这样令人感佩的敬业精神,乔丹成为 NBA 赛场上不倒的旗帜,成为众多球迷心目中的"飞人"。

阿尔伯特·哈伯德说:"一个人即使没有一流的能力,但只要你拥有敬业的精神,同样会获得人们的尊重,即使你的能力无人能比,却没有基本的职业道德,一定会遭到社会的遗弃。"无论从事什么职业,只有全心全意、尽职尽责地工作,才能在自己的领域里出类拔萃,这也是敬业精神的直接体现。之所以要敬业,原因无非是两个:一是为了提高自己的业务能力,放眼于未来的发展;二是为了把工作干得更好,对公司和老板负责,得到老板的青睐。

(二)尽职尽责比能力更重要

【案例】

"告诉我,你要我做什么,我就会去做。"在一家电脑配件店上班的泰德,每天都对经理这么说。所以,经理每天都告诉他,怎样把商品摆得更显眼,怎样接待顾客,怎样介绍商品,如此等等,像教刚工作的学徒一样。

这样的员工好像"无心人",心思飘忽着,总不能落在地上,落在实处。即使能力再强,他也不能为企业创造价值。真正敬业的员工不管职位高低,不论从事的工作是不是自己所爱,都兢兢业业、全心全意地投入。一个愿意为企业全身心付出的员工,即使能力稍逊一筹,也能够创造出最大的价值来。

(三)不敬业者事难成

【案例】

某公司的老板精明能干,公司员工也都齐心协力、工作认真。可是不久前,他招聘了一位刚刚毕业的女秘书。这位新来的大学生,做事马马虎虎、不拘小节,资料总是不加整理便递交上去,办公桌上的文件乱七八糟,老板批评了她许多次,但她仍然我行我素,毫无长进。最终,老板提拔了一名办事认真的秘书,代替了她的工作。

马马虎虎不仅是一种不良的工作习惯,而且是一种不敬业的工作态度。那些抱有“做一天和尚撞一天钟”的消极态度的员工，最终连和尚也做不成，因为聪明的老板决不会轻易给予那些不敬业的员工晋升的机会，有时宁可事情停住不做，也不会“饥不择食”来重用这些人。因为把重要的工作做砸了还不如不做，不做至多是零，做砸了就是负数。

生活中我们经常看到一些人抱怨自己的工作枯燥、卑微，轻视自己所从事的工作，无法全身心地投入工作。他们在工作中敷衍塞责、得过且过，将大部分心思用在如何摆脱目前的工作环境上，这样的员工在任何地方都不会有成就。一个人是否有作为不在于他做什么，而在于他是否兢兢业业、尽职尽责地把所做的事做好。

三、踏踏实实做出成绩

一些年轻人，当他们走出校园时，总对自己抱有很高的期望值，认为自己一开始工作就应该得到重用，就应该得到相当丰厚的报酬。但他们往往忽略了踏踏实实做出成绩才能得到上司的信任，才能委以重任。

(一)踏踏实实工作是对自己负责

很多人习惯于用薪水来衡量自己所做的工作是否值得。其实相对于工作所带给你的东西来说，薪水是微不足道，至少可以说是有限的。你的踏踏实实工作带给老板的是业绩的提升和利润的增长，而带给你的是宝贵的知识、技能、经验和成长发展的机会，当然随着机会到来的还有财富。实际上，在踏踏实实工作中你与老板获得了双赢。

(二)机会来自于踏踏实实

世界上有许多不幸的人，当机会向他们叩门时，他们却视而不见、充耳不闻，因为他们正躺在床上睡大觉呢！机会是不会花费气力去找寻那些浪费时间、偷懒的人；机会好像总是落在那些忙得无暇照料自己的人身上。就逻辑而言，机会应该会找那些时间充裕的人，但事实上，机会却是为那些有梦想和实施计划的人显现。

因此，别去问老板为什么你没有获得晋升，而应该去问你自己：我踏踏实实工作去创造机会了吗？现实生活中，到处充斥着大批失业的人群，给人的印象是社会经济对劳动力的需求不足。但事实上，却同时有许多空缺的职位保留着，在报纸上、人才市场上到处是“诚聘员工”的广告。不过，人们需要的是那些受过良好的职业训练和勤奋敬业的员工。应该牢记，良好的机会完全在于通过踏踏实实的工作来创造。

(三)每一件工作都值得我们去做

【案例】

我们从外面观察一个大教堂的窗户。大教堂的窗户布满了灰尘,非常灰暗,光华已逝,只剩下单调和破败的感觉。但是,一旦我们跨进门槛,走进教堂,立刻可以看见绚烂的色彩、清晰的线条。阳光穿过窗户在奔腾跳跃,形成了一幅幅美丽的图画。

由此,我们可以得到这样的启示:人们看待问题的方法是有局限的,我们必须从内部去观察才能看到事物真正的本质。有些工作只从表象看也许索然无味,只有深入其中,才可能认识到其意义所在。因此,我们必须从工作本身去理解工作,将它看做是人生的权利和荣耀。每一件事都值得我们去做。不要小看自己所做的每一件事,即便是最普通的事,也应该全力以赴、尽职尽责地去完成。小任务顺利完成,有利于你对大任务的成功把握。一步一个脚印地向上攀登,便不会轻易跌落。

(四)让我们踏踏实实工作

【案例】

华勒是堪斯亚建筑工程公司的执行副总,几年前他是作为一名送水工被堪斯亚一支建筑队招聘进来的。华勒并不像其他的送水工那样把水桶搬进来之后就一面抱怨工资太少一面躲在墙角抽烟,他给每一个工人的水壶倒满水并在工人休息时缠着他们讲解关于建筑的各项工作。很快,这个踏踏实实工作好学的人引起了建筑队长的注意。2周后,华勒当上了计时员。当上计时员的华勒依然勤勤恳恳地工作,他总是早上第一个来,晚上最后一个离开。由于他对所有的建筑工作比如打地基、垒砖、刷泥浆等非常熟悉,当建筑队的负责人不在时,工人们总喜欢问他。一次,负责人看到华勒把旧的红色法兰绒撕开包在日光灯上,以解决施工时没有足够的红灯来照明的困难,负责人决定让这个勤恳又能干的年轻人做自己的助理。现在他已经成了公司的副总,但他依然特别专注于工作,从不说闲话,也从不参加到任何纷争中去。他鼓励大家学习和运用新知识,还常常拟计划、画草图,向大家提出各种好的建议。只要给他时间,他可以把客户希望他做的所有的事做好。

华勒没有什么惊世骇俗的才华,他只是一个穷苦的孩子,一个普普通通的送水工,但是凭着踏踏实实工作的美德,他幸运地被赏识,并一步一步地成长。没有什么比这样的故事更让人心灵震颤的了,也没有什么比它更能洗涤我们被享乐和功利污染的心灵的了。它不是发生在20世纪二三十年代,也不是距我们四五十年,它就发生在现在,就发生在这个充满了机遇和挑战的竞争时代。它告诉我们,要想在这个时代脱颖而出，你就必须付出比以往任何时代更多的踏踏实实工作和努力，拥有积极进取、奋发向上的心，否则你只能由平凡转为平庸，最后变成一个毫无价值和没有出路的人。

我们从小就知道勤能补拙、踏踏实实工作可以创造一切，也知道无数个有关勤劳实干，取得成功的故事。可是多数人并未从中受到启发，有人依旧在工作中偷懒，依旧好逸恶劳。人们这样为自己开脱：现在时代已经变了，踏踏实实工作已不再是在职场中乃至商战中成功的法宝了，我们需要享受生活并等待机会。是的，如今这个时代的确与以前不同了，但并不像你所想象的那样——工作越来越不重要了，而是恰恰相反，要想在职场中获得成功，踏踏实实工作是必不可少的一种美德。机会依靠踏踏实实工作获得。在人才竞争日益激烈的职场中，怎样才能获得成功的机会呢？是依靠对工作的抱怨、不满、拖拉和偷懒吗？

要想在这个人才辈出的时代走出一条完美的职业轨迹，唯一的方法就是依靠踏踏实实工作的美德——自己的工作，在工作中不断进取。

（五）怎样能成为一个踏踏实实工作的人

首先，牢记自己的梦想。只有给自己一个奋斗的理由，你才能坚定信心，锲而不舍。有太多的人只为工作而工作或只为薪水而工作，所以他们往往会把工作当成一项讨厌的责任，或者是惩罚，这种思想注定了他们只会偷懒和拖拉。而如果你把它当成实现梦想的阶梯，每上一个阶梯，就会离梦想更近一点，你还会那么痛苦吗？在公司加班时接到朋友的电话："你在干什么？到动物园来吧，这里有一支著名的马戏团的动物表演，特有意思！"你会做何反应呢？一开始你会抱怨他打扰了你，接着你开始可怜自己——别人玩得那么开心，而我却只能对着电脑敲击这些无聊的字符。但如果这时你提醒自己留在这里的原因把这个方案弄好并交给上司，就有 90%的几率会成为策划部的主管。一想到自己的职位将升到部长或经理，是不是很快就会沉浸到工作中去了呢？第二，学会用心工作。很多老资格的公司职员习惯于只用手工作，因为这些工作他们已经很熟悉了，闭着眼睛都能做好。然而只用手工作会使人们把 10 年当做 1 天来过，10 年过后，他们只掌握了一种工作方法。也就是说，10 年来他们在自己的工作上没有任何进步。这对于人才竞争日益激烈的现代人来说，无疑是一个十分糟糕的事情。踏踏实实工作不仅是要尽善尽美地完成工作，还必须用你的眼睛去发现问题，用你的耳朵去倾听建议，用你的大脑去思考、去学习，把 10 年真正当作 10 年来过，那么 10 年之后你所具备的才能还愁不被老板赏识吗？其实根本用不了 10 年，3 年、5 年你可能就被提拔和重用了。踏踏实实工作不是机械地工作，而是用心在工作中学习知识，总结经验。在上班时间不能完成工作而加班加点，那不是踏踏实实工作，而是不具备在规定时间里完成工作的能力，是低效率的表现。第三，自己奖励自己。踏踏实实工作总与"苦"和"累"联系在一起，如果长期处于苦和累的环境中，你可能会厌倦，甚至放弃。所以，适时地奖励一下自己是非常重要的。当自己掌握了一种好的处理工作的方法，或工作效率提高了1个小时时，不妨去看一场向往已久的演出，或者只是为自己准备一顿丰盛的晚餐。这样的奖励往往会刺激你更加努力地工作。踏踏实实工作并不是要你一刻不停地干，把自己弄得精疲力竭，只会导致低效率。所以工作累了的时候不妨花上几分钟的时间放松一下，给自己紧张的大脑"换换挡"。最后，成功之后还要继续努力。踏踏实实工作通向成功，而成功很可能会成为踏踏实实工作的坟墓。有一项调查表明，诺贝尔奖的获得者获奖之后的成就、论文篇数等远不及其获奖前的一半。成功之后就不再努力的例子并不鲜见。很多人在凭借着踏踏实实工作努力终于被上司所提拔和重用之后，就觉得应该放松一下了——为自己前段时间那么辛苦的工作补偿一下，结果又回到原来的那种好逸恶劳、不求上进的生活状态中去了。请记住萧伯纳的名言："人生有两出悲剧，一是万念俱灰；二是踌躇满志。"这两种悲剧，都会导致踏踏实实工作努力的中止。在取得了一个小目标的成功之后，要重申自己的大目标，告诉自己还有更加美好的前途在等着自己，使自己重新振作，继续踏踏实实工作，永不满足。

四、不断进取

什么是进取心？就是主动去做应该做的事情。进取心对一个人的一生极为重要，因为没有了它，对于目标你就不会坚持下去，遇到挫折就会立刻放弃。始终相信自己会有一番作为，并积极主动地去实行自己计划的人，才有成功的机会。

（一）日常工作中不断进取的做法

人生中最大的错误便是认为你在为别人工作。不错，你有上司，你在一家公司领取一份薪水，但是归根到底你是自己命运的主人。你决定在你的事业中挖掘出多少自己的潜力，在你的生活中最终获得什么成就。

不管所处的条件如何，你可以出人头地。特别是在你现任的工作中。每天你都有机会胜人一筹，干得出色，出类拔萃。你可以提出建议改进产品，改善服务，或更好地为客户服务。你可以帮助一位同事把工作做得更好，可以找到机会节省资金，有所创新，或是学习一项新技能让你受益终身。

这都可归结为进取精神，即无需等待老板告诉你该做些什么、何时做、如何做，而是你自己采取行动将事情做好。

（二）如何在工作中不断进取

要想在工作中不断进取，你首先需要看清你和你的职位与整体工作的关系。

在大部分的工作岗位中，这一关系并无明确的说明，这就需要你做些调查看看自己如何才能融入到企业的整体运作中去。问问自己：

为什么要设我这一项工作岗位？许多工作的设置是为了有助于满足企业的一些迫切要求——更好更快的服务，更低的费用，更少的问题，更好的机会。如果你能够弄清企业对你这一位置的基本需求，你就能更好地满足这些需求，甚至做得更出色。

我的工作在企业中与他人的关系如何？你每天都与谁互动？你协助谁，谁又协助你？你该如何让你的经理的工作更顺利？诸如此类的问题，能够帮你看清你在自己岗位中应做出的贡献——以及如何能做得更多。

我工作中有哪些机会能有助于企业的发展？每一工作岗位都会为有心人提供独一无二的机会。考虑一下你所在部门存在的问题。在整个过程中你起着怎样的作用？在机构运行中哪些方面你应加以注意？知道如何为企业做贡献，有助于你做出更多的贡献。

我的工作与企业的目标有怎样的关系？从企业的目标出发确定自己的职能，帮助你提高自身的价值。你的职能如何影响企业的任务？客户将如何受益于你的工作？企业如何基于你的表现获取利润或节约资金？一旦你看清你在全局中的角色，你便能更主动去做最有益于企业的事。

资料卡

教育部：大学生自身应定位为“普通劳动者”

大众化时代的大学生不能再自诩为社会的精英，要怀着一个普通劳动者的心态和定位去参与就业选择和就业竞争。这需要广大毕业生尤其是家长更新就业观念，调整就业期望，在正确判断形势的前提下适度选择，以多种方式努力实现广泛就业。

思考与练习

1. 怎样做一个合格员工？
2. 怎样争取更大的发展空间？
3. 人际关系对职业生涯会有什么影响？

第九章　学会选择，懂得放弃

学习目标

了解求职过程就是选择与放弃的过程，明确哪些是我们必须要得到的，哪些是可以放弃的，执著目标，轻装上阵。

求职就业是大学生把自己的知识奉献给社会的基本条件，也是实现自己人生价值的基本手段。对于即将走向社会的大学毕业生来说，就业与求职是人生道路的一次重要选择。毕业后究竟该选择什么职业，每个人的答案都不同。这当中，恰当的自我评估是正确择业的前提和基础。大学生择业首先要认识自己，了解自己的能力、爱好、特长，以及性格、气质等情况，给自己一个恰当的定位，看看自己适合干什么、能干什么，从而确定大致的选择方向和范围。其次，想清楚自己到底想要什么。只有弄清楚了自己的择业标准，才能避免择业时的盲从。择业期望不能太高，要实际、客观一些，有时为了满足主要标准，还要勇于放弃一些次要条件。

第一节　学会选择

【案例】

一个年轻人曾这样对朋友说："说实话，工作了这么长时间了，我也不知道自己到底从中学到了什么。每天上司要求我做什么事情，我就会按照他的要求去做，从来没有想过这个工作是否适合我，我到底在这个公司能有多大的发展。只知道为了生存，我还必须在这个公司干下去。时间长了，我就对这种机械式的工作方式感到厌倦了，每天提不起精神来，工作对我而言，已经成为平淡无味的东西了。"

通过年轻人的话，我们看到了他所存在的问题。他很茫然，因为他不知道自己适合从事哪一行。一个只是为了生存而勉强工作的人，他怎么可能对工作产生感情，进而对公司产生感情？一个无法产生感情的工作，热情和激情就没有了激发的突破口。唯一存在的理由就是生存，就是谋生。在这个前提下，完全可以想见他的工作状态会是什么样的。

职业选择应考虑个人职业兴趣和社会实际需要，这才有利于个人的发展，有利于工作。

一、择业要切合实际

议一议

工作的目的除了生存，还有什么？

【案例】

我不知道自己究竟该选择什么职业，找不到与专业对口的工作怎么办？

专业对口与否早已不是毕业生择业的最大问题。调查显示，超过50%的毕业生未从事与专业对口的工作，不管是主动的还是被动的。所谓“该选择什么职业”，评价的标准是这份职业是否适合你，是否有长远的发展空间。当然，假如你的专业正好是你的职业兴趣所在，那是最佳状态。

择业是一种双向选择，要知己知彼。因此，首先正确地估价自己的优势和劣势，同时要全面准确地了解用人单位的用人需求。在知己知彼的情况下去选择职业，就能增加成功的概率。

(一)大学生初涉职场选择职业时，职业适合自身并具有累积性是最重要的

职业生涯是一个漫长的过程，职业的“成功”很少是毕其功于一役的结果，而是长期有价值的积累再加上机遇的结果。

大学生对自己的第一个真正的职业抱有各种各样的期望和憧憬无可厚非。但“职业”意味着什么，职业的本质是什么，却并不一定为人们所真正了解。

职业是一种社会分工的形式，包含多种多样的社会关系和社会期待、因而包含着多种多样社会规范的集合体。

大学生在择业时，不应将职业选择仅仅看作是专业选择、工资选择或机会选择，而应该选择适合自己个性和能力的职业。比如，尽管公务员职业的技术性成分对于大学生们来说不构成一个难题，但并不是所有人都能承担起公务员的社会角色，因为不是所有人都能适应公务员职业所内含的社会关系和社会规范。因此，“认识自己”和“认识职业”并将二者结合起来非常重要，虽然这对于还未开始职业生涯的大学生来说是个挑战。

大学生需要了解“职业”，同时还应该了解“职业生涯”。职业生涯的概念给我

们的启示是：个人的初始职业对于他后来的职业生涯固然重要，但其他因素，例如教育的获得、技术的变化、职业的结构或社会结构的变化等，更会对人们的职业生涯产生重要的影响，这对于那些初涉职场开始职业生涯的大学生来说同样适用。“一步到位”、“从一而终”的时代已经结束。大学生初涉职场选择职业时，职业适合自身并具有累积性是最重要的。

（二）了解自己，了解岗位，人职匹配

【案例1】

小米在选择职业时，苦恼极了。因为她觉得自己没出息，既没有在某方面表现出特殊的能力，也没有对什么产生特别的兴趣。她对任何职业都没有把握，也不会有太大的热情。

这意味着这位女学生在大学期间，各方面的才能和兴趣都没有得到充分的发挥，没有学会尝试明确自己的兴趣和能力的活动。事实上，通过对自己所学课程的进一步了解，对职业的要求、性质作进一步的探讨，对以前参加过的各项活动仔细地回忆，总会找到自己比较感兴趣的活动和力所能及的职业。

【案例2】

小王正好相反，他对许多职业都表现出才能和兴趣。在这种情况下，有好几种选择供他考虑。他可以寻求内容广泛的专业，或争取在不同的背景中工作的机会；或者可以在职业生涯的不同时刻追求不同的目标，以便能以不同的方式发挥自己的才能和兴趣；或是在工作中探索某些吸引自己的活动，而在工作之余通过娱乐和休息从事另一些感兴趣的活动。

将自己的兴趣及能力很好地协调起来，是职业选择中重要的一环。

择业是一种双向选择，必须认识自己，看自己是什么样的类型，适合于做什么工作，明确自己在择业中可接受的范围，尽最大可能发挥出自己的长处与优势，避免短处与劣势。同时要全面准确地了解岗位对员工素质、能力的要求，企业最关心的是新员工的综合素质怎么样？他能为企业做什么？适合哪一岗位？在知己知彼的情况下去选择职业，尽可能实现人职匹配。

职业或岗位的选择，是否与自身的特点吻合，直接关系到人生事业的成败。那么，如何才能使自身特点与职业或岗位吻合呢？通常应注意以下几点。

1.性格与职业的匹配

近年来，国外用人单位在选人时出现一种新观念。他们认为，性格比能力重要。其原因是，如果一个人能力不足，可通过培训提高，1年不行，2年，2年不行，3年，总可以开发出来。但一个人的性格与职业不匹配，要改变起来，就困难多了。

所以，在招聘新人时，将性格的测试放在首位，当性格与职业相匹配时，才对其能力进行测试检查。

单位选人重视人的性格，个人选择职业或岗位时更应对性格加以重视。你的事业成功与否，与你的性格与职业的匹配密切相关。简单地说，如果你是一位典型性格内向的人，见人就脸红，说话就紧张，选择营销工作，就难以做成生意，是不会有好业绩的。如果你的情绪易激动，起伏波动较大，控制力较弱，就不能去玩股票。否则，玩股票没赚钱，跳楼有可能成真的了。

2. 兴趣与职业的匹配

在选择职业或岗位时，不仅需要了解自己的性格，还须了解自己的兴趣。有的人对研究自然知识感兴趣，如天文、地理、物理、化学等；有的人兴趣倾向于情感世界，活跃于人际关系领域；有的人则倾向于理智世界，在数学、公式领域内自由翱翔；有的人对智力操作感兴趣，对读书、写作、演算、设计乐而不疲；有的人则对技能感兴趣，对修理、车、钳、刨、洗、摄影、琴、棋、书、画津津乐道。不同的职业也需要不同的兴趣特征，一个擅长技能操作的人，靠他灵活的双手，在技能操作领域得心应手，如果硬把他的兴趣转移到书本理论上来，他就会感到无用武之地。正是这种兴趣上的差异，构成人们选择职业的重要依据。

更为重要的是，如果一个人选择的职业与自己兴趣吻合，那么枯燥的工作也会觉得丰富多彩、趣味无穷，就会产生一种动力，就如同装有强力电池的电子表一样，自动运转，自动钻研，甚至有时能达到痴迷的程度。痴迷就能深入，深入就能钻透，钻透就有惊人发现，就会有丰硕的成果，就会有成功的人生。大发明家爱迪生每天在实验室工作长达 18 小时，但他说："我从来没有工作过一天，每一天都是乐趣。"

如果一个人的兴趣与职业不吻合，那么这个人的工作始终就是被动的，领导让干多少，就干多少，一点也不会多干。因为他对工作不感兴趣，干是为了完成任务。一切都是应付的，应付是不会有好业绩的，更不会有成功的人生。

3. 特长与职业的匹配

在职业选择时，要特别注意特长与职业的匹配。因为不少人往往将兴趣误认为是特长。比如有的人喜欢唱歌，就认为自己的特长是唱歌，其实并非如此。喜欢唱歌，仅是自己的兴趣，而不是特长，你的嗓音、音质才是你的特长。这一点要搞清楚。否则，你将进入误区，事业难以成功。也就是说，你不辞辛苦地白天唱、晚上唱、拼命地唱，也难以成为歌星。

所以，要想获得事业的成功，还要注意发现你的特长，并将你的特长与职业相匹配。但要注意，一个人的特长，往往具有隐蔽性，不易被发现，这就要求自己在自我分析时，或在日常生活与工作中多加留心。

4. 职业的兴趣类别

职业的兴趣类别表明的是在相应的职业中包含哪些活动或任务。从整个社会来看存在着很多种职业，不同的职业包含着不同的活动或任务。哪些职业或者哪些活动会引起你的兴趣呢？你能把哪些任务完成得更好呢？

为了确定哪些种类的职业能引起你的兴趣，可以通过以下方法来进行测试：第一，对各种职业中的每一种，想象自己去做这种工作，然后确定它是否会引起你的兴趣。例如，想象自己做办公室中的事务性工作，通过考虑自己是否喜欢每天做一些例行事务来确定，办公室中的事务性工作是否会引起自己的兴趣；第二，考察自己生活的其他领域，以设法确定自己感兴趣的事情。例如，在学校期间自己最喜欢的科目是什么？自己在业余时间做什么？有什么特别的爱好或天分？获得过什么样的奖励或证书？这些都可以成为确定引起你的兴趣的职业的依据；第三，如果以往做过其他工作，把它们汇总起来，分析在每一种工作中你特别喜欢及特别不喜欢的事情，把特别喜欢的事情列到一起，也把特别不喜欢的事情列到一起。在各种职业中，哪一种更多地包含你特别喜欢的事情，可能就是能引起你兴趣的职业。相应地，哪种职业更多地包含你特别不喜欢的事情，可能就是不能引起你兴趣的职业；第四，可以在各种职业中先找出自己不喜欢或不能引起自己兴趣的职业，剩下的可能就是能引起自己兴趣的职业，这样做往往更容易一些。

运用以上方法来进行自我测试，能够找出哪些职业会引起自己的兴趣。确定出对哪些职业感兴趣，是正确选择职业的一个基础。据此来进行选择，这样所选择的职业才有正确的依据。

（三）了解社会需求

大学生在择业过程中一定要了解社会需求，择业目标要适中，切不可好高骛远。要注重学以致用，注重行业前景和成才环境，避免片面追求待遇和工作地域。近几年大学生择业一个明显的特点是向往发达地区、沿海地区和大城市，那些地方因人才集中而很难找到理想的工作。而一些欠发达地区、内陆地区的中小城市或广大农村更需要大学生，大学生在那里往往更受重视，更有用武之地。就我国目前状况，只要大学生肯降低择业标准，愿意到艰苦的地方去，就业市场还是十分广阔的。

二、择业不要优柔寡断

【案例1】

某高职毕业生任伟，在学校举办的毕业生双选会上，与某市一家效益较好的国有企业达成签约意向，企业表示他到单位后会有很好的发展前景。

虽然任伟也愿意到该单位，但感觉企业刚刚建立，工作环境、待遇不尽如人意。

于是他就去找学院就业处的老师咨询，老师们一致认为该单位总体情况不错，应抓紧时间尽快决定。可能是这种机会来得太容易，任伟到单位考察后，反而作出不去该单位就业的决定。对此，学校老师和企业的领导都觉得惋惜和遗憾。仅仅过了3个月，该生看到去这家单位就业的同学工作很好，自己求职并不顺利，思想上又发生了变化，又想去该单位就业。后经联系，单位表示招聘计划已完成，不可能再录用了。至此，任伟同学追悔莫及。

【案例2】

小邓还算是一名比较幸运的同学。他初次参加人才交流会就被一家用人单位看中了。可因为时间尚早，如果草率决定，可能会遇到更好的选择。可同时又担心会错过机会，所以他一直都犹豫不决。

择业时，有些毕业生对自己缺乏清醒的认识，不了解自己的特长和能力，这山望着那山高，举棋不定，缺乏个人独立决断能力，以至于坐失良机。

从学校到社会是人生一个重要的转折点。每一个同学都希望能找到最适合自己的位置。而择业时的双向选择便为学生带来了一定的自主性和灵活性，但同时也增加了选择的复杂性。因而，在面临选择时，犹豫不决的心理是可以理解的。但优柔寡断则会使一些大学生产生白白失去择业良机。

毕业生在择业时要想不失良机，就需要有观测力和判断力。在向用人单位推销自己的时候，不仅要了解自己的实力，还要了解对方的意图和价值观。面临多种选择时，择业者要有主见，确定自己最愿意做且选择后不会后悔的事情，当机立断。

三、择业不要紧盯大城市

【案例】

张小雨来自农村，毕业时，张小雨放弃了家乡一个很好的单位给自己抛来的橄榄枝，执意留在了成都。虽然是一个很好的单位，但是张小雨等一批新进的毕业生只能作为临时聘用人员，与正式职工在待遇上有很大的区别，同时也得不到重用。

近几年大学生择业一个明显的特点是向往发达地区、沿海地区和大城市。据对北京两所全国重点大学毕业生的抽样调查显示，毕业生中52.1%来自农村和小城镇，22.3%来自地县城市，19.4%来自省级城市、直辖市。然而，毕业生愿意回农村的不足1%，去大中城市的却占43%和54%，希望去沿海地区的高达71%。另外，据调查，有10%的毕业生认为首选工作地在国外。

在毕业生就业市场上，大量需要毕业生的边远贫困地区、重点行业无人问津，而需要量小的沿海地区、中心城市，毕业生报名数远远超过需求量。有的毕业生宁可在大城市待业，也不愿意到适合自己所学专业的边远贫困地区、重点行业就业。

实际上，农村和内陆城市对大学生的需求量要远远大于沿海城市的需求量。大量的大学生涌向沿海城市，而很多农村地区和内陆城市的大学生供应却一直得不到满足，这已经成为大学生就业工作中的一个严重问题。一方面国家急需人才的地区和单位，得不到满足；一方面增加了大学生求职的失败率和困难。

毕业后到底在什么地方工作，要综合多方面的因素，如所学专业在当地是否有发展前途、国家的需要、父母的意见等。单位所在地区不能决定毕业生能否成就事业，在农村教学的也可能成为教育家，在城市教学的也有不受学生欢迎的，在内陆城市工作的也有一举成为单位骨干的，在繁华城市的也有下岗的。能否成就事业，主要取决于自身的努力。

四、不要歧视中小企业

【案例1】

职场分叉路——向左大企业，向右小公司

我是一名2006年毕业的网络编辑，刚刚从上一家公司辞职。经过了几天的求职面试，现在我接到了两个offer，一个是外企，办公环境很好，工作也很清闲，就是打打电话，上传一些稿件，外企制度完善，福利待遇不错。另一个是小公司，办公环境不是很好，制度也不完善，人不多，而你要做的工作会很多，不但要做网络编辑的工作，还要做文员和销售的一些工作，能够从中学到很多知识。其实二者的工资差不多，只是小公司没有任何福利，我很苦恼，该选择哪一个呢？

【案例2】

赵青刚毕业的时候，使尽办法挤进了一家知名企业。该企业人才济济，硕士生、博士生云集，两年下来，工作没有丝毫进展，还是一个普通职员，得不到公司的重用。后来，赵青一气之下跳槽到了一个与公司有业务来往的小企业。小企业刚起步，急需人才，而赵青凭借自己对业务的了解与努力，很快就做到了部门经理，开创了自己的一片天地。

去大企业，还是小公司，是一个比较头疼的问题。去大企业，你的各项薪酬和福利可能会得到较好的保障，但个人发展的机会较少些。虽然这些大企业声称自己的机会如何如何多，但毕竟那里人才济济，如果你不是特别的优秀，很容易被埋没。小公司可以给你一个相对宽松的发展空间，特别是一些被称为“知识型小巨人”的高新技术企业，虽然他们的规模不会很大，但他们的知识密集程度和超高速发展是其他企业没有办法比拟的。选择“鸡首”还是“凤尾”一定要考虑清楚，喜欢稳定的同学选择大企业比较合适，喜欢挑战的同学去小公司可能更加合适。当然，去小公司之前，要对它进行深入了解，认定它有发展前途之后，再做选择也不迟。

对于初涉职场、急需一份工作的大学毕业生们来说，务实才是最重要的。向往大企业、国家机关当然无可厚非，但那些热门单位由于竞争者众多，所以招聘条件比较苛刻，面试也比较严格，很多毕业生并不能被选中。另外，单位的性质、效益、规模是客观的，这些对毕业生成就事业并没有影响。同在高校任职的毕业生，有的三五年就被破格提拔为副教授、教授，也有的被解聘；同样在规模小、效益差的企业工作的毕业生三五年后成为栋梁之才，而在各方面都好的单位工作，也可能无所作为，遭人厌恶。

五、不要苛求一步到位

选择职业是大学生踏入社会的第一步。正因为如此，如果希望在一开始就能够找到称心如意的工作，既不现实也不可能。应届大学毕业生缺少的是一种适应社会的能力，先有立足之本再去考虑待遇。大学生在求职择业时一定要让自己的心态平稳，不要一开始就追求太多。

【案例 1】

小陈是一所非名校的毕业生。刚毕业的她求职过程并非一帆风顺。曾面试过的多家知名企业都以各种原因拒绝了她的应聘。其中的原因包括她不是名牌大学毕业生。而她也是非知名企业不去。

对于刚从校园里走出来的学生，绝大多数企业不可能给予过高的待遇。名牌学校的大学生之所以受到优待，是因为企业认为他们的综合素质普遍要高些，对其后期培训投入会相对少些，但这并不是绝对的，综合素质的高低在于我们自身。企业设定工资待遇的标准，肯定是看你对企业的贡献有多大。因此，非重点大学的学生心态应放正，只要在岗位上踏实工作，不断展现自己的才能，就一定会得到企业的认可。

【案例 2】

毕业时，看着浩浩荡荡的招工大军，自己确实很迷茫。不少好的岗位都被“名校生优先”的牌匾挤掉了。眨眼又过了 1 个月，工作还没着落，心里真的懵了。最后，在亲戚朋友的劝导下，跟一家化妆品公司签了约，做了一名初级营销员。平时，众多繁琐的事情都要干，感觉与打杂没什么区别，每月工资也就 1 000 元左右。但我还是坚持了下去，并以实力赢得了上级的认可。从营销员到策划助理，从策划助理提升为办公室主任，到今天晋升为公司华南地区执行董事。我觉得我的成功是在不断累加的，而起点正是当初那份不起眼的基层工作。

就业的第一要素就是维持生计，而择业则是有目的、有空间地去选择适合自己发展的行业或者职业。成功并不是一朝一夕的事情，这需要坚持与努力，敢于挑战自己，敢于从基层做起。不要苛求一步到位，先找到一份工作，专业对口与否等可暂时放在一边，先就业，然后再根据所学专业进行择业。毕业生在走上工作岗位后，经过一段时间的培训，专业对口与否并不重要，重要的是个人素质与职业要求是否匹配。先就业的人，也许并不适合目前的工作，但是他们已积累了一定的工作经验，即便以后的工作不能派上用处，但是一些通用的能力诸如协调能力、学习能力、沟通能力等，却是受用一辈子的；而通过短暂的先就业，在职场的一番跌打滚爬后，也会逐渐了解，自己真正想要的是怎样的工作。对职业生涯的深入认识，将有助于接下去的择业。

六、端正心态

大到人才市场，小到每个公司的人员招聘现场。如果我们仔细观察，不难发现这样一个现象：求职者中有80%以上为刚刚毕业不久的大学生。而通过调查，我们还发现，这80%的大学生中，真正被录取的几率仅在30%左右。为什么在人才需求量如此大的今天，高学历的大学生们找一份合适工作却反而更难了呢？没有工作经历和就业条件不好是大学生们进入理想工作单位的两块绊脚石，也有一部分是心理因素在作怪，自身和用人单位找不到契合点就放弃了工作。

(一)不要急于求成

【案例1】

我从去年10月份就开始找工作了，大大小小的招聘会共参加了10场，可是没有结果。我对自己英语专业的自信日渐减少着。原来以为，入世后，哪家单位不缺英语啊，这可是一个炙手可热的专业啊！老师也安慰我们，说外语系的学生要是找不到工作，那学化学的就只能闷在家里研究哪个是无机物哪个是有机物了。最后，他还要求大家谨慎地选择，不要急于签约。

然而，当投出第一份简历的时候，我对自己的专业才有了清醒的认识。那是一家涉外的会计师事务所，招一名文秘，待遇甚好，对英语的要求也特高。我想，我的专长也许能够在这里发挥一下了。人力部的负责人看了一下我的简历，问："有没有辅修专业？""没。"我老实地回答道。"懂不懂法律、审计、会计？""不是很清楚，大学没学过，也不用学。""那我劝你还是去当翻译吧，我们需要相关专业懂英语的人，何况现在英语好的人多的是，后面还有好些'海归'在排队呢。"

接下来的几次招聘也是如此，很多单位需要的英语系学生都要附带其他专业知识，很多名校的学生虽然不是英语专业的，但英语水平都不比我差。我终于感受到了自己困难的就业处境。

随着大学毕业生迅速增加，每年总有一部分人一时没找到工作，这是正常现象。要找到本人求职愿望与市场需求的结合点需要一个时间过程，甚至是机遇。但不少同学因此忧心忡忡，希望尽快落实就业单位。

无论从事什么样的职业都不可能一帆风顺，初涉职场的大学毕业生更是如此，风风雨雨、坎坎坷坷在所难免。我们生活在市场经济中，竞争恐怕要伴随你我一生。有竞争必定会有风险和失败，大学生求职过程就是竞争过程，不能期望一次就能找到工作岗位。

【案例2】

当我即将迈出校门时，性情急躁，妄想着一步到位，找到好工作。于是我大量收集招聘信息、频繁参加招聘会。结果不仅没有找到合适的单位，反而把自己搞得疲惫不堪。不是公司路途遥远，就是对方要求过高自己无力招架。

2006年末，我为找工作着实忙得不可开交。由于没有任何应聘经历及相关经验，我只好凭借原来在校参加过大量社会实践得来的经验，壮着胆子带着几份个人简历参加人才招聘会去了。

在人山人海的招聘会现场，我挤入人群寻找自己的目标。几个小时过去了，收获很少，简历是投出去了，但自身感觉实在是糟透了。在以后3周的等待时间里，没有一家公司找我，甚至连初次面试的机会都不给我。自然，这种经历是失败的，但它给我的启示是："机会是留给有准备的人的。"

求职成功经验：实事求是，正视自身的缺点。

在一次招聘会上，与招聘人员谈及自己的缺点时，我毫不掩饰自己的不足，只是言语稍加修改，使这些缺点在别人看来是微乎其微而非美中不足的。

说到着装问题，我想提醒求职者，尤其是正在求职的学生们，不要认为招聘者"以衣品人"，衣着干净、整洁、大方即可，重要的是求职者自身的一言一行、举手投足都在招聘方的观察之中。他们挑剔的目光遍布在你的周围，时刻注视着你的言谈举止。

当我走近一个招聘展位仔细阅读其招聘启事时，十分看好一个职位，于是正正身子走向招聘人员，微笑着向她说明我应聘的职位（注意：在求职时一定要先明确自己的意图，告知对方自己的求职意向及职位），此时，另一位坐在她身边的男士一脸严肃地告诉我，我并不适合做该项工作。我倔强的性格告诉我再继续向他们介绍自己，努力将自己成功地"推销"出去。结果是令人满意的，因为最终他们决定录用我，且尽快上班。

实践证明，求职者特别是刚毕业去求职的学生，只要坚定信心，任何困难都不会成为他们的绊脚石。

(二)不要高傲自负

【案例】

某校现代财务管理专业的毕业生与某集团公司经过双选、面试考核,终于进入签约阶段,协议书首先由毕业生本人签署应聘意见,该生在“应聘意见”一栏中写下了以下6条要求:①从事财会工作;②每周工作五日,每日八小时工作制;③解决户口,提供单身住房;④住房公积金、劳动保险、养老保险等相关支出均由公司负担;⑤每半年调薪一次;⑥公司不限制个人发展(例如考研等)。单位鉴于以上条件不能完全答应,将协议书退回,并建议修改后再签。最终,该生因坚持自己的意见而未能被录用。

有的大学毕业生在择业过程中自我评价太高,自认为自己在择业中具备种种优势:学习成绩优秀,政治条件好,学校牌子亮,工作能力和社交能力较强,专业需求旺,求职门路广,形成自负心理,往往不切实际地追求高工资、知名度高的单位,而对一般的工作单位百般挑剔,甚至提出过高的要求。而用人单位对这种缺乏自知之明、自视清高的毕业生是最有戒心的,其结果必然是毕业生自己高不成低不就,迟迟不能落实单位。择业目标与现实之间存在的巨大反差,使双向选择变成了单向选择。

大学生在择业过程中一定要实事求是地确定择业目标,切不可好高骛远。

(三)不要木讷自卑

【案例】

某用人单位到学校来招毕业生时,小李去面试,可没有几分钟就被淘汰下来了。据了解,小李是因为得知与其一起来应聘的有两所名校的“高手”,深感自己无用武之地,一时间信心全无,甚至想打退堂鼓,结果很快就被淘汰下来了。

自卑心理是大学毕业生择业过程中一种常见的心理现象。一些大学毕业生自我评价偏低,甚至过低评价自己的意志力,表现在择业过程中,有的对自己缺乏自信,做事缩手缩脚,优柔寡断。例如,认为自己相貌不好,怕用人单位以貌取人,更害怕用人单位拒绝而无地自容。一些性格比较内向,不善言辞,成绩平平的毕业生,面对择业市场,常常产生自卑心理,认为自己竞争力不够。求职时不知所措,不敢向理想的单位申请,面试时更是紧张得言行拘谨、词不达意,结果失掉很好的机遇。有的因为学历、成绩、能力、性格方面的某些缺陷和不足而丧失了勇气,觉得自己各方面都不如他人,不敢参与择业市场的激烈竞争。

自卑者可以在求职前正确评价自己,多找自己的长处,这些本来就属于你的财富对于你恢复自信心是十分必要的。进行积极地自我暗示,持着“你行我也行”的信念,努力克服自卑心态。在与用人单位交谈时,尽量表现出自己擅长的一面,从而体验“我能胜任”的愉悦感。

(四)不要弄虚作假

1.弄虚作假危害大

【案例】

一个班有6个班长,用人单位选哪个?

据《人民日报》华东版报道,用人单位透露,在一次招聘收到的84份大学毕业生自荐表中,有5人同时为同一学校的学生会主席,6人同时为同校同班“品学兼优”的班长。

另有某单位招聘一批信息化专业的毕业生,因为职位相对比较好,所以前来应聘的大学生不在少数。有些简历里写着“在某某公司有4年实习经验”等,但是面试时问到有关实践方面的知识,这些大学生便“一问三不知”了。

诚信是企业生存的基础,员工不讲诚信企业又何来信誉可言?上司和客户能够原谅个别的、善意的失误,甚至是大错,但谎言是绝不可原谅的。企业现在更看重人才的真实本领和个人品德。

诚信是立身之本,对初入社会的大学生尤为重要。求职是他们正式接触社会的第一步,应该守住诚信。当诚信道德的底线被突破,它只会越降越低,并最终影响人的一生。

如今,许多用人单位在招聘时很看重该生是否为党员、学生干部、三好学生等,并把它作为一个优先录用的条件。于是,一些求职毕业生为脱颖而出,产生了造假行为。“担任过多次学生干部”、“有着丰富的实习经历”、“获过多项校级奖励”……这些话在大学生的简历中出现的频率越来越高,但其实有不少都是“掺水”的。毕业生找工作要靠真才实学,一个岗位数百人应聘,如何冲出重围?精心制作简历隆重推销自己本无可厚非,可在简历上或面试中“弄虚作假”就有问题了。在发达的信息社会里,对一个人真实情况的了解是非常容易的事,不讲诚信不仅误了自己的名声,毁了自己的前程,还会影响讲诚信的其他同学。解除不符合要求的带有虚假性的合同是法律赋予的一种权利,最终吃亏的还是自己。就算侥幸能得到职位,但今后工作起来还是会很困难,明显力不从心,反而会增加工作的压力,到头来还是免不了“黯然离场”的结局。

2.诚信其实比才华更重要

与那些制作虚假简历的学子相反,也有许多求职毕业生以诚信来取胜职场。

在翻阅招聘单位收取的毕业生的简历中也能发现,许多学子在简历中毫不隐瞒自己的缺点,“时间观念不强”、“有时候做事不能善始善终”、“打字速度快,但写不好钢笔字"等，一些招聘工作人员称这是一种"诚信求职"。

赵军是吉林某大学财经专业的应届毕业生，他在个人简历的自我评价一栏中坦诚地注明了自己"脾气急躁，办事容易冲动"的特点。他告诉记者，每个人都不可能十全十美，适当的说一说自己的缺点更能说明自己是一个诚实守信的人。反过来说，自己在这方面的自知之明、诚信坦率，将会给用人单位以更加良好的印象。

赵军这种诚实守信的做法，很受用人单位欢迎。参会招聘的东方电子集团人力资源部一位招聘人员告诉记者，在去年的招聘会面试中他们有意设置了关于个人缺点的问题，之所以这样做，主要是想对求职者有一个全面的了解，以便安排更加适合他的工作。烟台荣昌制药有限公司一位负责人说："如今用人单位招聘人才，除了要求具备较高的学识外，更需要有诚信可靠的品质。"

3. 诚实是为人之本，也是生存之本

【案例1】

毕业生小王就业的单位是以饲料生产为主的国内著名某大集团公司，这家集团与他的母校有密切合作关系，因为该校毕业生吃苦耐劳、诚实守信，技能过硬，所以该集团每年都到学校招聘部分毕业生。小王也很快成为了公司的骨干，得到老总的信任，掌握了公司的核心技术——饲料配方。

后来，他被另一家公司瞄上了，许给他优厚的待遇，希望他加盟。他心动了，辞职的同时，将配方也带走了。

自此，这家集团再也没从他的母校招聘过员工。

【案例2】

克里是美国一家电子公司有名的工程师。这家电子公司是一个小公司，在日益激烈的市场竞争中，时刻面临着来自规模较大的比利孚电子公司的压力，处境非常艰难。

有一天，比利孚电子公司的技术部经理邀克里共进晚餐。在饭桌上，这位部门经理对克里说："只要你把公司里最新产品的数据资料给我，我会给你很好的回报，怎么样？"一向温和的克里一下子就愤怒了："不要再说了！虽然我的公司效益不好，处境艰难，但我决不会出卖我的良心做这种见不得人的事。我不会答应你的任何要求。"

"好，好，好。"这位经理不但没生气，反而颇为欣赏地拍拍克里的肩膀。

不久，克里所在的公司因经营不善破产了。克里失业了，一时又很难找到工作，只好在家里等待机会。没过几天，他突然接到比利孚电子公司总裁的电话，让他去一趟总裁的办公室，说想见他一面。

克里百思不得其解，不知"老对手"公司找他什么事。他疑惑地来到比利孚公司，出乎意料的是，比利孚公司总裁热情地接待了他，并且拿出一张非常正规的大红聘书——请克里做技术部经理。

克里被这一幕惊呆了，喃喃地问："你为什么这样相信我？"总裁哈哈一笑，说："原来的部门经理退休了，他向我说起了那件事并特别推荐你。小伙子，你的技术水平是出了名的，你的正直更让我佩服，你是值得我信任的人！"

克里这才明白过来。后来，他凭着自己的技术、管理水平和良好的诚信，成为了一流的职业经理人。

在诱惑颇多的今天，人很容易背叛自己的忠诚而出卖别人或公司，而能够守护忠诚的就显得更加可贵。做一个有职业道德的人，最起码的一点，就是要保守公司的秘密，这是对每一个员工的要求。当你忠诚于你所在的企业时，并能经得住考验，你不仅不会失去机会，相反会赢得机会，还有别人的尊重。

七、择业百味

一个毕业生的择业经历

短短的半年的实习期很快过去了，但在这半年的时间里我却体味了过去 23 年都不曾体味过的如此强烈的喜、怒、哀、乐。

首先是在校择业初期的紧张、迷惘。因为对自己并没有做出充分的认识。只是急于得到一份工作，所以每当有招聘会或面试的机会都会去试一试。只希望公司可以录用我，但并未考虑到工作是否适合自己，自己是否喜欢并愿意从事该职业。然后是择业中期的兴奋和犹豫。在学校面试以后一般会在 12 月份初期就已经知道结果了，这时基本学校的大型招聘会还没开始，既对大型招聘会抱有希望又不舍得眼前的工作。所以我就拖到大型招聘会后再做决定。在当时我大约有 4 份工作机会，其实我本应该按着企业的综合实力和个人的具体情况决定去哪个单位的。但是当时也许是过于想要证明自己的价值，所以做了一个现在看起来不太正确的决定，我挑了一个工资最高的工作。于是它把我带到了择业的最后一个阶段，工作阶段。在工作前因为没有经验，所以什么工作时间、休息日、住宿条件之类的问题都没有问。一到工作的地方就感觉自己懵了。每天工作 12 个小时，主要工作是负责随时抽检样品。这个工作其实并不辛苦，只需要一直跟着车在外面站着。1 月份天气特别冷，我在外面一站站一天，好不容易熬过去了，回寝室连热水都没有，因为是新厂区连暖气也不通，我穿着棉衣棉裤还冻得睡不着觉。过几天以后手上、脚上全起了冻疮，脸上也泛起一片片紫色的血点子。当时一冲动就做了一个让我后悔了相当长时间的一个决定：我辞职了。

坐在返程的火车上心情真是特别难受，一方面觉得自己很丢人没有坚持住，没脸见父母;另一方面也确实不知道以后该怎么走。回到家后以为工作也会像在学校招聘会一样,只要不是很挑剔都会找到一份工作,但我发现我的想法是错误的。接下来的3个月是我特别痛苦的3个月,我不停地奔波各城市和人才市场之间,但总是不停地被拒绝。这时我才发现工作真的是很难找。我不停地调整自己的心态也在不停地降低自己的要求,到最后我已经对工资没有要求了,只希望早一点找到工作。但有一点是我一直坚持的,就是我一定要干自己的本职工作,也正是因为这一点工作也变得更加不好找。在这3个月里身体上的辛苦其实还不难忍,但精神上的负担却压得我透不过气。有一次我自己去金州面试,因为想要省一点钱就搭那种不到站的便宜车,把我放到金州的高速上,我不认识路又找不到人,站在路边真有种叫天天不应叫地地不灵的感觉。还好也有一同坐这辆车的人,他们陪伴着我一起爬出去了。还有一次在沈阳,因为去的太早等不到车,在外边站了一个多小时,连眼毛都冻上了,嘴都冻得说不出话了。还好"功夫不负有心人",在我投出四五十份简历后发现营口人才网上有一个盖州的食品厂招聘。于是和企业定了第二天去面试。结果第二天就开始下了大雪。地上因为下雪很滑,一不小心摔了一个大跟头,当时觉得很痛,想打电话说明天去,可又实在不忍心失去这个机会,于是咬着牙就上车了。到了公司以后单位因为雪太大,电线刮断了,公司停产了,本来全部准备回去了,不知道是着急还是看我心很诚,于是告诉我第二天上班吧。我又坐车回到了营口,刚开到营口市不远车就陷住了,于是我就下车走了1个半小时的时间才到家。回家以后才发现浑身上下已经湿透了,也是当天才知道那场雪是50多年以来最大的一场雪。这样我开始了第二份工作。因为太珍惜这份工作,我甚至连工资都没有敢问,就害怕人家会因此不录用我。到单位的前几天是要下车间而且是免费工作的。在这期间我的主要工作就是装香肠,手被香肠上的铁圈割的全是口子,有的还渗血了。而且每天要工作10个小时,但是这一次我坚持住了,因为我心里一直在告诉我自己,至少我还有工作。在这工作的一段时间我学到了很多,也认识到了很多,有好的方面也有坏的方面,所以我还是很感激这个单位,在我最需要的时候给了我一个工作的机会。

在香肠厂工作的期间我接到了辽宁奥鼎镁业的电话,在考虑了各项条件以后我正式辞去了香肠厂的工作开始了我的第三份工作。现在这份工作虽说做的也是化验员,但完全是不同领域,一切都要从头学起,尤其是在单位我是唯一的专科生,其余的人不是硕士就是"海归",但因为有了这么多的实习经历,我知道自己该如何去做,也知道只要努力,没有什么事情是做不到的,所以在工作的同时,结合自己原有扎实的专业知识,刻苦钻研,虚心请教,很快掌握了新领域的专业知识,公司主管部门的领导都对我刮目相看。虽然在这个单位工作的时间不长,但是我的进步却很大，这是自己加倍努力的结果，所以我有信心今后一定会工作得更加出色。

第二节 理性对待跳槽

【案例】

一位失败者去拜访一名成功者。他来到成功者面前，看到了一扇漂亮的旋转门。他轻轻一推，门就旋转起来，他夹在两块透明玻璃间转进去，看到成功者正站在面前。

“你能不能告诉我成功有什么窍门”？失败者虔诚地问。成功者用手一指他的身后：“就是你身后的这扇门。”

失败者回过头去只见刚才带他进来的那扇门正慢慢地旋转着，把外面的人带进来，把里面的人送出去。两边的人都顺着同一个方向进进出出，谁也不影响谁。

“就是这同一扇门，把里面的人送出去，把外面的人送进来。其实，我们每个人的心里都有一扇门，是用不同材料做成的。有的人是带锁的木门，成功快乐时就打开，而失败痛苦时就关闭，把自己锁在黑暗里。有的人是旋转的玻璃门，不管成功还是失败，快乐还是痛苦，总是让自己的心灵之门旋转起来，把失败和痛苦旋转出去，让希望和未来旋转进来，在旋转中寻找机会，把握未来，找到一个新的人生舞台。”

职业生涯中跳槽也如同这扇旋转的门，在旋转中寻找机会，把握好就会让希望和未来旋转进来，反之就会将自己锁在黑暗里。

“跳槽”在现代社会是出现频率最高的一个词，但时至今日，对于跳槽很多人仍是见仁见智，而用人单位对于跳槽者也是看法不一。其实，“跳”好还是不“跳”好是因人而异的，不能一概而论。职场犹如棋盘，我们便是棋盘上的棋子，在棋盘的某一个格子内兢兢业业地耕耘着自己的那一份天地。当你不满现状，不想再守在这方寸之地，渴望一片更广阔天空的时候，也许摆在你面前的是不同的空格和多条跳跃路线，有的跳过去直达目标，有的却可能绕远甚至后退。跳，需要慎思和技巧。

一、跳槽要有正当的理由

【案例】

H 小姐(现在机关报当记者)

跳槽简历：最早在一家小报工作，后到网站打工，现在一家机关报工作。

跳槽原因：原来两个单位效益不是特别好，后来有机关报答应聘用，但又觉得在原有单位好不容易混熟，各方面工作也已比较顺手，所以当时每次跳槽都很是拿不定主意。但后来还是觉得机关报较稳定，不妨试一下，因为总认为能有机会到大报工作，对自己是一种锻炼，不去会是一种损失。

跳槽感悟：每一次跳槽都意味着要舍弃原有的一切，因此一定要三思。因为每到一个新的单位工作都要经过一段时间的适应和磨合。由于我每次跳槽都经过一番权衡考虑，因此现在看来我都无悔当初的选择。

跳槽必须有合适的理由，盲目随意的跳槽只会对职业生涯造成沉重的打击。跳槽者无非是对自己在物质、精神方面的收获不满意，对工作、人事关系的不适应，对单位发展前景的无信心等诸多原因而跳槽。理性的跳槽必须给出合理的理由。

（一）目前的职业与个人职业发展目标相背离，需另寻出路实现目标

随着对目前从事的职业更为深入地了解，我们可能认识到过去对这一职业认识得不全面、不透彻；发现目前从事的职业不是自己的所爱，更不是自己的理想职业。也可能在目前的单位和所从事的职业中，职业发展晋升的机会少，个人的发展愿望没有得到满足，组织中较高职位不足，成为制约个人发展的瓶颈；并且自己的很多建议、想法不被重视，认为公司的运作机制有问题又无力改善，感到自己的才能在这里无法施展。

同时，经过职业生活的磨炼，自己对职业的要求有了更清晰的认识，对自己的自我认知更接近于实际，对自己的职业生涯目标产生了困惑，继而调整和重新规划自己今后的职业发展道路。

（二）目前工作的工资、待遇与自己的付出不相符，谋求更高的收入

劳动者的工资应能够满足劳动者个人和家庭的最基本需求。当我们目前工作的工资、待遇与个人需求及家庭负担发生较大的矛盾时；当自己的收入和待遇与同行业的相同资历的人相比有明显差距时；当自我感觉自己的收入与自己所付出的努力不相符时；现实与理想就产生极大的反差，职业目标的实现就与现实满足感发生了扭曲。进而表现出来的就是要么对职业目标进行调整，要么对实现职业目标的单位进行更换，对一般人而言，后者可能更为实际。

（三）经过自身努力仍难以适应工作环境，盼望在新的单位以达人职和谐

经过一段时间的工作，发现自己的文化背景、性格、兴趣，自己的信念和行为方式与单位的文化传统不相适应，与工作要求不相适应；在处理周围的人事关系方面也遇到了很大的障碍。有些人感到工作压力大，体力透支，身心健康受到很大的影响，难以长期维持。更换新的工作环境成为调整各种关系，调节自己的心理状态，释放长期压力，寻求和谐人职关系的重要方法。

（四）对所在单位的发展前景丧失信心，想攀附高枝另图发展

随着对于目前就职的单位更为深入地了解，单位所处的地域、规模、同行业中的地位、技术发展和应用水平、发展的前景在自己的思想上认识更具体、更清晰，在这样的单位继续发展与自己的职业目标的适应性更为明了。如果这样的单位不适合自己的发展，长期待在这儿就与自己的职业发展目标相矛盾，个人的职业发展目标难以实现。寻找发展前景好，有利于自我发展的单位，成就自身的职业未来，成为必须解决的问题。

合理的、理性的跳槽能推动自我职业发展目标的实现，在跳槽中最可怕的是意气用事，图一时之快，造成职业发展之痛。

（五）因工作的一时挫折不能承受压力而跳槽

只要工作，就可能遇到困难和挫折。对待挫折，每一个人都要分析原因，排除困难，解决问题，同时也就度过了挫折的影响。如果面对挫折，思前怕后，总觉得自己抬不起头，因而跳槽，这是十分错误的。试想，在新的单位难道就没有挫折吗？如果有，你继续跳槽吗？

（六）因与同事口角等而一气之下跳槽

跳槽不能解决同事之间的矛盾，同事间的矛盾也未必对你职业目标的实现有多大的影响，所以这种情况下的跳槽是不需要的。同事之间的矛盾需要通过相互沟通才能解决，学会沟通，正确处理各种人事关系是实现自己职业目标的前提。

（七）因自命不凡而跳槽

有部分人，他们工作起来闯劲十足，对自己充满信心，也往往表现得自命不凡，动不动就流露出“不行，我炒老板的鱿鱼”，总觉得领导水平不高，对自己不够重视，所以，跳槽就成了家常便饭。从业者要对自己有客观的认识，要通过自己坚持不懈的努力为单位做出更大贡献，才能体现出自己的才能，展现出自己不凡的一面。跳槽是为了追求职业生涯的更好发展，但不满意就走人，在什么样的单位也难以得到顺利地发展。

二、慎重对待跳槽

不打无准备之仗，不干无准备之事，跳槽也不例外。随意辞职，无正当理由而图一时之意气；对自己和职业发展目标无清楚认识，只谋求通过改变单位来改变自己；不深思熟虑合理选定新的就业目标，只求跳出原单位就好；不考虑跳槽带来的风险，只考虑跳槽带来的利益的人不可能通过跳槽而获取更好的机会，帮助自己在职业生涯中顺利发展，自己只会变成跳槽的奴隶。

（一）重新审定自己的职业定位和职业发展目标，明确自己的发展方向

经过一定阶段的职业生活磨炼，每一个人对于自己及所从事的职业有了切肤的认识，不再像大学时期那样：对自己、职业的认识有不切合实际的部分；对职业类型的认识模糊不清楚，使自己的职业定位不准确。现在，我们重新对照霍兰德的六种人格类型，再次定位自己属于实物型、研究型、艺术型、社会型、企业型、常规型当中的哪一类型人，检查自己过去的职业定位是否准确，确立或重新明确自己的职业定位。在此基础上结合自己的实际调整自己的职业发展目标，为下一步的发展奠定基础。

（二）重新审定自我，理清自己在职业发展中的优势及劣势

回顾个人的职业发展经历，对自己进行重新认识和评估，摸清自己在职业活动中的优势劣势、特点特长、兴趣爱好，为自己的新的职业选择做充分的准备。找出你职业生活中的高峰和低谷各在什么时候，原因何在？找出你职业发展的最成功和最失败的经历，盘点自己的职业能力，了解自己的职业发展适应性。

想想你经历的各种职业角色中哪个是你的最爱，哪个又是你最厌恶的，哪方面的工作是你最满意的，你觉得自己喜欢哪一种工作角色。温故知新，发现你最重视、最喜欢、最能做好的事情。再找找你在职业生活中具有哪些别人缺少的技能，明白自己的特长所在。如果从事你所期望的工作，你有哪些优势，你还有哪些缺失，你怎样为这些缺失而充电。重新审定自己，才能正确、客观地认识自己，才能有利于选择适合自己的职业和单位。

（三）确定合适的单位，使自己的职业发展跨上新的平台

1. 选择一项你喜欢的工作

新工作必须是你所喜欢的，工作本身能给你带来满足感，也能使你的职业生涯变得妙趣横生。兴趣是最好的老师，是最初的动力，也是成功之母。研究表明：兴趣与成功几率有着明显的正相关性。所以在重新选择职业时，要充分考虑自己的兴趣，择己所爱，选择自己喜欢的职业。

2. 选择你所特长的职位

任何职业都要求从业者掌握一定的技能，具备一定的条件。你新选择的职位应有利于发挥你的特长。当你长处较多时，不妨观察一下周围人群，研究一下别人，如果你的长处也正是别人的长处，不妨放弃这种选择。应尽量寻找一个你具有的专门职业技能，对你来说得心应手而别人却感到棘手的职位。

3. 有利于自己的发展，能满足自己的需要

择业时，必须考虑这个职业是否有利于你的职业发展目标的实现，使自己的预期收益最大化，就是要综合满足你自己的生理需求、安全需求、爱的需求、自尊需求及自我实现的需求。个人预期收益在于使这些由低到高的基本需求得到比原来更大的满足。具体表现在个人收入、社会地位、家庭责任的承担、职业生涯的稳定感与挑战性都得到更好的满足。

4. 评估跳槽风险，使跳槽成为自己职业发展的推动器

在跳槽前，冷静地对跳槽后果进行评估，是理性跳槽实现自己择业目标取得预期收获的前提。评估跳槽风险不但要考虑跳槽带来的益处，更要仔细地分析跳槽带来的损失和风险。规避风险，减少损失，获取最大收益，才是理性跳槽所追求的目标。

【案例】

议一议

跳槽有没有陷阱?

李响在一家公司工作半年后，又收到了另一家公司的 offer，许诺给他一个更高的职位，他潇洒地"挥挥手"跳槽了。可是现在，新单位说，要么先完成多少多少项目，完成之后自然会给他那个职位，要么就继续做个小职员。他现在真是进退两难，后悔没有意识到跳槽也有陷阱。

(1)跳槽中的风险。

跳槽可能荒废自己所学的专业。尽管社会目前需要那些具有复合功能和通用功能的人才，不过社会经济的健康发展主要还是由那些具有相当高水准的专业人才来支撑的。跳槽到一个新的职业会面临着原来学习的专业知识和技能与新工作不相适应，原有的工作经验变得无用武之地。跳槽者必须重新学习新的知识和技能，积累新的经验，成长的速度就受到了制约。

跳槽可能面临信任危机。一旦用人单位的主管或者领导，看到求职者的履历上有经常跳槽的痕迹，用人单位可能就会对这些频繁跳槽者心存芥蒂，担心他们到自己的公司后也干不长，所以这些求职者自然就面临着被别人不信任的危机。频繁跳槽者总是给人以不忠诚的印象。一旦用人单位的领导对员工有疑心，那么这个员工日后可能就很难有出头机会，所以这是每一个频繁跳槽者必须要认真考虑的现实问题。

跳槽可能贬低自己的身价。一般大学生在刚毕业的几年中，即使每次在跳槽时都能很幸运地被录用，也只能被当作新手来看待；如果在大学毕业后，本身就已

经有了几年的一线实践工作经验的话，才能有资格被列为有经验的人员。对于那些自己工作经验比较少，特别是刚走出校门的学生来说，跳槽的次数越多，自己在某专业方面的工作经验就贬值得越厉害，从而无形之中在不断贬低自己的身价。

跳槽可能导致自己收入减少。收入的高低往往是和过硬的本领联系在一起的，而过硬的本领不是一朝一夕就能达到的。大学生跳槽者可能由于转换职业而导致在新的岗位上技能和经验上的不适应，因而常被录用单位看作新人：而新人在劳动力市场上，工资是比较低的，这样就会给自己带来经济上的损失。

(2)跳槽带来的直接损失。

要跳槽就要花费一定的时间和精力。找一份适合自己的新工作，就必须投入一定的时间、精力和资金用于保障择业过程中搜寻职业信息，制作应聘资料，参加应聘活动以及为新工作而做的其他准备活动。当你找到新工作后还要用一段时间来熟悉环境和工作程序。在新工作岗位，原有的工作经验已不适应新的工作要求，跳槽者必须重新学习、熟悉及掌握新的环境和工作程序，就必须花费更多的时间和精力。

如果你是离开原来的工作然后再找新工作的话，还要损失本应在这段时间的所得收入。所以，除非原来的工作确实不如你意，否则还是不要跳槽为好。

三、跳槽的可能时机

什么时候跳槽是很微妙的。有的人选择完全不问原因想跳就跳，而且一跳再跳，有的人是前前后后思考再三，权衡考虑各方利弊后才做出选择。跳槽的时机是无规律可循的。

首先问问自己几个问题：上司是否具有“体恤民情”的亲和力？上司是否愿意倾听员工的意见？单位的人际关系是否轻松和谐？薪资是否随着单位创利节节升高？个人发展是否前景光明，比如说5年后可否有升迁的机会？如果答案为“No”，那么可以开始考虑一下，自己是否还为单位继续效劳。

当然，这些估计还不够。你还需要问问自己以下一些问题：你不喜爱这工作吗？你想换工作的念头每天都有吗？如果换了工作，一切从零开始，你能重头来过吗？这个决定是不是与自己的人生目标愈来愈近？你会因此而活得更快乐吗？如果答案是“Yes”，那么我们就郑重地告诉你：你可以追求更好的了！

四、跳槽的途径

跳槽者充分利用各种条件完成跳槽过程。所谓条件主要是指“机遇”和“贵人”，就是在适当的时候出现的适当的人、事、物的组合。我们无法控制这种完美的巧合何时出现，唯一能做的，就是通过控制自己的人脉，来给自己创造更多的可能。良好的人际关系在于我们长期的维护和滋养，它对我们的生活产生很大的影响，可能为自己创造出各种机遇，只是我们常常不自知、不在意，常常和贵人擦身而过。不要太看重人脉关系中的显贵，而忽视了其他更多的普通人。在适当的时候，任何一个普通人都可能扭转乾坤，成为你的大贵人。你的同事、上级、业务伙伴、同学、好友等都可能为你的跳槽提供帮助，甚至成为你事业成功的领路人。

跳槽者还可以按一般的就业渠道去寻找和选择新的工作。通过收集并有选择地回应招聘启事，积极准备应聘材料，参加应聘活动来谋取新的工作。跳槽者也可以根据自己所求职位的情况与职业中介或猎头公司联系，寻求他们的帮助。一般来讲，职业中介通常与较低层的岗位及临时性的工作打交道，猎头公司则重点寻找符合特殊要求的高级管理或技术人才。另外，跳槽者还可以有针对性地与相应的专业组织进行联系，了解更具体的专业需求信息，寻找更适合的单位。

五、跳槽应遵循的程序

跳槽也是一门人际关系的艺术。当你决定辞职，不仅对你自己有影响，对同事、对上司，甚至对部门都会有影响。所以，跳槽一定要正大光明地进行，而不能偷偷摸摸。如果不能正确处理，不但原单位对自己产生非常不好的印象，也会给自己的信誉带来影响，这就得不偿失了。所以跳槽时不妨按以下流程试试，从而把跳槽带来的不利影响降到最小。

第一步：跳槽者提早几周写封言辞真诚的辞职信。其内容应包括：离职原因、离职期限、工作的交接、向公司表示感谢的用语，也可针对原公司的情况再说些个人意见和建议，但语气不能过激。并且，跳槽者要主动和主管详谈跳槽理由和决定跳槽的时间表，征求和倾听主管的意见，取得主管的谅解；还应该与主管商议何时、如何让同事们知道自己跳槽的事情。

第二步：做好交接工作。交接工作是实现顺利跳槽的重要一环，影响跳槽者与原单位的关系，所以跳槽者必须给以足够的重视。有的公司有代理人制度，交接过程会容易一些；但有的公司没有这样严谨的制度，那在公司还没找到接替者的时候，应该一如既往地努力做好本职工作，站好最后一班岗。任何资料要带走，先确认是否有知识产权问题。伤害公司利益的事情不要做。属于自己的档案可以带走，但最好是早有准备，不要到了临走那天，还在那里匆匆忙忙地准备，难逃“瓜田李下”之嫌。

第三步:办好离职手续。离职手续是完成辞职的结尾工作,也是下一步在新单位顺利就业的必要条件。离职手续包括到各部门办好财物清理、签离职清单,提取个人档案或带走员工手册,需要原公司写工作证明的,也及时办好。公司在接到你的辞职信后,自同意辞职起之后的7天内,必须办好辞职手续。而在审批期间,最好不要擅自离职。这一步千万不要有疏漏,以免在以后的职业和生活中遇到不必要的麻烦。

六、跳槽的技巧

人常说“细节决定成败”,我们在跳槽的道路上如果不注意细节,可能给自己的跳槽过程带来麻烦,给以后的事业造成不好的影响,甚至会决定着跳槽的成败;如果处理好跳槽中的细小环节,则可能不但使跳槽变得顺利,而且为今后的职业生涯营造更好的氛围。

跳槽时应注意以下问题:

(一)不争吵,好说好散,人走茶不凉

当我们离开原先的单位而跳槽时,原因会有很多,比如对上司看不惯、人际关系不如意、事业的前景不好或是对薪水不满意等,但不论出于什么原因,不管你感到多委屈,你也没必要为泄一时之愤,在走的时候与原先单位里的上司或是同事弄僵,对你来说已是于事无补,并且对你以后有害而无益。离职后,心中有点怨气或者牢骚也是自然的。但从职业的角度出发,尽量不要再提起过去,将对日后与旧老板相处大有益处。实际上,日后仔细思量,恐怕也不难发现自己的不足和问题。很有可能,旧日的老板将是你来日的生意伙伴,与他保持良好的关系对自己以后的职业发展有好处。更何况,旧日的老板和自己同处一个行业,如果关系搞得僵,他在行业内散布自己的坏话,对自己在新单位的影响也不好。离职后如果与前任老板见面,尊重、热情是第一要件。不提往日旧事,表现自然、亲切,会拉近彼此的距离,增进感情,同时又表现出你的大度和职业风度,何乐而不为呢?公正客观地评价老东家,不但有利于树立你自己的职业形象,更重要的是,可以维护老东家的声誉。这样,无论日后你个人的发展如何,老东家都会记得你的良好职业素养,当然有利于你和他们再打交道时建立良好的关系。

(二)讲情谊,完美交接,细致而不疏漏

离职了,千万不可在旦夕之间,说走就走。如果你不给公司喘息的时间,撂下

一个烂摊子就走，顶多让你解解气，使你讨厌的上司忙乱一阵儿，更坏的影响则留给了你自己。同行业的圈子不会太大，消息也很灵通，很快的，你的所作所为就在业内传遍了，你的新上司会对你有所防范；最重要的是，没有平和的心态将影响你今后的职业生涯。所以跳槽者在离职时，如果原单位暂时没有合适的人与你办理交接，你必须给原公司足够的时间找人，如果可能的话，最好帮他们找人。

离职者与接替的人，在交接期间都还有工作要处理，常常造成交接不完整。甚至有些人已离职到了新公司，还要义务地协助处理旧公司的业务，虽然是很大的负担，但离职者也应积极地配合完成。如果时间和精力上确有困难，也应通过文字的形式把该职位应干的工作、工作的程序、业务联系人等列出清单，以帮助接替人更快地适应工作，也能消除自己离职对单位带来的影响，保持与单位的融洽关系。

（三）重友情，交了新朋友，不忘老朋友

离职者到了新的单位就职，必然会在新的工作环境中结交许多新的朋友，但千万不要忘记你在原单位的老朋友。在你过去的工作经历中，也许你所得不多，但却毕竟与不少的同事有种亲近感，甚至是好朋友。他们说不定在以后会对你有所帮助，成为你的人力资源库。要认识到在现代竞争社会里，拥有丰富的人力资源有助于你的事业运转自如。所以，在你跳槽高就时，不妨珍惜这一机缘，而不要丢弃这份宝贵的财富。要有保护自己人力资源的意识，从过去的工作里掏出属于你的“金子”来。这样的话，你过去的时光就没有白白浪费，你即使是空着两手走出原单位的大门，但你已经带走了一份很有价值的财富。与老朋友吃顿便饭，相互留下电话，方便的时候问候一下，都有助于你保留与老朋友的友情。

（四）慎择业，选择合适职业，避免求热跟风

选择新的工作，是在客观评价自身的基础上，在对职业认识确切的前提下，确定适合自己的工作，而不能盲目随意造成职业生涯的遗憾。常见的随意择业有以下几种情况：

①在没有做深刻反省的情况下，在另外一个工作领域寻求出路；

②盲目追求“热门”行业，觉得这个行业真的很适合自己；

③因为自己的朋友干得出色，便也想进入他所从事的行业；

④对新职业不甚了解就想进入；

⑤金钱成为择业的决定因素；

⑥期望通过跳槽一夜之间能有彻底的转变；

⑦随意而不冷静。

“好”职业未必是适合你的职业，在择业中要避免随意，避免求热跟风。冷静、审慎地选择，才能寻找到自己理想的职业。

(五)勤努力，摸清情况早准备，尽快适应新工作

跳槽就是跳到一个新的职业或新的单位，不管怎样，总是要面临新的环境、新的要求。能否快速地适应新工作为今后长期的职业生涯打下坚实的基础，是每一个跳槽者不可回避且要着力解决的问题。在新单位，跳槽者必须拿出百倍的努力，才能更快地适应要求。

跳槽者必须在准备应聘前就要认真细致地收集有关资料，了解新职业的特点和要求，了解新单位及所应聘的职位，了解他们的业务范围、决策程序、管理制度、企业文化等方面的内容，为尽快适应打下基础。

跳槽者应在新工作的初期，仔细观察、认真体味，熟悉和掌握自己工作的具体任务，工作程序和要求，合作部门和人员的基本状况。

跳槽者应尽快和上级，和周围的同事建立融洽的关系，以便早日融入到新的组织当中。

跳槽者还要善于思考，用过去的工作经验对新的工作进行审视，能对工作形成改进型的想法，为以后的发展提供支持。

七、跳槽面试的四大忌语

许多跳槽者参加新单位的应聘面试时，很有可能被招聘者问及离职的原因。有的人直接说是由于上班路途太远、专业不对口、随迁搬家等，这些都是可以理解的因素，可以无所顾忌地告诉新单位招聘人员。但至少有四种存在于现实生活中的离职原因，在新的求职场上出口就要慎之又慎了:第一种离职原因是收入低。这样的跳槽理由会使招聘者误认为你计较个人得失，把个人利益看得重于理想抱负，没有吃苦耐劳精神。第二种离职原因是人际关系复杂。用人单位特别是企业很讲求团队精神，人际关系处理不好就是告诉新单位你不行。第三种离职原因是工作压力太大。现今人们大都处于高强度的工作状态之下，比如很多现代企业就讲究快节奏、高效率，不能适应高效工作的只能被淘汰。第四种离职原因是与上司合不来。人处在社会中，要和各式各样的人打交道，什么样的上司都有可能碰上。如果你挑剔上司，则说明你没有摆正你自己的位置，更说明了你在工作上缺乏适应性。

资料卡

个人简历的真实性很重要，千万不要因为自己“跳”得太多而有所隐瞒，因为大多数公司会去核查的，对他们来说，更看中你的诚实。“用人方关键看你的工作能力”。

思考与练习

1. 职业选择主要由哪些因素决定？
2. 如何跳槽？

结 束 语

求职，怀着一颗平常心

就业，是大学生社会化的必经阶段，求职是就业的前奏。

随着我国高校扩招，高等教育进入大众化阶段，每年的高校毕业生数以几十万的速度增长，2010 年全国高校毕业生人数，又将再创历史新高——达到 631 万人，比 2009 年增加 20 万人。同时全球经济一体化，我国大学生面临的就业竞争将不仅仅来自国内。毕业生就业形势非常严峻。这一形势下，大学生在求职过程中没有竞争地获得一个就业岗位、就业之初高位高酬、步入社会如鱼得水，这些都是不现实的；相反，求职屡次受挫、就业之初低起点低薪酬、进入社会诸多不适，反倒是很多人不可避免的。

所以，我们既要充分重视求职，从全学程专业技能、人文知识的知识储备，到社会人际交往、表达能力等关键能力的提高，到爱岗敬业、吃苦耐劳等必备素质的培养，一点一滴积累丰富。同时，要怀着一颗平常心，从一个普通的劳动者定位，到就业地域、就业单位规模的选择，到就业中的挫折。这是我们从心理稚嫩到成熟的成长历程，是我们成为一个社会人必须经历的过程。

既然求职就业是我们步入社会不可缺少的过程，既然这个过程少不得挫折、优胜劣汰，那我们就将挫折视作生活的一部分，视作人生必须的磨砺，以坦然平和的心态面对，以实力参与竞争，用良好的社交能力提高个人的竞争水平。

面对求职，毕业生无论有怎样的打算，无论有着怎样美好的计划，最主要的是正确调整择业心理，怀着一颗平常心，这样，无论面对什么样的困难，我们总能找到一条适合自己的路。

参考文献

[1] 金正昆.社交礼仪教程.北京:中国人民大学出版社,2005.
[2] 金正昆.社交礼仪概论.北京:北京大学出版社,2006.
[3] 韦克俭.现代礼仪教程.北京:清华大学出版社,2006.
[4] 鲍日新.社交礼仪,让你的形象更美好.上海:上海教育出版社,2005.
[5] 刘蕾.巧妙办事的艺术.北京:企业管理出版社,2006.
[6] 张振学.塑造你的说话形象和说话风格.北京:中央民族大学出版社,2000.
[7] 丹尼尔·莫斯.公共关系实务.上海:复旦大学出版社,1996.
[8] 方州.社交方与圆.北京:中国华侨出版社,2005.
[9] 邓丽明,李望,陈健.公共关系学.北京:科学出版社,2004.
[10] 熊瑾.会谋才会赢.北京:中国经济出版社,2004.
[11] 周矩,彭通武.大学生职场能力训练(经典)教程.重庆:重庆出版社,2006.
[12] 尹申.社交有学问.北京:中国戏剧出版社,2002.
[13] 马克·H·麦克科迈克.哈佛学不到.北京:中国审计出版社,1992.
[14] 思思.打工者智谋.北京:现代出版社,2004.
[15] 李永利.公司礼仪与人际沟通.北京:中国纺织出版社,2003.
[16] 张岩松.公关交际艺术.北京:中国社会科学出版社,2006.
[17] 冯丽莎.说话说到位.北京:新世界出版社,2005.
[18] 周朝霞.人际关系与公共礼仪.杭州:浙江大学出版社,2004.
[19] 王继迎.只要是人,就能找到工作.北京:中国经济出版社,2005.
[20] 何向荣.纵横职场—高等职业教育学生就业与创业指导,北京:高等教育出版社,2004.
[21] 王燕玲.高职生就业与创业指导,沈阳:辽宁大学出版社,2005.

[22] 何晓淳.就业与创业概论.沈阳:辽宁大学出版社,2006.
[23] 赵洪立.现代礼仪.北京:中国商业出版社,2006.
[24] 张钊源.大学生必读教程.北京:经济日报出版社,2007.
[25] 盛振文.大学生就业指导.北京:北京理工大学出版社,2007.
[26] 黄莉萍. 大学生就业指导:指引人生 导航职场.上海:同济大学出版社,2009.